Das Recht nachvertraglicher Wettbewerbsverbote

Europäische Hochschulschriften Recht
European University Studies in Law
Publications Universitaires Européennes de Droit

BAND/VOLUME 6866

Leonie Müller

Das Recht nachvertraglicher Wettbewerbsverbote im Arbeitsvertrag und Geschäftsführeranstellungsvertrag mit grenzübergreifendem Bezug

Eine rechtsvergleichende deutsch-französische und international-privatrechtliche Untersuchung

PETER LANG
Berlin · Bruxelles · Chennai · Lausanne · New York · Oxford

Bibliografische Information der Deutschen Nationalbibliothek
Die Deutsche Nationalbibliothek verzeichnet diese Publikation in der Deutschen Nationalbibliografie; detaillierte bibliografische Daten sind im Internet über http://dnb.dnb.de abrufbar.

Zugl.: Köln, Univ., Diss., 2025

Diese Publikation wird unterstützt vom DFM Alumni e.V.

DE-38
ISSN 3052-8291 (Print)
ISSN 3052-8305 (eVersion)
ISBN 978-3-631-95234-4 (Print)
ISBN 978-3-631-95241-2 (ePDF)
ISBN 978-3-631-95242-9 (ePUB)
DOI 10.3726/b23752

Verlegt durch Peter Lang GmbH, Berlin, Deutschland

info@peterlang.com

www.peterlang.com

Kontakt zur Verordnung über die allgemeine Produktsicherheit (GPSR): gpsr@peterlang.com

Inhaltsverzeichnis

Vorwort

Die vorliegende Dissertation wurde im Wintersemester 2024 von der Rechtswissenschaftlichen Fakultät der Universität zu Köln am Institut für internationales und ausländisches Privatrecht unter der Leitung von Prof. Dr. Dr. h.c. Heinz-Peter Mansel angenommen. Die darauffolgende Disputation erfolgte am 30.07.2025.

Die Gesetzgebung, Rechtsprechung und Literatur wurden bis Ende November 2024 berücksichtigt.

Mein besonderer Dank gilt meinem Doktorvater, Prof. Dr. Dr. h.c. Heinz-Peter Mansel, der mich von Anfang an ermutigt und während der zwei Jahre engagiert betreut hat. Ebenso bedanken möchte ich mich bei Prof. David Capitant, ohne den mein dreimonatiger Forschungsaufenthalt im Frühjahr/Sommer 2024 in Paris unmöglich gewesen wäre.

Des Weiteren bedanke ich mich bei Frau Prof. Dr. Dr. h.c. Barbara Dauner-Lieb für ihr Interesse an meiner Arbeit und die schnelle Durchsicht.

Danke sagen, möchte ich von ganzem Herzen der Friedrich-Ebert-Stiftung. Die Unterstützung durch die ideelle Förderung hat mich immer wieder motiviert und bestärkt. Ohne das Promotionsstipendium hätte ich diese Arbeit niemals abschließen können. Diesen Vertrauensvorschuss habe ich jeden Tag zu schätzen gewusst. Auch dem DFM Alumni e.V. möchte ich meinen Dank für die Förderung während des Forschungsaufenthaltes und bei der Finanzierung der Druckkosten aussprechen.

Mein größter Dank gilt meiner Familie und meinen Freunden: Ihr habt mich immer wieder bestärkt und mit größter Leidenschaft und Geduld korrekturgelesen. Ihr seid unersetzlich!

Schließlich widme ich diese Arbeit meinem Papa, der immer an meiner Seite stand und nun leider kein gedrucktes Exemplar mehr in Händen halten kann.

Abkürzungen

Die in dieser Arbeit verwendeten Abkürzungen entsprechen denen von *Kirschner*, Abkürzungsverzeichnis in der Rechtssprache, 11. Auflage, 2024.

Einführung

Ein äußerst bedeutsames verfassungsrechtlich geschütztes Ziel des Privatrechtes besteht darin, dass Privatrechtssubjekte nach ihrem Willen Vertragsbeziehungen eingehen können.[1] Der global wachsende Dienstleistungssektor wiederum lässt den Dienstvertrag – vorliegend betrachtet insbesondere den Arbeits- und den freien Dienstvertrag in Form des GmbH-Geschäftsführeranstellungsvertrages (der „GmbH-Geschäftsführer" wird nachfolgend mit „Geschäftsführer" abgekürzt) – stetig relevanter werden.[2] Das Privatrecht ermöglicht die Vereinbarung von Vertragsbeziehungen und regelt deren Auflösungsmodalitäten.[3] Bei der Vertragsbeendigung existiert vorrangig für den Dienstberechtigten[4] das Risiko, dass der Dienstverpflichtete das erlernte Know-how nicht nur im Inland, sondern ebenso inmitten der ausländischen globalen Konkurrenz nutzt, um zukünftig mit

---

1 Zum Prinzip der Vertragsfreiheit des deutschen Zivilrechtes s. anstelle vieler: *Olzen*, in: Staudinger, Einleitung zu §§ 241 f. BGB, Rn. 49; zum Arbeitsvertrag s. *Eichenhofer*, Arbeitsbedingungen bei Entsendung von Arbeitnehmern, ZIAS 1996, 55 (56).

2 Zur fortschreitenden Globalisierung und grenzübergreifenden Dienstleistungen s. u.a. *Eichenhofer*, Arbeitsbedingungen bei Entsendung von Arbeitnehmern, ZIAS 1996, 55 (56 f.).

3 *Olzen*, in: Staudinger, Einleitung zu §§ 241 f. BGB, Rn. 49.

4 Aus Gründen der vereinfachten Lesbarkeit wird in der vorliegenden Dissertation das generische Maskulinum verwendet. Sämtliche Personenbezeichnungen gelten gleichermaßen für alle Geschlechter.

ihm in Wettbewerb zu treten.[5] Dabei bezieht sich „Wettbewerb“ nicht nur auf die ausgeübte Tätigkeit des Dienstverpflichteten, sondern auch auf den relevanten Markt – im und um den Markt[6], in dem der Dienstverpflichtete und Dienstberechtigte tätig sind. Ebendieses Risiko soll durch das nachvertragliche Wettbewerbsverbot [auf Französisch: „*clause de non-concurrence*“[7] (alle Übersetzungen sind meine eigenen, sofern nicht anders angegeben)] minimiert werden.[8]

Innerstaatliche und grenzübergreifende nachvertragliche Wettbewerbsverbote intendieren, dem Dienstverpflichteten den Wettbewerb mit dem -berechtigten für einen vereinbarten Zeitraum und grundsätzlich unter Vereinbarung

---

[5] Die wirtschaftlichen Folgen durch Konkurrenz eines Dienstverpflichteten thematisiert *Gravenhorst* in ihrer Dissertation, s. *Gravenhorst*, Rechtliche Grenzen für die Vereinbarung von nachvertraglichen Wettbewerbsverboten mit GmbH-Geschäftsführern, 1999, S. 1 f.

[6] Zum Unterschied zwischen Wettbewerb im Markt und um den Markt s. *Krämer*, MüKo/EUWettbR, DMA Ökonomische Grundlagen der digitalen Plattformregulierung, Rn. 127.

[7] Dieser Begriff wurde bspw. auch in der Dissertation von *Eisele* zum nachvertraglichen Wettbewerbsverbot genutzt, wie bereits aus dem französischen Titel hervorgeht: *Eisele*, Les conditions de la clause de non-concurrence en droit du travail allemand et en droit du travail français, 1999; zur Begriffsbestimmung des nachvertraglichen Wettbewerbsverbotes nach französischem Recht s. *Eisele*, Les conditions de la clause de non-concurrence en droit du travail allemand et en droit du travail français, 1999, S. 2.

[8] Die Bedeutung des nachvertraglichen Wettbewerbsverbotes für verschiedene Dienstvertragsarten stellten im französischen Recht bereits *Serra* und *Charaf* in ihren Dissertationen dar: *Serra*, L'obligation de non-concurrence dans le droit des contrats, 1968; *Charaf*, La clause de non-concurrence au carrefour du droit des contrats et du droit de la concurrence, 2013; dass nachvertragliche Wettbewerbsverbote ebenfalls in Dienst- und Gesellschaftsverträgen mit Gesellschafter-Geschäftsführern im deutschen Recht üblich sind, merkt u.a. *Stocks* an, s. *Stocks*, Dienst- und gesellschaftsvertragliche nachvertragliche Wettbewerbsverbote für Gesellschafter-Geschäftsführer einer GmbH, 2022, S. 1; zum Zusammenspiel zwischen Vertrags- und Wettbewerbsrecht s. u.a. in Kapitel 2: „Das materielle Recht des nachvertraglichen Wettbewerbsverbotes in Deutschland und in Frankreich bei rein inländischen Sachverhalten“, in dem expliziert wird, dass die auf nachvertragliche Wettbewerbsverbote im deutschen und französischen Recht anwendbare materielle Rechtsgrundlage aus dem Handelsrecht stammt und damit nicht nur einen allgemeinen zivilrechtlichen, sondern auch einen wettbewerbsrechtlichen Einschlag aufweist.

einer Karenzentschädigung zu untersagen. Für den Dienstverpflichteten ist das nachvertragliche Wettbewerbsverbot dahingehend vorteilhaft, dass er durch die Karenzentschädigung seinen Lebensunterhalt verdienen und die Dauer des nachvertraglichen Wettbewerbsverbotes zur beruflichen Neuorientierung nutzen kann.

A. Das Verhältnis der Vertragsparteien nach Beendigung des Arbeitsvertrages und Geschäftsführeranstellungsvertrages: Unsicherheiten hinsichtlich des auf das (grenzübergreifende) nachvertragliche Wettbewerbsverbot anwendbaren Sachrechtes

Nach Beendigung eines Dienstvertrages können die ehemaligen Vertragspartner im Ausgangspunkt wieder miteinander in Konkurrenz treten.[9] Um Konkurrenztätigkeiten[10] untereinander zu verhindern, bedienen sich – u. a. – der vorherige Arbeitgeber und die vorherige GmbH[11] nachvertraglicher Wettbewerbsverbote, die vornehmlich in Arbeitsverträgen mit hochqualifizierten

[9] Der Grundsatz der Wettbewerbsfreiheit folgt aus Art. 12 Abs. 1 GG (s.u. Die Berufsfreiheit, Die unternehmerische Freiheit); zur Frage nach der Konkurrenztätigkeit nach Vertragsbeendigung s. *Commandeur*, Rechtsprobleme bei Abwerbe- und Beschäftigungsverboten, sowie Sperrabreden, RdA, 2022, 341 (342).

[10] Konkurrenztätigkeiten bestehen nicht nur in der direkten Konkurrenz zwischen den ehemaligen Vertragspartnern, sondern ebenfalls, wenn der ehemalige Arbeitnehmer oder Geschäftsführer eine Tätigkeit bei einem Konkurrenten des ehemaligen Arbeitgebers oder vielmehr der Gesellschaft aufnimmt, s.u. Kapitel 2: „Das materielle Recht des nachvertraglichen Wettbewerbsverbotes in Deutschland und in Frankreich bei rein inländischen Sachverhalten".

[11] Die vorliegende Dissertation befasst sich mit der Gesellschaftsform der GmbH. Da andere Gesellschaftsformen nicht Teil der Untersuchung sind, wird die „GmbH" im vorliegenden Rahmen nicht nur als „GmbH", sondern ebenso als „Gesellschaft" bezeichnet. Gleiches gilt für den „GmbH-Geschäftsführeranstellungsvertrag", der im vorliegenden Rahmen mit „Geschäftsführeranstellungsvertrag" abgekürzt wird.

Arbeitnehmern[12] oder vielmehr in Geschäftsführeranstellungsverträgen vereinbart werden.[13]

Das nachvertragliche Wettbewerbsverbot beeinflusst nicht nur das Verhältnis zwischen den Vertragsparteien des Dienstvertrages, sondern es hat desgleichen Auswirkungen auf Dritte, wenn beispielshalber ein Unternehmen verkauft werden soll, das mit seinen Arbeitnehmern oder Geschäftsführern ein nachvertragliches Wettbewerbsverbot vereinbart hat.[14] Mithin ist das nachvertragliche Wettbewerbsverbot sowohl für die Vertragsparteien als auch für darüber hinausgehende wirtschaftliche Beziehungen von Belang. Dessen ungeachtet ist die Vielzahl an unterschiedlichen Klauselvereinbarungen[15] für nachvertragliche Wettbewerbsverbote in Arbeits- und Geschäftsführeranstellungsverträgen auch für das geschulte Auge herausfordernd.[16] Die erste

---

12 Zumal nachvertragliche Wettbewerbsverbote aufgrund der vom Arbeitgeber zu zahlenden Karenzentschädigung für das Unternehmen eine finanzielle Belastung bedeuten, werden nachvertragliche Wettbewerbsverbote regelmäßig allein mit Arbeitnehmern vereinbart, die einen außerordentlichen Einblick in das Unternehmen haben. Oftmals sind sie hochqualifiziert. Zur Vereinbarung nachvertraglicher Wettbewerbsverbote s. Kapitel 2: „Das materielle Recht des nachvertraglichen Wettbewerbsverbotes in Deutschland und in Frankreich bei rein inländischen Sachverhalten".

13 *Vesper*, Indirekte nachvertragliche Wettbewerbsbeschränkungen, 2015, S. 26.

14 Die Wirtschaftlichkeit eines Unternehmenskaufes im Rahmen einer M&A-Transaktion bemisst sich u.a. daran, ob ein nachvertragliches Wettbewerbsverbot zwischen den Vertragsparteien verhandelt wurde. In diesem Zusammenhang sei die Frage maßgeblich für die DD-Prüfung, ob in den Arbeits- und Geschäftsführeranstellungsverträgen der Arbeitnehmer und der Geschäftsführer des zu verkaufenden Unternehmens ein nachvertragliches Wettbewerbsverbot aufgenommen wurde, s. *Gran*, Abläufe bei Mergers & Acquisitions, NJW 2008, 1409 (1413).

15 Nach dem zivilrechtlichen Prinzip der Vertragsfreiheit sind die Vertragsparteien frei darin, wie sie die Klausel des nachvertraglichen Wettbewerbsverbotes nach ihrem Willen formulieren, solange diese rechtswirksam vereinbart wird. Die materiell-rechtlichen Wirksamkeitsvoraussetzungen werden in Kapitel 2: „Das materielle Recht des nachvertraglichen Wettbewerbsverbotes in Deutschland und in Frankreich bei rein inländischen Sachverhalten" erläutert. Zum Begriff der Privatautonomie s. anstelle vieler *Looschelders*, in: NK-BGB, § 138, Rn. 104.

16 *Eisele* erläutert in seiner Dissertation die Herausforderungen des nachvertraglichen Wettbewerbsverbotes in praktischer und theoretischer Hinsicht, s. *Eisele*, Les conditions de la clause de non-concurrence en droit du travail allemand et en droit du travail français, 1999, S. 2 ff.

Schwierigkeit besteht in der Bestimmung des anwendbaren Rechtes. Sowohl im deutschen als auch im französischen Recht wurden Normen als richterrechtliche materiell-rechtliche Rechtsgrundlagen für das nachvertragliche Wettbewerbsverbot in Arbeits- und Geschäftsführeranstellungsverträgen bestimmt.[17] Gleichwohl ist in einem ersten Schritt zu hinterfragen, ob diese Rechtsgrundlagen abschließend die Wirksamkeitsvoraussetzungen und Rechtsfolgen nachvertraglicher Wettbewerbsverbotsklauseln für das deutsche oder vielmehr französische Recht darstellen.[18] Ferner ist in der heutigen globalisierten Welt in einem zweiten Schritt zu prüfen, ob die jeweils für ein Rechtssystem bestimmten materiell-rechtlichen Rechtsgrundlagen ebenfalls für nachvertragliche Wettbewerbsverbote in Arbeitsverträgen und Geschäftsführeranstellungsverträgen adäquat sind, die grenzübergreifende Sachverhalte[19] regeln.[20] Zu der ersten Frage lässt sich einleitend das Folgende feststellen: Obwohl das nachvertragliche Wettbewerbsverbot häufig als Klausel im Vertrag verwendet wird, sind die konkreten räumlichen und sachlichen Grenzen des nachvertraglichen Wettbewerbsverbotes für den Arbeitnehmer oder vielmehr Geschäftsführer weder im HGB noch in einem anderen Gesetz niedergeschrieben. Das HGB normiert allein eine Obergrenze für die Dauer

---

[17] Die materiell-rechtlichen Rechtsgrundlagen wie die Wirksamkeitsvoraussetzungen und Rechtsfolgen im deutschen und französischen materiellen Recht werden in Kapitel 2: „Das materielle Recht des nachvertraglichen Wettbewerbsverbotes in Deutschland und in Frankreich bei rein inländischen Sachverhalten“ detailliert.

[18] Diese Frage wird nach der Kurzdarstellung im Laufe der vorliegenden Dissertation konkretisiert.

[19] Dienstverträge wie der Arbeitsvertrag und der Geschäftsführeranstellungsvertrag ordnen grenzübergreifende Sachverhalte bspw. immer dann, wenn sie Dienstverhältnisse zwischen zwei Parteien regeln, die unterschiedlichen Rechtsordnungen angehören, s.u. Kapitel 3: „Die Bestimmung des auf das nachvertragliche Wettbewerbsverbot in Deutschland und in Frankreich bei grenzübergreifenden Sachverhalten anzuwendenden materiellen Rechtes und dessen Inhalt“.

[20] Diese Frage wird nach der Einführung im Kapitel 4: „Die Analyse des materiellen deutschen und französischen Rechtes des nachvertraglichen Wettbewerbsverbotes bei nationalen und grenzübergreifenden Sachverhalten: grundrechtliche und grundfreiheitliche Auswirkungen“ und Kapitel 5: „Die Anwendung der Ergebnisse der bisherigen Untersuchung: die fehlende Notwendigkeit und Unwahrscheinlichkeit der Verabschiedung einer materiell-rechtlichen europäischen Rechtsnorm für das nachvertragliche Wettbewerbsverbot“ aufgegriffen.

des nachvertraglichen Wettbewerbsverbotes.[21] An einer klaren örtlichen und sachlichen Beschränkung mangelt es hingegen; gemäß § 74a Abs. 1 HGB gilt lediglich die Regelung, dass eine solche örtliche und sachliche Beschränkung des nachvertraglichen Wettbewerbsverbotes vorliegen muss. Die genaue Beschränkung richtet sich nach dem Einzelfall. Im französischen Recht existiert keine vergleichbare Regelung. Hinsichtlich der Beschränkbarkeit wird vielmehr eine Einzelfallbetrachtung durch die Arbeitsgerichte vorgenommen. Damit ist die Klausel des nachvertraglichen Wettbewerbsverbotes in Arbeits- und Geschäftsführeranstellungsverträgen sowohl im deutschen als auch im französischen Recht eine von Fall zu Fall verschieden gestaltete Klausel, sodass auch die zunehmende Kasuistik keine vollkommene Rechtssicherheit hinsichtlich der Wirksamkeitsvoraussetzungen schaffen kann.[22] Folglich liegen weder in den deutschen noch in den französischen Rechtsgrundlagen einheitliche Leitlinien für die Gestaltung der Klausel des nachvertraglichen Wettbewerbsverbotes für Arbeitnehmer und Geschäftsführer vor; insofern ist die erste Frage zu verneinen: Die materiell-rechtlichen Rechtsgrundlagen im nationalen, deutschen und französischen Recht sind nicht abschließend. Dies führt zu fehlender Rechtssicherheit: Der Dienstberechtigte weiß nicht, welche Voraussetzungen die Klausel enthalten muss, damit sie wirksam ist. Der Dienstverpflichtete wiederum weiß nicht, ob die Klausel wirksam ist und er sich nach Beendigung des Arbeits- oder vielmehr Geschäftsführeranstellungsvertrages an diese halten muss. Die (fehlenden) materiell-rechtlichen Wirksamkeitsvoraussetzungen, insbesondere hinsichtlich der Beschränkbarkeit des nachvertraglichen Wettbewerbsverbotes sowie die Rechtsfolgen bei Verstoß gegen das nachvertragliche Wettbewerbsverbot im deutschen und

---

[21] Gemäß § 74a Abs. 1 S. 3 HGB kann sich das nachvertragliche Wettbewerbsverbot nicht auf einen Zeitraum von mehr als zwei Jahren nach Beendigung erstrecken. Beispielhaft wird hier auf die fehlende Kodifikation der räumlichen und sachlichen Maximalbeschränkung des nachvertraglichen Wettbewerbsverbotes in Dienstverträgen verwiesen.

[22] Dass eine solche Rechtssicherheit jedoch insbesondere im Arbeitsrecht für den Arbeitnehmer relevant ist, damit dieser seine Rechte kennt, umschreibt bspw. *Sèbe* mit den Begriffen *„stabilité"* und *„pérennité"* (auf Französisch; auf Deutsch: Stabilität und Fortbestand), s. *Sèbe*, La mobilité transnationale du salarié, 2020, S. 15.

französischen Recht werden in Kapitel 2[23] analysiert. Die Beantwortung der zweiten Frage wird in den Kapiteln 4[24] und 5[25] ausführlich dargestellt.

B. Das Ziel der vorliegenden Dissertation unter Berücksichtigung des aktuellen Forschungsstandes

In der Literatur wurde bisher keine rechtsvergleichende deutsch-französische Arbeit zur Ausgestaltung von nachvertraglichen Wettbewerbsverboten in freien Dienstverträgen wie dem Geschäftsführeranstellungsvertrag und Arbeitsverträgen veröffentlicht.[26] Die letzte Arbeit zum Vergleich des deutschen und französischen Sachrechtes des nachvertraglichen Wettbewerbsverbotes im Arbeitsvertrag erfolgte vor über zwei Jahrzehnten;[27] daneben widmeten sich jüngere Dissertationen lediglich den rechtlichen Wirksamkeitsvoraussetzungen des nachvertraglichen Wettbewerbsverbotes im Arbeitsvertrag

---

23 Kapitel 2: „Das materielle Recht des nachvertraglichen Wettbewerbsverbotes in Deutschland und in Frankreich bei rein inländischen Sachverhalten".

24 Kapitel 4: „Die Analyse des materiellen deutschen und französischen Rechtes des nachvertraglichen Wettbewerbsverbotes bei nationalen und grenzübergreifenden Sachverhalten: grundrechtliche und grundfreiheitliche Auswirkungen".

25 Kapitel 5: „Die Anwendung der Ergebnisse der bisherigen Untersuchung: die fehlende Notwendigkeit und Unwahrscheinlichkeit der Verabschiedung einer materiell-rechtlichen europäischen Rechtsnorm für das nachvertragliche Wettbewerbsverbot".

26 Bspw. erschien von *Eisele* im Jahr 1999 eine rechtsvergleichende deutsch-französische Dissertation zum nachvertraglichen Wettbewerbsverbot im Arbeitsvertrag auf französischer Sprache, s. *Eisele*, Les conditions de la clause de non-concurrence en droit du travail allemand et en droit du travail français, 1999; ein anderes Beispiel für eine rechtsvergleichende, aber in dem Fall deutsch-englische Dissertation zum nachvertraglichen Wettbewerbsverbot im Arbeitsrecht ist die Folgende: *Growe*, Nachvertragliche Wettbewerbsbeschränkungen von Arbeitnehmern in multinationalen Konzernen, 2010. Diese Arbeit wurde von *Henze* zensiert: *Henze*, Nachvertragliche Wettbewerbsbeschränkungen von Arbeitnehmern in multinationalen Konzernen – Eine rechtsvergleichende Untersuchung des deutschen und englischen Rechts, EuZA 2013, 294. Das nachvertragliche Wettbewerbsverbot in Dienst- und Gesellschaftsverträgen eines Gesellschafter-Geschäftsführers in der GmbH nach deutschem Recht untersuchte *Stocks* in ihrer Dissertation, s. *Stocks*, Dienst- und gesellschaftsvertragliche nachvertragliche Wettbewerbsverbote für Gesellschafter-Geschäftsführer einer GmbH, 2022.

27 *Eisele*, Les conditions de la clause de non-concurrence en droit du travail allemand et en droit du travail français, 1999.

oder im Geschäftsführeranstellungsvertrag.[28] Von der Vereinbarung bis zur Durchsetzung derartiger Wettbewerbsverbote im nationalen und europäischen Kontext[29] herrscht in der Theorie und Praxis Rechtsunsicherheit.[30] Wesentlicher Gegenstand der vorliegenden Dissertation ist das auf nachvertragliche Wettbewerbsverbote in deutschen und französischen Arbeits- und Geschäftsführeranstellungsverträgen anwendbare Sachrecht. Dem Vergleich liegt folgende zentrale Forschungsfrage zugrunde: Bedürfen die unterschiedlichen Wirksamkeitsvoraussetzungen vor dem Hintergrund der voranschreitenden Harmonisierung des europäischen Rechtes bei grenzübergreifenden nachvertraglichen Wettbewerbsverboten einer europäischen Rechtsgrundlage. In beiden materiellen Rechtsordnungen weist das Sachrecht Lücken auf.[31] Diese Dissertation vergleicht das deutsche und französische Sachrecht,[32] arbeitet die Lücken heraus und sucht nach einer einheitlichen Lösung auf europäischer Ebene. Rechtsvergleichende Arbeiten ermöglichen die Herausarbeitung übernationaler Lösungen für (über-)nationale

---

[28] Bspw. befassen sich die folgenden Dissertationen mit der auf das nachvertragliche Wettbewerbsverbot in Dienstverträgen (wie dem Arbeitsvertrag und dem Geschäftsführeranstellungsvertrag) anwendbaren materiell-rechtlichen Rechtsgrundlage nach deutschem Recht: *Reinfeld*, Das nachvertragliche Wettbewerbsverbot im Arbeits- und Wirtschaftsrecht, 1992; *Vesper*, Indirekte nachvertragliche Wettbewerbsbeschränkungen, 2015; *Krahforst*, Nachvertragliche Wettbewerbsverbote für GmbH-Geschäftsführer – Beurteilungsgrundlagen und Zulässigkeitsmaßstäbe, 2012; *Steck*, Wettbewerbsverbot und verdeckte Gewinnausschüttung bei der GmbH unter besonderer Berücksichtigung des Einflusses des Zivilrechts auf das Steuerrecht, 1999; *Stocks*, Dienst- und gesellschaftsvertragliche nachvertragliche Wettbewerbsverbote für Gesellschafter-Geschäftsführer einer GmbH, 2022.

[29] Der internationale, übereuropäische Kontext ist nicht Gegenstand der vorliegenden Dissertation.

[30] *Krahforst*, Nachvertragliche Wettbewerbsverbote für GmbH-Geschäftsführer – Beurteilungsgrundlagen und Zulässigkeitsmaßstäbe, 2012, S. 25.

[31] Dieser Befund sei hier vorangestellt, eine genaue Darstellung findet sich in Kapitel 2: „Das materielle Recht des nachvertraglichen Wettbewerbsverbotes in Deutschland und in Frankreich bei rein inländischen Sachverhalten“.

[32] Die Sinnhaftigkeit des Vergleiches des deutschen und französischen Rechtes (in Bezug auf das nachvertragliche Wettbewerbsverbot im Arbeitsvertrag) legte *Eisele* bereits im Jahr 1999 dar, s. *Eisele*, Les conditions de la clause de non-concurrence en droit du travail allemand et en droit du travail français, 1999, S. 5 ff.

Probleme.[33] Demzufolge ist eine rechtsvergleichende Betrachtung (grenzübergreifender) nachvertraglicher Wettbewerbsverbote unumgänglich.

Das Thema der zukünftigen nationalen und europäischen materiellrechtlichen Wirksamkeitsvoraussetzungen des nachvertraglichen Wettbewerbsverbotes im Arbeitsvertrag und im Geschäftsführanstellungsvertrag und die Auswirkungen auf das europäische Recht hingegen werden von den bereits vorhandenen Dissertationen[34] nicht ausreichend unter Berücksichtigung des aktuellen Standes untersucht.[35] Ebenso wurde das internationale Privatrecht (der Begriff „Internationales Privatrecht" wird nachfolgend mit „IPR" abgekürzt) im deutsch-französischen Rechtsvergleich noch nicht analysiert. Diese Forschungslücke soll mit der hier vorgestellten Dissertation geschlossen werden.

C. Der Gang der Untersuchung

Damit die vorliegende Dissertation das auf nachvertragliche Wettbewerbsverbote in deutschen und französischen Arbeits- und Geschäftsführeranstellungsverträgen anwendbare materielle Recht diskutieren kann, ist es zu

---

[33] *Haase*, Einführung in die Rechtsvergleichung, JA 2005, 232 (232 ff.); *Mansel*, Rechtsvergleichung und europäische Rechtseinheit, JZ 1991, 529 (529 ff.); eine Zusammenschrift verschiedener französischer Stimmen, die alle rechtsvergleichend arbeiten und dazu Denkanstöße geben, präsentiert der *Legrand*, s. *Legrand*, Comparer les droits, résolument, S. 8 ff.

[34] Die Dissertation von *Brendel* beschäftigt sich mit den Implikationen des europäischen Rechtes und mit grenzüberschreitenden nachvertraglichen Wettbewerbsverboten, s. *Brendel*, Nachvertragliche grenzüberschreitende Wettbewerbsverbote, 2009. Da die Arbeit jedoch nur den Forschungsstand bis Anfang 2009 und keinen deutsch-französischen Rechtsvergleich als solchen berücksichtigt, fehlt es an einem aktuellen Werk. Außerdem befasst sich *Brendel* allein mit dem arbeitsvertraglichen nachvertraglichen Wettbewerbsverbot und nicht mit dem nachvertraglichen Wettbewerbsverbot im Geschäftsführeranstellungsvertrag, wie sie selbst bspw. auf S. 101 verdeutlicht, s. *Brendel*, Nachvertragliche grenzüberschreitende Wettbewerbsverbote, 2009, S. 101.

[35] In ihrer Dissertation aus dem Jahr 2009 zeigt *Brendel*, wie entscheidend auch die Betrachtung grenzübergreifender nachvertraglicher Wettbewerbsverbote im europäischen Kontext ist und untersucht in diesem Zusammenhang auch die Rechtsordnungen anderer europäischer Staaten, s. *Brendel*, Nachvertragliche grenzüberschreitende Wettbewerbsverbote, 2009, S. 159 ff.

Beginn nötig, das nachvertragliche Wettbewerbsverbot von der vertraglichen und nachvertraglichen Treuepflicht und anderen (außer-)vertraglichen Wettbewerbsverboten abzugrenzen. Diese Abgrenzung wird in Kapitel 1[36] vorgenommen. Da es sich bei diesem Kapitel um eine einleitende Darstellung des nachvertraglichen Wettbewerbsverbotes handelt, wird ausschließlich das deutsche Recht zugrunde gelegt. Anschließend ist die Arbeit in vier weitere Kapitel gegliedert. In den nachfolgenden Kapiteln werden das deutsche und das französische materielle Recht miteinander verglichen und im international-privatrechtlichen, grundrechtlichen und grundfreiheitlichen Kontext beleuchtet. Das zweite Kapitel[37] befasst sich mit dem anwendbaren materiellen Recht des nachvertraglichen Wettbewerbsverbotes. Zunächst werden die Vertragstypen des Anstellungsvertrages für Handlungsgehilfen und Handelsvertreter im deutschen und französischen Recht dargestellt.[38] Für diese Vertragstypen liegt jeweils eine direkt anwendbare materielle Rechtsgrundlage im deutschen oder vielmehr französischen Recht vor. Anschließend untersucht dieses Kapitel das auf das nachvertragliche Wettbewerbsverbot im deutschen und französischen Arbeitsvertrag[39] und Geschäftsführeranstellungsvertrag[40] anwendbare Sachrecht. Hier werden die Wirksamkeitsvoraussetzungen und Rechtsfolgen bei Verstoß gegen das nachvertragliche Wettbewerbsverbot für Arbeitsverträge und Geschäftsführeranstellungsverträge nach deutschem und französischem Recht dargestellt und miteinander vergleichen. In dem den freien Dienstvertrag adressierenden Abschnitt befasst sich ein Unterkapitel mit dem

[36] Kapitel 1: „Das Wettbewerbsverbot und die Treuepflicht im Arbeitsvertrag und im Geschäftsführeranstellungsvertrag".

[37] Kapitel 2: „Das materielle Recht des nachvertraglichen Wettbewerbsverbotes in Deutschland und in Frankreich bei rein inländischen Sachverhalten".

[38] Das nachvertragliche Wettbewerbsverbot im Anstellungsvertrag des Handlungsgehilfen und im Anstellungsvertrag des Handelsvertreters – eine erste rechtsvergleichende deutsch-französische Betrachtung.

[39] Das nachvertragliche Wettbewerbsverbot im Arbeitsvertrag.

[40] Das nachvertragliche Wettbewerbsverbot im freien Dienstvertrag am Beispiel des Geschäftsführeranstellungsvertrages.

Gesellschafter-Geschäftsführeranstellungsvertrag[41] und ein weiteres mit dem Fremdgeschäftsführeranstellungsvertrag[42], da der Fremdgeschäftsführer – nach Ansicht des BAG, die indes von der des BGH divergiert – im Gegensatz zum Gesellschafter-Geschäftsführer eine arbeitnehmerähnliche Stellung innehat, was ihn in eine Zwischenposition von Arbeitnehmer und Geschäftsführer bringt.[43] Kapitel 3[44] fokussiert sich auf die Frage, welches materielle Recht auf das nachvertragliche Wettbewerbsverbot in Arbeits- und Geschäftsführeranstellungsverträgen in grenzübergreifenden Sachverhalten[45] nach welchen Anknüpfungspunkten anwendbar ist. In diesem Zusammenhang werden insbesondere die maßgeblichen Bestimmungen der Rom I-VO (die „Verordnung (EG) Nr. 593/2008 des Europäischen Parlaments

---

41 Die materiell-rechtlichen Wirksamkeitsvoraussetzungen und Folgen der Nichtbeachtung des nachvertraglichen Wettbewerbsverbotes im Gesellschafter-Geschäftsführeranstellungsvertrag im deutschen Recht; die materiell-rechtlichen Wirksamkeitsvoraussetzungen und Folgen der Nichtbeachtung des nachvertraglichen Wettbewerbsverbotes im Gesellschafter-Geschäftsführeranstellungsvertrag im französischen materiellen Recht.

42 Die materiell-rechtlichen Wirksamkeitsvoraussetzungen und Folgen der Nichtbeachtung des nachvertraglichen Wettbewerbsverbotes im Fremdgeschäftsführeranstellungsvertrag im deutschen Recht; die materiell-rechtlichen Wirksamkeitsvoraussetzungen und Folgen der Nichtbeachtung des nachvertraglichen Wettbewerbsverbotes im Fremdgeschäftsführeranstellungsvertrag im französischen Recht.

43 Die Auffassung des BAG stimmt nicht mit der des BGH überein, was in Kapitel 2: „Das materielle Recht des nachvertraglichen Wettbewerbsverbotes in Deutschland und in Frankreich bei rein inländischen Sachverhalten" näher erläutert wird.

44 Kapitel 3: „Die Bestimmung des auf das nachvertragliche Wettbewerbsverbot in Deutschland und in Frankreich bei grenzübergreifenden Sachverhalten anzuwendenden materiellen Rechtes und dessen Inhalt".

45 An dieser Stelle sei angemerkt, dass *Eisele*, der im Jahr 1999 rechtsvergleichend deutsch-französisch zum nachvertraglichen Wettbewerbsverbot promoviert hat, grenzübergreifende nachvertragliche Wettbewerbsverbote nicht betrachtet hat. Vielmehr beschäftigte er sich mit der Frage nach den Voraussetzungen des nachvertraglichen Wettbewerbsverbotes und der Frage, ob diese Gültigkeits-/Wirksamkeitsvoraussetzungen auch effektiv zur Durchsetzung des Verbotes sind. Er nennt dies *„conditions de validité* [...] *les conditions d'efficacité"* (Originalsprache Französisch). Auf Deutsch übersetzt bedeuten die Begriffe „Gültigkeitsbedingungen und Wirksamkeitsbedingungen/ Effektivitätsbedingungen", s. *Eisele*, Les conditions de la clause de non-concurrence en droit du travail allemand et en droit du travail français, 1999, S. 2.

und des Rates vom 17. Juni 2008 über das auf vertragliche Schuldverhältnisse anzuwendende Recht" wird nachfolgend mit „Rom I-VO" abgekürzt) als Teil des IPR und im Anschluss das materielle Recht des nachvertraglichen Wettbewerbsverbotes in Deutschland und Frankreich in grenzübergreifenden Sachverhalten im Vergleich zu nationalen Sachverhalten erläutert. Dank der Diskussion der Wirksamkeitsvoraussetzungen einerseits und Rechtsfolgen bei Verstößen gegen das nachvertragliche Wettbewerbsverbot andererseits im deutschen und französischen materiellen Recht sowie der Bestimmung des anwendbaren Rechtes auf grenzübergreifende Arbeits- und Geschäftsführeranstellungsverträge durch das IPR resultiert nach der Lektüre der Kapitel 1[46], 2[47] und 3[48] ein vollständiges Bild des auf das nachvertragliche Wettbewerbsverbot in Arbeits- und Geschäftsführeranstellungsverträgen anwendbaren materiellen deutschen und französischen Rechtes. Im vierten Kapitel[49] wird die grundrechtliche und grundfreiheitliche Wirksamkeit des deutschen und französischen Sachrechtes des nachvertraglichen (grenzübergreifenden) Wettbewerbsverbotes überprüft. Diesbezüglich ist u. a. folgende Frage von Interesse: Wie wirken sich die Unterschiede und Gemeinsamkeiten des deutschen und französischen Rechtes auf die Parteien des Arbeitsvertrages und des Geschäftsführeranstellungsvertrages in rein nationalen sowie in grenzübergreifenden Sachverhalten aus? Im fünften Kapitel[50] bleibt schließlich zu klären, ob das auf das (grenzübergreifende) nachvertragliche Wettbewerbsverbot unterschiedliche anwendbare materielle (deutsche und

---

46 Kapitel 1: „Das Wettbewerbsverbot und die Treuepflicht im Arbeitsvertrag und im Geschäftsführeranstellungsvertrag".

47 Kapitel 2: „Das materielle Recht des nachvertraglichen Wettbewerbsverbotes in Deutschland und in Frankreich bei rein inländischen Sachverhalten".

48 Kapitel 3: „Die Bestimmung des auf das nachvertragliche Wettbewerbsverbot in Deutschland und in Frankreich bei grenzübergreifenden Sachverhalten anzuwendenden materiellen Rechtes und dessen Inhalt".

49 Kapitel 4: „Die Analyse des materiellen deutschen und französischen Rechtes des nachvertraglichen Wettbewerbsverbotes bei nationalen und grenzübergreifenden Sachverhalten: grundrechtliche und grundfreiheitliche Auswirkungen".

50 Kapitel 5: „Die Anwendung der Ergebnisse der bisherigen Untersuchung: die fehlende Notwendigkeit und Unwahrscheinlichkeit der Verabschiedung einer materiell-rechtlichen europäischen Rechtsnorm für das nachvertragliche Wettbewerbsverbot".

französische) Recht und die Anwendung des europäischen Kollisionsrechtes eine materiell-rechtliche EU-Rechtsgrundlage[51] für das nachvertragliche Wettbewerbsverbot notwendig machen und wahrscheinlich sind. Zur Beantwortung dieser Frage wird auf die Ergebnisse der vorherigen Untersuchung zurückgegriffen. Schließlich werden die Argumente für und gegen einen Normvorschlag dargelegt und abgewogen.[52] Beendet wird die Dissertation mit Schlussthesen[53] und einem abschließenden Gesamtergebnis[54].

---

[51] Über die Idee, Recht zu vereinheitlichen, hat *Vogel* verschiedene französische Stimmen der Literatur eingeladen zu schreiben und die Ergebnisse zusammengefügt, s. *Vogel*, Droit global law, unifier le droit: le rêve impossible?, S. 3 ff.

[52] Eigene Stellungnahme: Argumente für und gegen eine europäische materielle Rechtsgrundlage für das grenzübergreifende nachvertragliche Wettbewerbsverbot.

[53] Schlussthesen.

[54] Zusammenfassendes Gesamtergebnis.

Das Wettbewerbsverbot und die Treuepflicht im Arbeitsvertrag und im Geschäftsführeranstellungsvertrag

Die Vereinbarung eines nachvertraglichen Wettbewerbsverbotes im Arbeitsvertrag und Geschäftsführeranstellungsvertrag dient u. a. dem Schutz der unternehmerischen Tätigkeit des Arbeitgebers oder vielmehr der Gesellschaft gegenüber Konkurrenten nach Vertragsbeendigung. Dessen ungeachtet ist der Arbeitgeber oder vielmehr die Gesellschaft nicht erst ab Beendigung des Arbeitsvertrages und Geschäftsführeranstellungsvertrages vor Konkurrenztätigkeit des Arbeitnehmers oder vielmehr Geschäftsführers geschützt, sondern bereits ab Beginn der Vertragslaufzeit.[55] Um das nachvertragliche Wettbewerbsverbot als eigenständige Wettbewerbsbeschränkung darzustellen, wird in diesem Kapitel vorab in chronologischer Reihenfolge zwischen vertraglichen Wettbewerbsbeschränkungen differenziert, die auch als vertragliche Treuepflichten bezeichnet werden, und nachvertraglichen Treuepflichten sowie nachvertraglichen Wettbewerbsverboten.[56] Die Einordnung des nachvertraglichen Wettbewerbsverbotes in den Kontext der Treuepflichten und Wettbewerbsverbote erfolgt der Übersicht halber allein im deutschen Recht.[57]

---

[55] Vorvertragliche Treuepflichten sind nicht Gegenstand der vorliegenden Dissertation.

[56] Zur Interessenlage rund um Wettbewerbsverbote s. ausführlich *Reinfeld*, Das nachvertragliche Wettbewerbsverbot im Arbeits- und Wirtschaftsrecht, 1992, S. 24 ff.

[57] Rechtsvergleichende Hinweise auf das französische Recht werden teilweise in den Fußnoten gegeben.

A. Die verschiedenen Phasen des Wettbewerbsverbotes im Arbeits- und Geschäftsführeranstellungsvertrag

Das praktische Interesse des Arbeitgebers und der Gesellschaft daran, dass der Arbeitnehmer oder vielmehr Geschäftsführer die relevanten, im Unternehmen erlernten Tätigkeiten und Kenntnisse nicht mit Konkurrenten teilt, wird durch die theoretisch angelegten Phasen des Wettbewerbsverbotes während und nach Beendigung des Arbeitsvertrages und Geschäftsführeranstellungsvertrages gewahrt. Ebendies wird in den folgenden Abschnitte aufgezeigt. Erläutert werden neben den Rechtsgrundlagen gleichfalls die Gemeinsamkeiten und Unterschiede dieser Wettbewerbsverbote und Treuepflichten.

I. Das vertragliche Wettbewerbsverbot während der Dauer des Arbeitsvertrages und Geschäftsführeranstellungsvertrages

Im Arbeitsvertrag und Geschäftsführerdienstvertrag sind – mit ausdrücklicher Vereinbarung oder konkludenter Zustimmung – dem Arbeitnehmer und dem Geschäftsführer die eigene, selbstständige oder mit anderen Parteien gemeinschaftliche wettbewerbliche Tätigkeit gegen den Arbeitgeber oder die Gesellschaft verboten.[58] Das vertragliche Wettbewerbsverbot hat zum Ziel, eine vertrauensvolle Zusammenarbeit zwischen dem Arbeitgeber und dem Arbeitnehmer herzustellen. Vertragliche Wettbewerbsverbote sind notwendig, damit sich beide Parteien hinsichtlich des Schutzes ihrer Rechtsgüter und Interessen jeweils darauf verlassen können, dass vertragliche Vereinbarungen eingehalten werden.[59] Die Literatur wendet regelmäßig den Begriff des „vertragliche[n] Wettbewerbsverbot[s]“[60] an, sodass der Gedanke naheliegt, Arbeitsverträge und Geschäftsführeranstellungsverträge enthielten generell eine Klausel zum vertraglichen Wettbewerbsverbot. Indes existieren selten Vertragsklauseln mit dem wortgleichen Titel „Vertragliches Wettbewerbsverbot“.[61] Das allerdings bedeutet nicht, dass der Arbeitgeber oder vielmehr

---

[58] Bspw. *Hoefs*, in: Gebele/Scholz, Beck'sches Formularbuch Bürgerliches, Handels- und Wirtschaftsrecht, Anmerkung, Rn. 30 f.

[59] Zum handelsrechtlichen vertraglichen Wettbewerbsverbot schrieb *Canaris* ein Werk s. *Canaris*, Handelsrecht, § 17, Rn. 34.

[60] Siehe bspw. *Brors*, in: NK-ArbR, § 611 BGB, Rn. 539.

[61] Bspw. *Müller/Mayer*, in: Müller, FormularBibliothek Vertragsgestaltung – Arbeitsrecht, § 4, Rn. 20. *Müller* und *Mayer* bringen mit der mit der Klausel „§ 6 Verschwiegenheitspflicht“ das vertragliche Wettbewerbsverbot durch Bewahren von Stillschweigen über vertrauliche Themen gegenüber anderen zum Ausdruck.

die Gesellschaft für den Arbeitnehmer oder vielmehr dem Geschäftsführer jedwede Form des vertraglichen Wettbewerbes zulässt. Vielmehr ist es so, dass das vertragliche Wettbewerbsverbot nicht zwangsläufig im Dienstvertrag aufgeführt werden muss, um zwischen den Parteien wirksam zu sein, sondern auch konkludent vereinbart werden kann. Ebendies wird nachfolgend erörtert.

1. Das vertragliche Wettbewerbsverbot im Arbeitsvertrag

Im Arbeitsvertrag wird die Pflicht zur Unterlassung des unentgeltlichen und entgeltlichen Wettbewerbes während des Arbeitsverhältnisses zunächst aus § 241 Abs. 2 S. 1 BGB abgeleitet.[62]

Die sich daraus ergebende Pflicht zur Rücksichtnahme auf die Rechte, Rechtsgüter und Interessen des Vertragspartners wird – auch nach der konsolidierten Rechtsprechung des BAG[63] – generell als Treuepflicht[64] des Arbeitnehmers gegenüber dem Arbeitgeber bezeichnet.[65] Daneben wird die Treuepflicht in der durch die Rechtsprechung des BAG[66] begründeten analogen Anwendung der §§ 60 f. HGB entsprechend auf den Arbeitsvertrag angewandt.[67] Die arbeitsvertragliche Treuepflicht wird in der Literatur

62 Anstelle vieler: *Preis*, in: ErfK, § 611 BGB, Rn. 720; *Brors*, in: NK-ArbR, § 611 BGB, Rn. 539.

63 Anstelle vieler: BAG, Urteil vom 20.09.2006 – 10 AZR 439/05, NJW 2007, 2655/NZA 2007, 977 (978); BAG, Urteil vom 25.04.1991 – 2 AZR 624/90, NJW 1992, 1646 (1647).

64 Die vertragliche Treuepflicht wird auch als Rücksichtnahmepflicht bezeichnet, s. bspw. *Vesper*, Indirekte nachvertragliche Wettbewerbsbeschränkungen, 2015, S. 30. Die hier verwendete Bedeutung der Treuepflicht umfasst beide Begriffe.

65 *Laskawy*, Die Tücken des nachvertraglichen Wettbewerbsverbots im Arbeitsrecht, NZA 2012, 1011 (1011).

66 Insbesondere in seiner neueren Rechtsprechung verweist das BAG auf die analoge Anwendbarkeit des § 60 HGB als Konkretisierung der allgemeinen arbeitsvertraglichen Treuepflicht aus § 241 Abs. 1 S. 2 BGB, s. bspw. BAG, Urteil vom 26.09.2007 – 10 AZR 511/06, NJW 2008, 392 (393 f.); BAG, Urteil vom 24.03.2010 – 10 AZR 66/09, NJW 2010, 2158 (2158 f.). *Oetker* und *Laskawy* liefern auch eine Erklärung, s. *Oetker*, in: ErfK, § 60 HGB, Rn. 2; *Laskawy*, Die Tücken des nachvertraglichen Wettbewerbsverbots im Arbeitsrecht, NZA 2012, 1011 (1011).

67 Die Frage, ob die vertragliche Treuepflicht des Arbeitnehmers auf der Rechtsgrundlage des § 241 Abs. 1 S. 2 BGB oder auf § 60 HGB analog beruht, kann in dieser Dissertation dahinstehen, da der Inhalt dieser Wettbewerbsbeschränkung sowohl den Erfordernissen aus § 241 Abs. 1 S. 2 BGB für zivilrechtliche Vertragsparteien insgesamt und § 60 HGB für den Handlungsgehilfen beruhe, s. bspw. *Preis*, in: ErfK, § 611 BGB, Rn. 720; *Thüsing*,

wie folgt umschrieben: Durch das notwendige gegenseitige Vertrauen im Arbeitsverhältnis bestehe eine gesteigerte Treuepflicht, wodurch sich der Arbeitsvertrag von anderen Vertragsarten unterscheidet.[68] Durch die vertragliche Treuepflicht werde der Arbeitnehmer verpflichtet, seine Aufgaben so zu erledigen und seine Interessen und Rechte dergestalt wahrzunehmen, dass er die Interessen des Arbeitgebers und der anderen Arbeitnehmer des Betriebes nach Treu und Glauben wahrt.[69] Somit darf der Arbeitnehmer während der Dauer des Arbeitsverhältnisses[70] ohne Zustimmung seines Arbeitgebers keine Vorbereitungshandlungen für zukünftige Konkurrenztätigkeiten

---

in: HWK, § 611 BGB, Rn. 361. Nur auf den Anstellungsvertrag des Handlungsgehilfen finden die restriktiv auszulegenden §§ 60 f. HGB direkt Anwendung, s. *Fischinger*, in: Staudinger, § 611a BGB, Rn. 1210, 1215. Die restriktive Auslegung führe dazu, dass dem Arbeitnehmer oder vielmehr Dienstverpflichteten nicht jedweder Betrieb eines Handelsgewerbes insgesamt, sondern nur der im Geschäftsbereich des Arbeitgebers verboten sei, s. *Fischinger*, in: Staudinger, § 611a BGB, Rn. 1210 mit Verweis auf die Rechtsprechung des BAG, s. anstelle vieler: BAG, Urteil v. 25.05.1970 – 3 AZR 384/69, NJW 1970, 1941.

68 Diese gesteigerte Treuepflicht ergibt sich aus dem personellen Charakter des Arbeitsverhältnisses aus § 613 BGB, s. *Kreitner*, in: Küttner, Personalbuch, Treuepflicht, Rn. 1.

69 Diese Definition der Treuepflicht findet sich in der Literatur an vielen Stellen, wie bspw. *Müller-Glöge*, in: MüKo/BGB, § 611 BGB, Rn. 1077; *Kreitner*, in: Küttner, Personalbuch, Treuepflicht, Rn. 1; *Schaub/Koch*, in: Schaub/Koch, Arbeitsrecht, von A-Z, Treuepflicht.

70 Die einzige Ausnahme ist die durch den Arbeitgeber einseitig unwiderruflich ausgesprochene Freistellung gegen den Arbeitnehmer. Das BAG legt eine solche Freistellung als Verzichtserklärung auf das vertragliche Wettbewerbsverbot durch den Arbeitgeber aus, s. BAG, Urteil vom 06.09.2006 – 5 AZR 703/05, NJW 2007, 2796; in der Rechtsprechung und Literatur ist streitig, ob das vertragliche Wettbewerbsverbot während des Kündigungsschutzprozesses fortgilt, s. anstelle vieler: BAG, Urteil vom 25.04.1991 – 2 AZR 624/90, NJW 1992, 1646. Das BAG bestätigt, dass das Wettbewerbsverbot während des Kündigungsschutzprozesses wirksam gewesen ist, auch wenn sich im Nachhinein herausstellt, dass die Kündigung unwirksam war. Eine Ansicht in der Literatur stützt die Position, dass das nachvertragliche Wettbewerbsverbot nur wirksam sei, wenn der Arbeitgeber sich nicht im Annahmeverzug befindet, s. bspw. *Henssler*, in: MüKo/BGB, § 626 BGB, Rn. 124; *von Hoyningen-Huene*, in: MüKo/HGB, § 60 HGB, Rn. 21. Eine weitere vermittelnde Ansicht der Rechtsprechung besagt, dass das vertragliche Wettbewerbsverbot nur bis zum Ende des Kündigungsschutzprozesses fortgelte, wenn der Arbeitgeber dem Arbeitnehmer gemäß § 74 Abs. 2 HGB analog eine Entschädigung anbietet (s. LAG Köln, Beschluss vom 04.07.1995 – 9 Sa 484/95, NZA-RR 1996, 2). So gesehen auch von Teilen der Literatur, s. *Dörner*, in: APS, § 1 KSchG, Rn. 325; *Bauer/Diller*, Wettbewerbsverbote, Rechtliche und taktische Hinweise für Arbeitgeber, Arbeitnehmer und Organmitglieder, S. 13 f.

vornehmen.[71] In gleicher Weise darf er nicht während der Dauer des Arbeitsvertrages als direkter Konkurrent auftreten. Dies darf er weder in Form einer eigenen selbstständigen Tätigkeit noch unter der Weisung eines anderen, mit seinem Arbeitgeber in Konkurrenz stehenden Arbeitgebers, wenn und soweit er damit gegen die wettbewerblichen Interessen des eigenen Arbeitgebers verstößt.[72] Sollte er dies tun, hat der Arbeitgeber ihm gegenüber u. a. einen Anspruch auf Schadensersatz gemäß §§ 280 Abs. 1, 241 Abs. 2 i.V.m. §§ 249 ff. BGB oder §§ 280 Abs. 1, 241 Abs. 1 i.V.m. §§ 249 ff. BGB oder vielmehr §§ 280 Abs. 1, 241 Abs. 2 i.V.m. §§ 249 ff. BGB.[73] Eine Schadenersatzpflicht kann ebenfalls aus § 61 Abs. 1 HGB resultieren.[74] Alternativ zur Geltendmachung des Schadensersatzanspruchs kann der Arbeitgeber sein sogenanntes „Eintrittsrecht" ausüben.[75] Das Eintrittsrecht bedeutet Literatur zufolge, dass der Arbeitgeber die Geschäfte, die der Arbeitnehmer auf seine eigene Rechnung getätigt hat, als seine Geschäfte gelten lässt.[76] Außerdem könne der Arbeitgeber auch das Unterlassen der Konkurrenztätigkeit vom Arbeitnehmer verlangen.[77] Zudem hat der Arbeitgeber gegen den Arbeitnehmer gemäß § 61 Abs. 1 HGB, §§ 249 i.V.m. 242 BGB, § 666 HGB einen Anspruch

---

71 So entschieden vom BAG in ständiger Rechtsprechung (nachfolgend: „st. Rspr."), s. bspw. BAG, Urteil vom 07.09.1972 – 2 AZR 486/71, AP Nr. 7 zu § 60 HGB; BAG, Urteil vom 12.05.1972 – 3 AZR 401/71, AP Nr. 6 zu § 60 HGB; BAG, Urteil vom 16.01.1975 – 3 AZR 72/74, AP Nr. 8 zu § 60 HGB. Die letzten beiden Urteile befassen sich mit Beispielen zu Vorbereitungshandlungen, die durch das vertragliche Wettbewerbsverbot verboten sind.

72 Ein Überblick über die durch die Treuepflicht verbotenen Konkurrenztätigkeiten findet sich bspw. bei *Latzel*, in: Staudinger, § 611 BGB, Rn. 313 ff.

73 *Brors*, in: NK-ArbR, § 611 BGB, Rn. 540.

74 Der Schadensersatzanspruch aus § 61 Abs 1 HGB umfasst neben dem entstandenen Schaden auch den entgangenen Gewinn, sodass er dem Arbeitgeber einen größeren Vorteil bringt, s. *Oetker*, in: ErfK, § 61 HGB, Rn. 14.

75 *Fischinger*, in: Staudinger, § 611a BGB, Rn. 1216.

76 *Fischinger*, in: Staudinger, § 611a BGB, Rn. 1216; *Von Hoyningen-Huene*, in: MüKo/HGB, § 61 HGB, Rn. 14.

77 *Fischinger*, in: Staudinger, § 611a BGB, Rn. 1218; der Arbeitgeber kann den Unterlassungsanspruch bei Bestehen einer Wiederholungsgefahr oder vielmehr unmittelbar drohenden Gefahr durch Verstoß gegen das nachvertragliche Wettbewerbsverbot entweder im Rahmen einer einstweiligen Verfügung oder einer Unterlassungsklage geltend machen, s. bspw. LAG Düsseldorf, Urteil vom 01.03.1972 – 2 Sa 520/71, Betrieb 1972, 878 (879 ff.); LAG Thüringen, Urteil vom 24.11.1967 – 7 Sa 106/67, DB 1968, 708; ausführlich: *Vesper*, Indirekte nachvertragliche Wettbewerbsbeschränkungen, 2015, S. 47 f.

auf Auskunft hinsichtlich der Konkurrenztätigkeit des Arbeitnehmers[78], insbesondere hinsichtlich seiner erzielten Gewinne, und kann diese auch vom Arbeitnehmer herausverlangen.[79] Insgesamt stehen dem Arbeitgeber bei Verstoß des Arbeitnehmers gegen das vertragliche Wettbewerbsverbot verschiedene Handlungsmöglichkeiten zur Verfügung. Schließlich riskiert der Arbeitnehmer aufgrund des Verstoßes gegen das vertragliche Wettbewerbsverbot gemäß § 60 Abs. 1 HGB, ordentlich oder vielmehr außerordentlich verhaltensbedingt gekündigt zu werden. Schwere Verstöße hingegen können außerordentliche verhaltensbedingte Kündigungen rechtfertigen.[80] Diese individualarbeitsrechtliche Treuepflicht des vertraglichen Wettbewerbsverbotes während der Dauer des Arbeitsvertrages endet in ihrem Umfang konsequenterweise mit der Beendigung des Arbeitsverhältnisses.[81] Alles andere wäre bereits vom Wortlaut her ausgeschlossen. Zusammenfassend ergibt sich aus der Rechtsprechung und Literatur, dass die vertragliche Treuepflicht eine Wettbewerbsbeschränkung für den Arbeitnehmer ist, die ohne gesonderte Vereinbarung[82] und ohne Verpflichtung des Arbeitgebers zur Zahlung einer

78 *Weber*, in: Staub, HGB, § 61, Rn. 6.

79 Die Rechtsprechung des BAG und die Literatur führen an, dass die Auskunftsansprüche des Arbeitgebers alle Informationen aus §§ 241, 242 BGB umfassen, s. BAG, Urteil vom 22.04.1967 – 3 AZR347/66, NJW 1967, 460; *Hagen*, in: BeckOK Sozialrecht, § 61, Rn. 4; *Thüsing*, in: HWK, § 611 BGB, Rn. 362; für die Verjährung der Auskunftsansprüche des Arbeitgebers gilt die spezielle Verjährungsfrist von einem Monat aus § 61 Abs. 2 HGB.

80 Siehe LAG Berlin, Urteil vom 28.08.2002 – 9 Sa 659/02, NZA-RR 2003, 362 (363 ff.); wenngleich in Literatur und Rechtsprechung umstritten, s. bspw. *Müller-Glöge*, in: ErfK, § 626 BGB, Rn. 102; *Henssler*, in: MüKo/BGB, § 626 BGB, Rn. 170; eine Einzelfallbetrachtung bejahend: BAG, Urteil vom 06.08.1987 – 2 AZR 226/87, NJW 1988, 438; ausführliche Darstellung in *Vesper*, Indirekte nachvertragliche Wettbewerbsbeschränkungen, 2015, S. 48 ff.

81 *Brors*, in: NK-ArbR, § 611 BGB, Rn. 539; dass die vertragliche Treuepflicht mit dem Beendigungsdatum des Arbeitsvertrages endet, bedeutet nicht, dass der Arbeitnehmer dem Arbeitgeber gegenüber gänzlich von allen Treuepflichten entbunden ist – vielmehr ist Ersterer dann an die nachvertraglichen Treuepflichten gebunden.

82 Das BAG entschied in st. Rspr., dass es für vertragliche Wettbewerbsbeschränkungen keiner gesonderten (arbeitsvertraglichen) Vereinbarung bedarf, bspw. BAG, Beschluss vom 17.10.1969 – 3 AZR 442/68, AP Nr. 7 zu § 611 Treuepflicht Nr. 7; BAG, Urteil vom 06.08.1987 – 2 AZR 226/87, NJW 1988, 438; BAG, Urteil vom 16.08.1990 – 2 AZR 113/90, NJW 1991, 518.

Entschädigung Letzteren gegen den Arbeitnehmer bei Nichtbeachtung des vertraglichen Wettbewerbsverbotes umfassend schützt.[83]

2. Das vertragliche Wettbewerbsverbot im Geschäftsführeranstellungsvertrag

Während seiner Geschäftsführertätigkeit unterliegt der Geschäftsführer, wie vorangehend geschildert, auch ohne vertragliche Vereinbarung einem vertraglichen Wettbewerbsverbot[84] qua seiner Organstellung.[85] Begründet wird das vertragliche Wettbewerbsverbot des Geschäftsführers damit, dass dieser sonst durch Konkurrenztätigkeit in einen Interessenkonflikt mit der Gesellschaft treten würde. Die gesetzliche Regelung zum Wettbewerbsverbot gemäß §§ 60 f. HGB findet keine Anwendung auf den Geschäftsführeranstellungsvertrag.[86] Eine Vereinbarung des vertraglichen Wettbewerbsverbotes weist während der Vertragsdauer und während der Dauer der Organstellung rein deklaratorischen Charakter auf.[87] Nichtsdestoweniger führen Muster von Geschäftsführeranstellungsverträgen häufig eine Klausel zum vertraglichen Wettbewerbsverbot auf.[88] Der Grund für den rein deklaratorischen Charakter ist folgender: Das Unterlassen der

---

83 *Vesper*, Indirekte nachvertragliche Wettbewerbsverbote, 2015, S. 30; *Weber*, in: Staub, HGB, § 60, Rn. 1, 8, 14 ff.

84 *Krahforst*, Nachvertragliche Wettbewerbsverbote für GmbH-Geschäftsführer–Beurteilungsgrundlagen und Zulässigkeitsmaßstäbe, 2012, S. 57 ff. *Krahforst* stellt dar, warum das vertragliche Wettbewerbsverbot des Geschäftsführers aus seiner organschaftlichen Treuepflicht folgt und nicht auf analoger Anwendung der §§ 88 AktG, § 112 HGB oder § 85 GmbHG; *Seyfarth*, in: Liebers/Hoefs, Formularhandbuch Arbeitsrecht, Teil 2: Dienstverträge, M. Organverträge, II. Geschäftsführer, Rn. 13; zur Verletzung der Geheimhaltungspflicht von Geschäftsgeheimnissen ausführlich: *Kleindiek*, in: Lutter/Hommelhoff, GmbHG, § 85 GmbHG, Rn. 1 ff. Ergänzend: im französischen Recht dazu bspw. *Cozian/Viandier/Deboissy*, Droit des sociétés, Rn. 427.

85 *Ziemons*, in: Oppenländer/Trölitzsch, Praxishandbuch der GmbH-Geschäftsführung, Rn. 65.

86 *Latzel*, in: Staudinger, § 611 BGB, Rn. 320. *Latzel* schreibt, dass der § 60 HGB nicht auf freie Dienstverträge wie den Geschäftsführeranstellungsvertrag anwendbar ist; *Rudkowski*, in: EBJS, § 60 HGB, Rn. 12.

87 *Altmeppen*, in: GmbHG, § 6, Rn. 90 ff.

88 Anstelle vieler: *Seyfarth*, in: Liebers/Hoefs, Formularhandbuch Arbeitsrecht, Teil 2: Dienstverträge, M. Organverträge, II. Geschäftsführer, Rn. 7 ff.

Konkurrenztätigkeit durch den Geschäftsführer basiert auf dessen organschaftlicher Treue- und Loyalitätspflicht gegenüber der Gesellschaft.[89] Aus dieser organschaftlichen Treue- und Loyalitätspflicht folgt, dass der Geschäftsführer kein Unternehmen führen oder in einem solchen Geschäftsführer, Vorstandsmitglied oder Gesellschafter sein darf, das in Konkurrenz mit der Gesellschaft steht, mit welcher der Geschäftsführer vertraglich gebunden ist.[90] Das vertragliche Wettbewerbsverbot kann konkludent oder ausdrücklich vereinbart werden oder in eine Betriebsvereinbarung niedergeschrieben werden.[91] Jedoch darf es keinen generellen Ausschluss jedweder Nebentätigkeit des Geschäftsführers während der Dauer seines Geschäftsführeranstellungsvertrages enthalten, sondern muss sich allein auf die Konkurrenztätigkeit als solche beziehen.[92] Insbesondere in der Zeit nach dem Ausspruch einer ordentlichen Kündigung, durch welche die Organstellung des Geschäftsführers aufgehoben wird, aber der Geschäftsführeranstellungsvertrag noch fortläuft, sei fraglich, ob das ungeschriebene vertragliche Wettbewerbsverbot, wenn es vertraglich nicht aufgeführt wurde, fortgilt.[93]

---

89 *Altmeppen*, in: GmbHG, § 6, Rn. 90 ff.; *Seyfarth*, in: Liebers/Hoefs, Formularhandbuch Arbeitsrecht; Teil 2: Dienstverträge, M. Organverträge, II. Geschäftsführer, Rn. 41; zum Geschäftsführer einer GmbH instruktiv: *Kleindiek*, in: Lutter/Hommelhoff, GmbHG, § 6, Rn. 1 ff.

90 *Krahforst*, Nachvertragliche Wettbewerbsverbote für GmbH-Geschäftsführer–Beurteilungsgrundlagen und Zulässigkeitsmaßstäbe, 2012, S. 62 f.

91 Außerdem können vertragliche Wettbewerbsverbote auch in Betriebsvereinbarungen vereinbart werden, die allerdings aufgrund des § 5 Abs. 2 Nr. 1 BetrVG gerade keine Anwendung auf den Geschäftsführer finden, wie *Krahforst* schreibt, s. *Krahforst*, Nachvertragliche Wettbewerbsverbote für GmbH-Geschäftsführer–Beurteilungsgrundlagen und Zulässigkeitsmaßstäbe, 2012, S. 64 f. In diesem Zusammenhang spricht *Krahforst* auch die Möglichkeit der Vereinbarung des nachvertraglichen Wettbewerbsverbotes in Tarifvereinbarungen an. Diese gilt aber ebenfalls nicht für Geschäftsführer.

92 So entschieden vom BAG für Arbeitsverträge, s. BAG, Urteil v. 26.08.1967 – 2 AZR 377/75, AP BGB § 626 Nr. 68.

93 Dazu *Seyfarth*, in: Liebers/Hoefs, Formularhandbuch Arbeitsrecht, Teil 2: Dienstverträge, M. Organverträge, II. Geschäftsführer, Rn. 41. Die Beantwortung der Frage kann an dieser Stelle dahinstehen, da sie für die Dissertation nicht relevant ist.

II. Das nachvertragliche Wettbewerbsverbot im Arbeits- und Geschäftsführeranstellungsvertrag

Wie bereits eingangs genannt, besteht der primäre Zweck des nachvertraglichen Wettbewerbsverbotes im Schutz des Unternehmens bei gleichzeitigem Schutz der Rechte des Dienstverpflichteten. Insbesondere Arbeitnehmer oder vielmehr Geschäftsführer mit besonderem Know-how in Bezug auf das Unternehmen sollen durch die Vereinbarung eines nachvertraglichen Wettbewerbsverbotes davon abgehalten werden, nach ihrem Ausscheiden durch die Aufnahme einer selbstständigen Tätigkeit oder einer Tätigkeit beim Konkurrenten ihrem vorherigen Arbeitgeber oder vielmehr der Gesellschaft zu schaden.[94] Im Vergleich zum vertraglichen Wettbewerbsverbot[95] beginnt die Geltung des nachvertraglichen Wettbewerbsverbotes – wie aus dem Begriff hervorgeht – erst nach Beendigung des Dienstvertrages. Während das vertragliche Wettbewerbsverbot noch von den §§ 60 f. HGB geregelt wird, sind hier die §§ 75 ff. HGB maßgeblich. Damit es überhaupt gilt, muss das nachvertragliche Wettbewerbsverbot (schriftlich)[96] zwischen den Parteien vereinbart werden, was einen weiteren Unterschied zum vertraglichen Wettbewerbsverbot darstellt.[97] Außerdem erlangt das nachvertragliche

---

[94] Diese Definition des nachvertraglichen Wettbewerbsverbotes ist allgemein in der rechtwissenschaftlichen Literatur zu finden, s. bspw. *Krahforst*, Nachvertragliche Wettbewerbsverbote für GmbH-Geschäftsführer–Beurteilungsgrundlagen und Zulässigkeitsmaßstäbe, 2012, S. 25; *Lembke*, Nachvertragliches Wettbewerbsverbot von Organmitgliedern auf dem Prüfstand, NZA-RR 2019, 65 (65).

[95] Zur Unterscheidung des vertraglichen und des nachvertraglichen Wettbewerbsverbotes in zwei unterschiedliche Vereinbarungen s. für das deutsche Recht bspw. *Willemsen/Müller-Bonanni*, in: WHSS, Umstrukturierung, § 613 a BGB, Rn. 181 ff.; *Spinner*, in: MüKo/BGB, § 611a BGB, Rn. 1145 und für das französische Recht s. bspw. *Simon/Maillard-Pinon/Hess-Fallon*, Droit du travail, aide mémoire, S. 116; *Pagnerre*, in: Jeansen/Pagnerre/Rozec, Guide des clauses du contrat de travail, S. 291 mit Verweis auf: Französischer Kassationsgerichtshof (fortan auf Französisch: Cour de cassation), Kammer für Sozialsachen, Urteil v. 10.11.1998, Nr. 96-41308.

[96] Die schriftliche Vereinbarung ist im deutschen Recht eine Wirksamkeitsvoraussetzung für das nachvertragliche Wettbewerbsverbot im Arbeitsvertrag, aber nicht im Geschäftsführeranstellungsvertrag, s.u. Die materiell-rechtlichen Wirksamkeitsvoraussetzungen und Folgen der Nichtbeachtung des nachvertraglichen Wettbewerbsverbotes im Gesellschafter-Geschäftsführeranstellungsvertrag im deutschen Recht.

[97] So bereits im Jahr 1971 vom BAG entschieden, s. BAG, Urteil v. 16.07.1971 – 3 AZR 384/70, NJW 1971, 2245.

Wettbewerbsverbot je nach Art des Dienstvertrages – Arbeitsvertrag oder Geschäftsführeranstellungsvertrag – erst aufgrund zusätzlicher, an nachfolgender Stelle besprochener Bedingungen Wirksamkeit. Im anschließenden Kapitel 2[98] wird das nachvertragliche Wettbewerbsverbot im deutschen und französischen materiellen Recht ausführlich konkretisiert.[99]

1. Das nachvertragliche Wettbewerbsverbot im Arbeitsvertrag

Über den Verweis des § 6 Abs. 2 GewO auf § 110 GewO und wiederum auf die §§ 74 ff. HGB findet die Rechtsgrundlage der §§ 74 ff. HGB analoge Anwendung auf arbeitsvertragliche nachvertragliche Wettbewerbsverbote.[100] Die ausführliche Diskussion zur Herleitung erfolgt in Kapitel 2[101].

2. Das nachvertragliche Wettbewerbsverbot im Geschäftsführeranstellungsvertrag

Das nachvertragliche Wettbewerbsverbot ist, wie im Arbeitsvertrag auch im Geschäftsführeranstellungsvertrag lediglich wirksam, wenn es zwischen der Gesellschaft und dem Geschäftsführer vereinbart wurde.[102] Allerdings gelten die §§ 74 ff. HGB – außer sie sind von den Vertragsparteien individualvertraglich einbezogen – nicht zwischen der GmbH und dem (Fremd-)Geschäftsführer.[103]

---

98 Kapitel 2: „Das materielle Recht des nachvertraglichen Wettbewerbsverbotes in Deutschland und in Frankreich bei rein inländischen Sachverhalten".

99 Der hiesige Abschnitt zum nachvertraglichen Wettbewerbsverbot dient allein dem vollständigen Überblick über verschiedene Wettbewerbsverbote. Ausführlicher erfolgt die Darstellung in Kapitel 2: „Das materielle Recht des nachvertraglichen Wettbewerbsverbotes in Deutschland und in Frankreich bei rein inländischen Sachverhalten".

100 Die materiell-rechtliche Rechtsgrundlage des nachvertraglichen Wettbewerbsverbotes in Arbeitsverträgen wird an späterer Stelle diskutiert. Hier sei bereits gesagt, dass die Erweiterung des Anwendungsbereiches auf sämtliche Arbeitnehmer und arbeitnehmerähnliche Personen zum 01.01.2003 in die neugefasste Vorschrift § 110 GewO aufgenommen wurde, s. zuletzt u.a. diskutiert in der Literatur von *Laskawy*: *Laskawy*, Die Tücken des nachvertraglichen Wettbewerbsverbots im Arbeitsrecht, NZA 2012, 1011 (1011) und *Holthausen*, Aktuelle Bestandsaufnahme zu nachvertraglichen Wettbewerbsverboten–Zehn Dinge, die man wissen sollte!, NZA-RR 2020, 505 (505 ff.).

101 Kapitel 2: „Das materielle Recht des nachvertraglichen Wettbewerbsverbotes in Deutschland und in Frankreich bei rein inländischen Sachverhalten".

102 *Jäger*, Das nachvertragliche Wettbewerbsverbot und die Karenzentschädigung für Organmitglieder juristischer Personen, DStR 1995, 724 (724 f.).

103 *Altmeppen*, in: GmbHG, § 6, Rn. 90 ff.

In der Literatur wird dies u. a. damit begründet, dass die Festlegung starrer Regelungen unmöglich ist und vielmehr eine Einzelfallbetrachtung vorgenommen werden muss, um den Bedürfnissen sowie Notwendigkeiten unterschiedlicher Geschäftsführeranstellungsverträge gerecht zu werden.[104]

III. Die nachvertragliche Treuepflicht im Arbeits- und Geschäftsführeranstellungsvertrag

Nach Beendigung des Dienstvertrages sind, wenn kein wirksames nachvertragliches Wettbewerbsverbot zwischen den Vertragsparteien vereinbart wurde, beide Parteien grundsätzlich frei, auch miteinander in Konkurrenz zu treten.[105] Dem zugrunde liegt der Rechtsgedanke, dass die verfassungsrechtlich garantierte Berufsfreiheit des Arbeitnehmers und die unternehmerische Freiheit des Geschäftsführers gemäß Art. 12 Abs. 1 GG im Rahmen eines Interessenausgleiches regelmäßig Vorrang vor dem absoluten Interesse des Arbeitgebers und der Gesellschaft am Schutz vor Konkurrenz und seiner unternehmerischen Freiheit gemäß Art. 12 Abs. 1 GG sowie des Rechtes am eingerichteten und ausgeübten Gewerbebetrieb gemäß Art. 14 Abs. 1 S. 1 GG hat.[106] Eine genauere Ausführung zum nachvertraglichen Wettbewerbsverbot im Lichte der Grundrechte ist Kapitel 4 zu entnehmen.[107] Nichtsdestoweniger ist der Arbeitgeber oder vielmehr die Gesellschaft nicht gänzlich schutzlos vor Konkurrenztätigkeit. Ein gewisser Grad an Schutz wird durch die nachvertragliche Treuepflicht gewährleistet, die nachfolgend thematisiert wird.

---

104 *Altmeppen*, in: GmbHG, § 6, Rn. 90 ff.

105 *Laskawy*, Die Tücken des nachvertraglichen Wettbewerbsverbots im Arbeitsrecht, NZA 2012, 1011 (1011) mit Verweis auf BAG, Urteil v. 19.05.1998 – 9 AZR 394/97, NJW 1999, 2062 (2063 ff.); so auch im französischen Recht, s. *Charaf*, La clause de non-concurrence au carrefour du droit des contrats et du droit de la concurrence, 2013, S. 22 f. *Charaf* erklärt in diesem Zusammenhang nachvertragliche Treupflichten. Außerdem merkt er an, dass die Ausschließlichkeitsklausel kein nachvertragliches Wettbewerbsverbot darstellt.

106 *Laskawy*, Die Tücken des nachvertraglichen Wettbewerbsverbots im Arbeitsrecht, NZA 2012, 1011 (1012); *Spinner*, in: MüKo/BGB, § 611a BGB, Rn. 1144 mit Verweis u.a. auch auf die Vereinbarkeit des nachvertraglichen Wettbewerbsverbotes mit Art. 39 EGV oder vielmehr Art. 45 AEUV.

107 Kapitel 4: „Die Analyse des materiellen deutschen und französischen Rechtes des nachvertraglichen Wettbewerbsverbotes bei nationalen und grenzübergreifenden Sachverhalten: grundrechtliche und grundfreiheitliche Auswirkungen".

1. Die nachvertragliche Treuepflicht im Arbeitsvertrag

Wenngleich die individualarbeitsvertragliche Treuepflicht grundsätzlich ihrem Umfang nach mit der Beendigung des Arbeitsverhältnisses ausläuft, tut sie dies nicht in Gänze – vielmehr findet sie in abgeschwächter Form nach Beendigung des Arbeitsverhältnisses in Form einer nachvertraglichen Treuepflicht Anwendung.[108] Die geringere praktische Bedeutung der arbeitsvertraglichen Treuepflicht in der Zeit nach der Beendigung des Arbeitsverhältnisses resultiert nach der arbeitsrechtlichen Rechtsprechung richtigerweise daraus, dass die schutzwürdigen Interessen des ausgeschiedenen Arbeitnehmers (wie seine Handlungs-, Bewegungs- und Meinungsfreiheit) nach Vertragsende höher zu gewichten sind als die des ehemaligen Arbeitgebers (wie z.B. das durch die vertragliche Treuepflicht geschützte Interesse des Betriebsfriedens).[109] Somit kann sich der ehemalige Arbeitgeber nicht auf die nachvertragliche Treuepflicht berufen, um die Konkurrenztätigkeit seines Arbeitnehmers zu stoppen.[110] Allein aus der nachvertraglichen Treuepflicht folgt kein umfassendes nachvertragliches Verbot von Konkurrenztätigkeit.[111] Eine Ausnahme besteht dann, wenn diese eine Verletzung des arbeitgeberseitigen Rechtes am eingerichteten und ausgeübten Gewerbebetrieb nach §§ 823 Abs. 1, 826 BGB, Art. 14 Abs. 1 S. 1 GG und unlauteren Wettbewerb gemäß § 3 UWG Abs. 1 darstellt.[112] Im Übrigen besteht für den Arbeitnehmer Wettbewerbsfreiheit.[113]

---

108 Zur nachvertraglichen Treuepflicht aus dem Arbeitsverhältnis s. BGH, Urteil v. 10.07.1959 – VI ZR 149/58, NJW 1959, 2011 (b), 2012).

109 Zur nachvertraglichen Treuepflicht aus dem Arbeitsverhältnis s. BGH, Urteil v. 10.07.1959 – VI ZR 149/58, NJW 1959, 2011 (b), 2012).

110 So entschied das BAG bereits mehrmals, s. bspw. BAG, Urteil vom 15.06.1993 – 9 AZR 558/91, NZA 1994, 502–(503 ff.). Dies wurde bestätigt durch BAG, Urteil vom 19.05.1998 – 9 AZR 394/97, NJW 1999, 2062 (2063 ff.).

111 Eine ausführliche Darstellung findet sich bei *Vesper*, die auf den Umkehrschluss aus §§ 110 GewO, 74 ff. HGB verweist, s. *Vesper*, Indirekte nachvertragliche Wettbewerbsbeschränkungen, 2015, S. 55 ff.

112 BAG, Urteil vom 19.05.1998 – 9 AZR 394/97, NJW 1999, 2062 (2063 ff.).

113 So mehrfach das BAG, s. u.a. BAG, Urteil vom 15.06.1993 – 9 AZR 558/91, NZA 1994, 502; BAG, Urteil vom 19.05.1998 – 9 AZR 394/97, NJW 1999, 2062. Eine Ausnahme bildet „grob unredliches Verhalten" des Arbeitnehmers, der sich in Konkurrenz mit dem Arbeitgeber begibt (s. ausführliche Darstellung in *Vesper*, Indirekte nachvertragliche

2. Die nachvertragliche Treuepflicht im Geschäftsführeranstellungsvertrag

Auch wenn die GmbH und der Geschäftsführer kein nachvertragliches Wettbewerbsverbot vereinbart haben, bedeutet dies nicht, dass Letzterer nach seinem Ausscheiden sein berufliches Fortkommen maßgeblich auf die Kenntnisse, die er aufgrund der Tätigkeit in der GmbH erlangt hat, stützen dürfte.[114] Die allgemeine Treuepflicht[115] zwischen der GmbH und dem Geschäftsführer gilt für die Zeit nach seinem Ausscheiden fort.[116] Der Umfang der Treuepflicht nach Beendigung des Geschäftsführeranstellungsvertrages ist der Literatur zufolge indes deutlich geringer als während der Vertragsdauer – was die nachvertragliche Treuepflicht im Geschäftsführeranstellungsvertrag ähnlich zu der im Arbeitsvertrag werden lässt. Ausprägungen der nachvertraglichen Treuepflicht aus dem Geschäftsführeranstellungsvertrag sind die sogenannte Förderpflicht und die Verschwiegenheitspflicht.[117] Die Förderpflicht verbietet es dem Geschäftsführer, eine sich auftuende Geschäftschance, die er durch seine Organstellung für die GmbH hätte nutzen sollen, mit zu

---

Wettbewerbsbeschränkungen, 2015, S. 56 f.). In diesem Ausnahmefall kann sich der Arbeitgeber auf § 242 BGB stützen, wenn bspw. der ehemalige Arbeitnehmer die endgültige Verschaffung eines Kundenauftrags, dessen Abschluss nur noch Formsache war, verhindert, weil der Arbeitnehmer den Kundenauftrag bis vor dem Ende seines Arbeitsverhältnisses noch vorbereitet hat, s. BAG, Urteil vom 1.12.1967 – 3 AZR, 22/67, AP Nr. 4 zu § 242 BGB Nachvertragliche Treuepflicht; eine ausführliche Darstellung findet sich bei *Vesper*, s. *Vesper*, Indirekte nachvertragliche Wettbewerbsbeschränkungen, 2015, S. 57.

114 Zur Unterscheidung nachvertraglicher Treuepflichten und Wettbewerbsbeschränkungen im französischen Recht s. bspw. Cour de cassation, Kammer für Handelssachen, Urteil v. 03.05.2008, Nr. 16-25067.

115 Siehe bspw. *Jäger*, Das nachvertragliche Wettbewerbsverbot und die Karenzentschädigung für Organmitglieder juristischer Personen, DStR 1995, 724 (724).

116 So *Altmeppen*, in: GmbHG, § 6, Rn. 99 mit Verweis auf BGH, Urteil vom 23.09.1985 - II ZR 246/84, NJW 1986, 585 (586).

117 *Jäger*, Das nachvertragliche Wettbewerbsverbot und die Karenzentschädigung für Organmitglieder juristischer Personen, DStR 1995, 724 (724, 730); zur Verschwiegenheitspflicht *Jäger* mit Verweis auf BGH, Urteil v. 26.03.1984 – II ZR 229/84, NJW 1984, 2366.

seiner neuen Anstellung zu nehmen.[118] Durch die Verschwiegenheitspflicht wird der Geschäftsführer an die Gesellschaft dergestalt gebunden, dass er über wesentliche Geschäftsgeheimnisse ohne zeitliche Einschränkung und finanzielle Entschädigung Stillschweigen halten muss.[119] Auch wenn die Treuepflicht des Geschäftsführers damit kürzer greift als für den Arbeitnehmer, sind beide durch die nachvertragliche Treuepflicht bei der Aufnahme einer neuen Tätigkeit eingeschränkt.[120]

IV. Indirekte nachvertragliche Wettbewerbsverbote–Abgrenzung der nachvertraglichen Treuepflicht und des nachvertraglichen Wettbewerbsverbotes zu anderen indirekten nachvertraglichen Wettbewerbsbeschränkungen

Neben den vorgenannten vertraglichen und nachvertraglichen Wettbewerbsbeschränkungen und Treuepflichten sind noch weitere sogenannte indirekte nachvertragliche Wettbewerbsbeschränkungen existent.[121] Unter den Begriff der indirekten nachvertraglichen Wettbewerbsverbote[122] fallen jegliche faktischen nachvertraglichen Wettbewerbsverbote, die nicht als solche vertraglich vereinbart sind. Indirekte nachvertragliche Wettbewerbsverbote werden insbesondere von Arbeitgebern genutzt, um das materielle Recht des nachvertraglichen Wettbewerbsverbotes und damit insbesondere deren Hauptpflicht,

---

[118] *Jäger*, Das nachvertragliche Wettbewerbsverbot und die Karenzentschädigung für Organmitglieder juristischer Personen, DStR 1995, 724 (724, 730); zur Förderpflicht *Jäger* mit Verweis auf BGH, Urteil v. 23.09.1984 – II ZR 46/84, NJW 1968, 585.

[119] *Jäger*, Das nachvertragliche Wettbewerbsverbot und die Karenzentschädigung für Organmitglieder juristischer Personen, DStR 1995, 724 (724, 739) mit Verweis auf BGH, Urteil v. 26.03.1984 – II ZR 229/84, NJW 1984, 2366.

[120] *Jäger*, Das nachvertragliche Wettbewerbsverbot und die Karenzentschädigung für Organmitglieder juristischer Personen, DStR 1995, 724 (724, 730).

[121] Siehe bspw. *Ittmann*, in: BeckOGK HGB, § 74 HGB, Rn. 57 ff.

[122] In der Literatur auch als „indirekte Wettbewerbsbeschränkungen“ anstatt Wettbewerbsverboten bezeichnet, s. bspw. *Ittmann*, in: BeckOGK HGB, § 74 HGB, Rn. 57. In der vorliegenden Dissertation wird der Begriff des „nachvertraglichen Wettbewerbsverbotes“ verwendet.

also die Verpflichtung zur Zahlung einer Karenzentschädigung, zu umgehen.[123] Dennoch unterfallen ebenso indirekte nachvertragliche Wettbewerbsverbote gesetzlichen Beschränkungen.[124] Sollte sich herausstellen, dass eine Vereinbarung zwischen dem Dienstberechtigten und Dienstverpflichteten allein in wirtschaftlichen Nachteilen für den Arbeitnehmer oder vielmehr den Geschäftsführer resultiert und dieser nach Beendigung des Dienstvertrages in Konkurrenz mit dem Dienstberechtigten tritt, kann sich die Unwirksamkeit der Vereinbarung aus der Umgehung zwingenden Arbeitnehmerschutzrechtes oder nach Art. 2 Abs. 1 GG i.V.m §§ 138, 242 BGB ergeben.[125] Wenngleich die Qualifizierung einzelner Maßnahmen als indirektes nachvertragliches Wettbewerbsverbot im Einzelnen in der Rechtsprechung und der Literatur streitig ist,[126] soll die nachfolgende Darstellung einiger indirekter nachvertraglicher Wettbewerbsverbote beispielhaft deren Existenz verdeutlichen: Ein indirektes nachvertragliches Wettbewerbsverbot für den Dienstverpflichteten liegt z.B. dann vor, wenn dieser nach Beendigung seines Dienstvertrages jedwede Tätigkeit auch in Konkurrenz mit seinem vorherigen Dienstberechtigtem aufnehmen darf, jedoch infolgedessen mit der Kürzung seiner etwaigen Abfindung rechnen muss.[127] Demzufolge erleidet der Dienstverpflichtete, der Arbeitgeber oder der Geschäftsführer einen finanziellen Nachteil, sobald er

---

123 Zur Frage nach der (Un-)Möglichkeit der Umgehung der §§ 74 ff. HGB bei der Vereinbarung nachvertraglicher Wettbewerbsverbote und dabei insbesondere der Zahlung einer Karenzentschädigung, s. *Vesper*, Indirekte nachvertragliche Wettbewerbsbeschränkungen, 2015.

124 Dazu instruktiv: *Thüsing*, in: Westphalen, Graf von/Thüsing/Pamp, Vertragsrecht und AGB-Klauselwerke, Geschäftsführerverträge, Rn. 225.

125 *Spinner*, in: MüKo/BGB, § 611a BGB, Rn. 1147; *Thüsing*, in: Westphalen, Graf von/Thüsing/Pamp, Vertragsrecht und AGB-Klauselwerke, Geschäftsführerverträge, Rn. 225.

126 Dazu ausführlich: *Thüsing*, in: Westphalen, Graf von/Thüsing/Pamp, Vertragsrecht und AGB-Klauselwerke, Geschäftsführerverträge, Rn. 225.

127 Für den Geschäftsführeranstellungsvertrag: *Thüsing*, in: Westphalen, Graf von/Thüsing/Pamp, Vertragsrecht und AGB-Klauselwerke, Geschäftsführerverträge, Rn. 225; für den Arbeitnehmer gelte diese Regel entsprechend, s. die arbeitsrechtliche Rechtsprechung des LAG Berlin: LAG Berlin, Urteil v. 25.02.1994 – 4 Sa 309/93, NZA 1994, 889.

in Konkurrenz mit seinem vorherigen Dienstberechtigten tritt; hierin ist das indirekte[128] nachvertragliche Wettbewerbsverbot zu sehen.[129]

B. Zusammenfassung der Ergebnisse

Die Darstellung der verschiedenen Phasen der Treuepflichten und Wettbewerbsbeschränkungen während und nach Beendigung des Dienstvertrages sowie die Unterscheidung zwischen gesetzlich festgeschriebenen nachvertraglichen Wettbewerbsverboten und indirekten nachvertraglichen Wettbewerbsbeschränkungen verdeutlicht, dass diese sich für den Arbeitsvertrag und den Geschäftsführeranstellungsvertrag unterscheiden. Die Unterschiede bestehen in der Art der Vereinbarung, dem Umfang und der Bindungskraft der Treuepflichten sowie Wettbewerbsbeschränkungen. Sowohl während des Dienstvertrages als auch nach seiner Beendigung liegen Wettbewerbsbeschränkungen in Form von Treuepflichten des Arbeitnehmers oder Geschäftsführers vor. Treuepflichten können vertraglich vereinbart werden, wobei dies keine Wirksamkeitsvoraussetzung ist, weil diese Treuepflicht im Übrigen aus § 241 Abs. 2 S. 1 BGB hervorgeht. Hingegen muss ein nachvertragliches Wettbewerbsverbot sowohl für Arbeitsverträge als auch für Geschäftsführeranstellungsverträge individuell zwischen den Parteien vereinbart werden. Überdies unterscheiden sich die vertragliche und nachvertragliche Treuepflicht sowie das nachvertragliche Wettbewerbsverbot durch eine unterschiedliche Zielsetzung. Während die Treuepflicht den Arbeitnehmer oder vielmehr Geschäftsführer zur Wahrung der Rechte, Rechtsgüter und Interessen des Arbeitgebers oder vielmehr der Gesellschaft verpflichtet, kann Letzterer mit dem nachvertraglichen Wettbewerbsverbot

[128] Ein Beispiel von indirekten nachvertraglichen Wettbewerbsverboten sind Mandantenschutzklauseln. In der Literatur wird erläutert, dass Mandantenschutzklauseln im Rechtsverkehr einen wichtigen Bereich von Wettbewerbsverboten darstellen, weshalb sie an dieser Stelle kurz erwähnt seien. Rechtlich eingeordnet werden sie bspw. in *Bauer/Diller*, Wettbewerbsverbote, Rechtliche und taktische Hinweise für Arbeitgeber, Arbeitnehmer und Organmitglieder, S. 240 ff.; *Spinner*, in: MüKo/BGB, § 611a BGB, Rn. 1157; *Weber*, in: Staub, Handelsgesetzbuch, Vor § 74, Rn. 24.

[129] *Thüsing*, in: Westphalen, Graf von/Thüsing/Pamp, Vertragsrecht und AGB-Klauselwerke, Geschäftsführerverträge, Rn. 225; *Bauer/Diller*, Wettbewerbsverbote, Rechtliche und taktische Hinweise für Arbeitgeber, Arbeitnehmer und Organmitglieder, S. 71.

– unter Berücksichtigung der Wirksamkeitsvoraussetzungen – über die Treuepflicht hinausgehend spezifisch festlegen, welche wettbewerbsrelevanten Tätigkeiten er dem Arbeitnehmer oder vielmehr Geschäftsführer verbietet. Dies gilt sowohl für den Arbeitsvertrag als auch für den Geschäftsführeranstellungsvertrag. Ein weiterer Unterschied ist den verschiedenen Wirksamkeitsvoraussetzungen und dem Regelungsgegenstand der Wettbewerbsbeschränkungen zu entnehmen. Die (nach-)vertragliche Treuepflicht hat im Arbeitsvertrag und im Geschäftsführeranstellungsvertrag einen unterschiedlich weiten Umfang. Hinsichtlich des nachvertraglichen Wettbewerbsverbotes bestehen schließlich die größten Unterschiede: Dem Geschäftsführer muss nicht zwangsläufig eine Karenzentschädigung gezahlt werden, während der Arbeitnehmer auf die Zahlung und auch auf die Höhe der Zahlung einen Anspruch hat. Diese Unterschiede werden im nachfolgenden Kapitel 2[130] detailliert. Nachdem im voranstehenden Kapitel das Wettbewerbsverbot und die Treuepflicht im Arbeitsvertrag und Geschäftsführeranstellungsvertrag nach deutschem Recht dargestellt worden ist, adressiert das folgende Kapitel 2[131] das auf das nachvertragliche Wettbewerbsverbot anwendbare deutsche und französische Sachrecht.

---

130 Kapitel 2: „Das materielle Recht des nachvertraglichen Wettbewerbsverbotes in Deutschland und in Frankreich bei rein inländischen Sachverhalten".

131 Kapitel 2: „Das materielle Recht des nachvertraglichen Wettbewerbsverbotes in Deutschland und in Frankreich bei rein inländischen Sachverhalten".

Das materielle Recht des nachvertraglichen Wettbewerbsverbotes in Deutschland und in Frankreich bei rein inländischen Sachverhalten

Das nachvertragliche Wettbewerbsverbot wird im deutschen materiellen Recht – wie im vorherigen Kapitel 1[132] ausgeführt – materiell-rechtlich insbesondere durch die §§ 74 ff. HGB reglementiert.[133] Dieses Kapitel stellt den Inhalt des nachvertraglichen Wettbewerbsverbotes materiellen deutschen und französischen Rechtes dar. Ohne auf den nachfolgenden Inhalt der vorliegenden Dissertation in zu hohem Maße vorgreifen zu wollen, sei an dieser Stelle angemerkt, dass die §§ 74 ff. HGB allein auf den Anstellungsvertrag zwischen dem Prinzipal und dem Handlungsgehilfen direkt anwendbar sind. Auf die analysierten Dienstverträge in Form des Arbeitsvertrages und des Geschäftsführeranstellungsvertrages werden die §§ 74 ff. HGB analog angewandt oder vielmehr durch einen zwischen den Parteien vereinbarten Verweis anwendbar. Dementsprechend wird im vorliegenden Kapitel das auf nachvertragliche Wettbewerbsverbote anwendbare materielle Recht in Deutschland und in Frankreich in abgestufter Reihenfolge nach dessen Anwendbarkeit untersucht. Demzufolge wird in dem Kapitel zunächst der explizit von den §§ 74 ff. HGB geregelte Vertrag zwischen dem Prinzipal und dem Handlungsgehilfen aufgegriffen und der Handelsvertretervertrag im

132 Kapitel 1: „Das Wettbewerbsverbot und die Treuepflicht im Arbeitsvertrag und im Geschäftsführeranstellungsvertrag".

133 Eine etwas ältere, aber leicht verständliche Darstellung der Rechtsprechung im Bereich des nachvertraglichen Wettbewerbsverbotes bietet *Hunold* an, s. *Hunold*, Rechtsprechung zum nachvertraglichen Wettbewerbsverbot, NJW-RR, 2007, 617.

französischen Recht dargestellt.[134] Für das nachvertragliche Wettbewerbsverbot im Anstellungsvertrag des Handlungsgehilfen im deutschen Recht und das des Handelsvertretervertrages im französischen Recht bestehen jeweils direkt anwendbare materiell-rechtliche Normen. Daher werden diese Vertragsarten an dieser Stelle einleitend genannt. Für den Arbeitsvertrag und den Geschäftsführeranstellungsvertrag hingegen existiert weder im deutschen noch im französischen materiellen Recht eine direkt anwendbare materielle Rechtsnorm. Im Anschluss werden das deutsche sowie das französische anwendbare Sachrecht auf das nachvertragliche Wettbewerbsverbot in der deutschen und in der französischen materiell-rechtlichen Rechtsordnung untersucht und die Unterschiede und Gemeinsamkeiten speziell im Hinblick auf die Wirksamkeitsvoraussetzungen und die Rechtsfolgen für die jeweiligen Vertragsparteien des Arbeitsvertrages und des Geschäftsführeranstellungsvertrages herausgestellt.

A. Das nachvertragliche Wettbewerbsverbot im Anstellungsvertrag des Handlungsgehilfen und im Anstellungsvertrag des Handelsvertreters – eine erste rechtsvergleichende deutsch-französische Betrachtung

Die §§ 74 ff. HGB für das deutsche Recht respektive das Richterrecht mit Rückgriff auf das Handelsgesetzbuch für das französische Recht sind für jeweils einen Vertragstyp die direkt anwendbare materielle Rechtsgrundlage auf das nachvertragliche Wettbewerbsverbot. Die ist im deutschen Recht der Anstellungsvertrag des Handlungsgehilfen und im französischen der Handelsvertretervertrag.

---

[134] Die Darstellung des Grundtyps der §§ 74 ff. HGB dient dem besseren Verständnis des anwendbaren deutschen materiellen Rechtes. Da das französische materielle Recht anders konzipiert ist, kann auf einen Vergleich mit dem französischen materiellen Recht des Anstellungsvertrages des Handlungsgehilfen an dieser Stelle verzichtet werden. Stattdessen erfolgt er an späterer Stelle: „Die materiell-rechtliche Rechtsgrundlage des nachvertraglichen Wettbewerbsverbotes im Handelsvertretervertrag".

I. Die materiell-rechtliche Rechtsgrundlage des nachvertraglichen Wettbewerbsverbotes im Anstellungsvertrag des Handlungsgehilfen

Im deutschen Recht wird das nachvertragliche Wettbewerbsverbot in § 74 Abs. 1 HGB dem Wortlaut nach für den Anstellungsvertrag zwischen dem Handlungsgehilfen und dem Prinzipal legaldefiniert. Dementsprechend sind die §§ 74 ff. HGB dem Wortlaut des § 74 Abs. 1 S. 1 HGB nach die direkt anwendbaren materiellen Rechtsvorschriften für das nachvertragliche Wettbewerbsverbot im Anstellungsvertrag des Handlungsgehilfen.[135] Der Handlungsgehilfe ist in § 59 S. 1 HGB als ein Angestellter legaldefiniert, der in einem Handelsgewerbe zur Leistung kaufmännischer Dienste gegen Entgelt angestellt ist. Aufgrund dieser Definition wird der Handlungsgehilfe gemeinhin, wenn auch nicht dem präzisen gesetzlichen Wortlaut folgend, als „kaufmännischer Angestellter" bezeichnet.[136] Der Vertrag ist ein spezieller Arbeitsvertrag, dem die Vorschriften der §§ 59 ff. HGB zugrunde zu legen sind; § 611a BGB ist lediglich ergänzend anzuwenden. Hinsichtlich der zu tätigenden Aufgaben ist der Handlungsgehilfe vom Arbeitnehmer i.S.d. § 611a BGB abzugrenzen, indem Ersterer als nicht-selbstständiger Angestellter allein kaufmännische Dienste leistet. Kaufmännische Dienste werden notwendiger- und üblicherweise für einen sachgerechten und erfolgreichen Umsatz von Waren benötigt.[137] Folglich handelt es sich beim Handlungsgehilfen in personeller

---

[135] Die direkte Anwendbarkeit für die Vertragsbeziehung zwischen dem Prinzipal und dem Handlungsgehilfen ergibt sich direkt aus dem Wortlaut der §§ 74 ff. HGB; außerdem von der Rechtsprechung dargestellt, u.a. in: BGH, Urteil v. 02.05.1970 - 3 AZR 134/69, NJW 1971, 74, 1. Leitsatz (Umkehrschluss). Ebenfalls angeführt wird die direkte Anwendbarkeit auf Handlungsgehilfen sowie die darüber gehende Anwendbarkeit auf andere Personen in der Literatur, s. anstelle vieler: *Weber*, in: Staub, Handelsgesetzbuch, Vor § 74 HGB, Rn. 17 f.

[136] *Brendel* schreibt bspw. „kaufmännische Angestellte", s. *Brendel*, Nachvertragliche grenzüberschreitende Wettbewerbsverbote, 2009, S. 3.

[137] *Kotzian-Marggraf*, in: Oetker, Handelsgesetzbuch, § 59, Rn. 15; anstelle vieler: BAG, Urteil v. 06.12.1972 – 4 AZR 56/72, AP HGB § 59 Nr. 23, 3.

Hinsicht um einen Angestellten, der nicht nur vom Arbeitnehmer, sondern auch vom freien Mitarbeiter[138] abzugrenzen ist.[139]

II. Die materiell-rechtliche Rechtsgrundlage des nachvertraglichen Wettbewerbsverbotes im Handelsvertretervertrag

Im französischen Recht gesetzlich niedergeschrieben ist das nachvertragliche Wettbewerbsverbot allein für den Anstellungsvertrag des Handelsvertreters in Art. L. 134-14 Ccom. (der „*Code de commerce*“ wird nachfolgend mit „Ccom.“ abgekürzt). In Art. L. 134-1 Abs. 1 S. 1 Ccom. – zuletzt geändert zum 01.01.2023 – wird der Handelsvertreter[140] definiert als Bevollmächtigter, der als unabhängiger Mitarbeiter, ohne an einen Dienstleistungsvertrag gebunden zu sein, dauerhaft damit beauftragt ist, im Namen und für die Rechnung eines anderen Verträge über Verkauf, Ankauf, Miete oder Dienstleistungen auszuhandeln und gegebenenfalls abzuschließen.[141] Somit ist der Handelsvertreter ein freier Dienstleister, der sich in keinem Arbeitsverhältnis befindet.[142] Der Handelsvertretervertrag wird zumeist für den Vertrieb von Konsum- oder Investitionsgütern genutzt; seltener für die Erbringung von Dienstleistungen.[143] Demnach unterscheidet er sich inhaltlich vom Arbeits- und Geschäftsführeranstellungsvertrag, die in der vorliegenden Dissertation untersucht werden.

---

[138] Zur Abgrenzung zwischen dem Arbeitnehmer und dem freien Mitarbeiter s. bspw. BAG, Urteil v. 22.4.1998 – 5 AZR 342/97, NZA 1998, 1336; BAG, Urteil v. 29.05.2002 – 5 AZR 161/01, NJOZ 2003, 1555.

[139] *Oetker*, in: ErfK, § 59 HGB, Rn. 1; eine genauere Abgrenzung zwischen dem Handlungsgehilfen und dem freien Mitarbeiter ist hier nicht notwendig.

[140] Einen Überblick über den Handelsvertretervertrag im französischen Recht findet sich bspw. in *Hanine*, Le contrat d'agent commercial en droit français et en droit italien, étude comparative de synthèse, 1977.

[141] Auf Französisch heißt es in Art. L. 134-1 Abs. 1 S. 1 Ccom.: „L'agent commercial est un mandataire qui, à titre de profession indépendante, sans être lié par un contrat de louage de services, est chargé, de façon permanente, de négocier et, éventuellement, de conclure des contrats de vente, d'achat, de location ou de prestation de services, au nom et pour le compte de producteurs, d'industriels, de commerçants ou d'autres agents commerciaux“.

[142] *Vogel/Vogel*, Droit des agents commerciaux, S. 10.

[143] *Vogel/Vogel*, Droit des agents commerciaux, S. 10.

III. Vergleich der materiell-rechtlichen Rechtsgrundlagen

Die auf das nachvertragliche Wettbewerbsverbot anwendbaren materiell-rechtlichen deutschen und französischen Rechtsgrundlagen ähneln sich dahingehend, dass sie jeweils nur für einen bestimmten Vertragstyp im jeweiligen Handelsgesetzbuch aufgeführt sind. Sie differieren dahingehend, dass es zwei verschiedene Vertragstypen sind: der Anstellungsvertrag des Handlungsgehilfen und der Handelsvertretervertrag.

IV. Zusammenfassung der Ergebnisse

Direkte Anwendung findet die gesetzlich normierte materielle Rechtsgrundlage des nachvertraglichen Wettbewerbsverbotes jeweils allein für den Anstellungsvertrag des Handlungsgehilfen im deutschen materiellen Recht und den Handelsvertretervertrag im französischen materiellen Recht. Dergestalt unterscheiden sich das nachvertragliche Wettbewerbsverbot im Anstellungsvertrag des Handlungsgehilfen und der Vertrag des Handelsvertreters im deutschen und französischen Recht vom Arbeitsvertrag und Geschäftsführeranstellungsvertrag, wie die nachfolgenden Kapitel aufzeigen werden.

B. Das nachvertragliche Wettbewerbsverbot im Arbeitsvertrag

Dem Grundsatz der Wettbewerbsfreiheit folgend, kann der Arbeitgeber die Konkurrenztätigkeit eines Arbeitnehmers lediglich durch die rechtswirksame Vereinbarung eines nachvertraglichen Wettbewerbsverbotes unterbinden.[144]

I. Vergleich der materiell-rechtlichen Wirksamkeitsvoraussetzungen und Rechtsfolgen des nachvertraglichen Wettbewerbsverbotes im deutschen und französischen materiellen Recht

In das deutsche materielle Recht wurde der Arbeitsvertrag durch den am 01.04.2017 in Kraft getretenen § 611a BGB explizit vom Gesetzgeber als eigenständige Vertragsart in das BGB als Schuldverhältnis schriftlich aufgenommen.[145]

---

[144] *Ring*, in: NK-HGB, § 74, Rn. 1 ff.; *Laskawy*, Die Tücken des nachvertraglichen Wettbewerbsverbots im Arbeitsrecht, NZA 2012, 1011 (1011).

[145] *Preis*, in: ErfK, § 611a BGB, Rn. 1 mit Verweis auf die Empfehlung des Ausschusses für Arbeit und Soziales: BT-Drs. 18/10064, S. 6, 17 zu § 611a BGB, v. 28.02.2017, s. BGBl. I 2017 Nr. 8, S. 258.

Im französischen Recht ist der Arbeitsvertrag – im Gegensatz zur deutschen Regelung im (allgemeinen) Zivilgesetzbuch – im sogenannten „*Code du travail*" (der „*Code du travail*" wird nachfolgend mit „CDT" abgekürzt), dem französischen Arbeitsgesetzbuch, kodifiziert. Ein solches Arbeitsgesetzbuch existiert im deutschen Recht nicht.[146]

1. Die materiell-rechtlichen Wirksamkeitsvoraussetzungen und Folgen der Nichtbeachtung des nachvertraglichen Wettbewerbsverbotes im Arbeitsvertrag im deutschen Recht

Im deutschen Recht wird das nachvertragliche Wettbewerbsverbot im Arbeitsvertrag von der Literatur rechtstechnisch als eine Art Verlängerung des vertraglichen Wettbewerbsverbotes qualifiziert, da es die Beschränkungen des Arbeitnehmers während der Dauer des Arbeitsverhältnisses für die Zeit nach der Beendigung bis zum Ende der vereinbarten Dauer des nachvertraglichen Wettbewerbsverbotes verlängert.[147] Dabei kann das nachvertragliche Wettbewerbsverbot entweder separat als eigenständiger Vertrag zwischen den Arbeitsvertragsparteien geschlossen werden oder Teil des Arbeitsvertrages sein, wobei Letzteres der Regelfall ist. Als Rechtsgrundlage für das nachvertragliche Wettbewerbsverbot fungieren generell die Vorschriften der §§ 74 ff. HGB.[148] Die Frage der Anwendbarkeit der §§ 74 ff. HGB auf das nachvertragliche Wettbewerbsverbot im Arbeitsvertrag war jedoch umstritten, wie der nachfolgende Abschnitt zeigt.

a. Die Anwendbarkeit der §§ 74 ff. HGB auf den Arbeitsvertrag

In der juristischen Literatur wurde hinterfragt, ob – und falls ja, in welcher Form – die §§ 74 ff. HGB auf den Arbeitsvertrag anwendbar sind. Die §§ 74 ff. HGB sprechen vom „Prinzipal" und „Handlungsgehilfen" als Vertragspartner, wohingegen die Vertragsparteien des Arbeitsvertrages der Arbeitgeber und der Arbeitnehmer sind.[149] Demzufolge spricht die explizite Formulierung bereits gegen eine direkte Anwendung der §§ 74 ff. HGB auf das

---

[146] Überblicksartig: *Koch*, in: Koch/Schaub, Arbeitsrecht von A–Z, Arbeitsgesetzbuch.
[147] *Spinner*, in: MüKo/BGB, § 611a BGB, Rn. 1144.
[148] *Bauer/Diller*, Wettbewerbsverbote, Rechtliche und taktische Hinweise für Arbeitgeber, Arbeitnehmer und Organmitglieder, S. 5.
[149] Vergleiche die Begriffe der §§ 74 ff. HGB und des § 611a BGB.

Arbeitsverhältnis. Dieses Verständnis spiegelt sich auch in der Systematik des nachvertraglichen Wettbewerbsverbotes wider: Die §§ 74 ff. HGB wurden bewusst in den Teil des HGB eingefügt, der die Regelungen zum Handlungsgehilfen enthält – begonnen bei § 59 HGB – und gerade nicht in das BGB, welches die Rechtsgrundlagen des Arbeitsverhältnisses regelt.[150] Überdies ist der Arbeitsvertrag ebenfalls im BGB und nicht im HGB normiert,[151] was in systematischer Hinsicht gegen eine direkte Anwendung der §§ 74 ff. HGB auf den Arbeitsvertrag spricht. Zumal das nachvertragliche Wettbewerbsverbot spezifisch für die Vertragsbeziehung zwischen dem Handlungsgehilfen und dem Prinzipal geschaffen wurde, widerspricht die Ausweitung der §§ 74 ff. HGB auf Arbeitsverhältnisse auf den ersten Blick dem Sinn und Zweck der Rechtsnorm. Mithin ist es vor der Rechtsprechung des BAG, das die analoge Anwendung der §§ 74 ff. HGB bejaht,[152] „systemwidrig"[153] gewesen, diese Normen auf Arbeitsverhältnisse anzuwenden. Überdies führte die systematische Auslegung zur alleinigen Anwendbarkeit der §§ 74 ff. HGB auf den Anstellungsvertrag zwischen Prinzipal und Handlungsgehilfen. Gleichwohl erweiterte die Rechtsprechung des BAG[154] die Anwendbarkeit der §§ 74 ff. HGB schrittweise auf jede Kategorie von Arbeitnehmern,[155] sodass

---

[150] *Bauer/Diller*, Wettbewerbsverbote, Rechtliche und taktische Hinweise für Arbeitgeber, Arbeitnehmer und Organmitglieder, S. 29.

[151] Hierbei sei angemerkt, dass der § 110 GewO im Jahr 2002 eingefügt wurde (BGBl. I 2002 Nr. 62, S. 3412), als der Arbeitsvertrag i.S.d. § 611a BGB noch nicht explizit im BGB normiert wurde, sondern nur der Dienstvertrag als Vorschrift in Form von § 611 BGB bestand.

[152] Dazu: BAG, Urteil v. 13.09.1969 – 3 AZR 138/63, AP BGB § 611 Konkurrenzklausel Nr. 24.

[153] *Bauer/Diller*, Wettbewerbsverbote, Rechtliche und taktische Hinweise für Arbeitgeber, Arbeitnehmer und Organmitglieder, S. 29.

[154] Anstelle vieler: BAG, Urteil v. 13.07.2005 – 10 AZR 532/04, BAG AP HGB § 74 Nr. 78.

[155] Das BAG entschied nicht direkt, dass die §§ 74 ff. HGB im vollen Umfang analog auf Arbeitsverhältnisse jeglicher Art anzuwenden sind – vielmehr betrachtete es die §§ 74 ff. HGB im Vertragsverhältnis zwischen Arbeitgeber und technischem Angestellten zunächst als Konkretisierung eines im Arbeitsvertrag vereinbarten nachvertraglichen Wettbewerbsverbotes, das den Regelungen der § 133 f. GewO und § 138 BGB genügen soll (BAG, Urteil v. 02.12.1966, 3 AZR 235/66, NJW 1967, 2176). Dieses Vorgehen dehnte das BAG im Anschluss von technischen Angestellten auf gewerbliche Arbeitnehmer und weitere Angestellte aus (s. *Bauer/Diller*, Wettbewerbsverbote, Rechtliche und taktische Hinweise für Arbeitgeber, Arbeitnehmer und Organmitglieder, S. 29).

seitdem nicht nur kaufmännische Angestellte unter den Anwendungsbereich des nachvertraglichen Wettbewerbsverbotes fallen.[156] Entscheidend ist an dieser Stelle das Urteil des BAG vom 13. September 1969[157], mit dem das Gericht die analoge Anwendung der §§ 74 ff. HGB ausnahmslos auf alle Gruppen von Arbeitnehmern und damit alle Arbeitsverträge erstreckte.[158] Der Gesetzgeber glich den Gesetzeswortlaut an die richterliche Entscheidung über die analoge Anwendbarkeit der §§ 74 ff. HGB in § 110 S. 2 GewO an. In § 110 S. 2 GewO werden die Regelungen des nachvertraglichen Wettbewerbsverbotes aus den §§ 74 ff. HGB auf Arbeitsverhältnisse entsprechend angewandt. § 110 GewO findet über § 6 Abs. 2 GewO auf alle Arbeitsverhältnisse Anwendung.[159] Demnach sind die §§ 74 ff. HGB nach heutigem Rechtsverständnis aus der Rechtsprechung und der gesetzlichen Änderung analog auf Arbeitsverhältnisse i.S.d. § 611a BGB anwendbar.[160]

Im Ergebnis handelt es sich bei der Frage nach der Anwendbarkeit der §§ 74 ff. HGB heute allein um einen theoretischen Streit, der zuletzt mit der Novellierung des § 110 GewO sein Ende fand: Nunmehr ist unumstritten, dass es sich bei den §§ 74 ff. HGB um eine gesetzliche Regelung handelt, die

---

156 *Bauer/Diller*, Wettbewerbsverbote, Rechtliche und taktische Hinweise für Arbeitgeber, Arbeitnehmer und Organmitglieder, S. 29.

157 BAG, Urteil v. 13.09.1969 – 3 AZR 138/63, AP BGB § 611 Konkurrenzklausel Nr. 24.

158 BAG, Urteil v. 13.09.1969 – 3 AZR 138/63, AP BGB § 611 Konkurrenzklausel Nr. 24 (Leitsätze); Ergebnis zur Anwendbarkeit der §§ 74 ff. HGB auf den Arbeitsvertrag ausführlich auch in der Literatur, s. *Bauer/Diller*, Wettbewerbsverbote, Rechtliche und taktische Hinweise für Arbeitgeber, Arbeitnehmer und Organmitglieder, S. 29.

159 So durch das BAG mehrfach bestätigt, s. jüngst: BAG, Urteil v. 16.12.2021 – 8 AZR 498/20, NZA 2022, 713 (716), mit Verweis auf BAG, Urteil v. 22.03.2017 – 10 AZR 448/15, NJW 2017, 2363 (2364); ebenfalls in der Literatur bejaht, s. anstelle vieler: *Bauer/Diller*, Wettbewerbsverbote, Rechtliche und taktische Hinweise für Arbeitgeber, Arbeitnehmer und Organmitglieder, S. 29.

160 Der Vollständigkeit halber sei hier erwähnt, dass die §§ 74 ff. HGB auch dann gelten, wenn sich die Vertragsparteien im Moment des Abschlusses eines nachvertraglichen Wettbewerbsverbotes nicht als Arbeitgeber und Arbeitnehmer gegenüberstehen, sondern ein Arbeitsvertrag erst im Anschluss vereinbart wird, s. *Bauer/Diller*, Wettbewerbsverbote, Rechtliche und taktische Hinweise für Arbeitgeber, Arbeitnehmer und Organmitglieder, S. 30; *Weber*, in: Staub, Handelsgesetzbuch, § 74, Rn. 10.

entsprechend auf Arbeitsverhältnisse aller Art anwendbar ist.[161] Das deutsche Recht knüpft die Verwendung von nachvertraglichen Wettbewerbsverboten im Arbeitsvertrag an vier kumulative, u. a. in den §§ 74 ff. HGB genannte, Voraussetzungen.[162] Erstens muss das nachvertragliche Wettbewerbsverbot gemäß § 74 Abs. 1 HGB schriftlich in den Arbeitsvertrag oder in ein zusätzliches, zwischen den Parteien vereinbartes Dokument aufgenommen werden.[163] Zweitens muss der Arbeitgeber dem Arbeitnehmer während der gesamten Dauer des nachvertraglichen Wettbewerbsverbotes gemäß § 74 Abs. 2 HGB eine finanzielle Entschädigung – die sogenannte Karenzentschädigung – in Höhe von mindestens 50 Prozent seines letzten vertraglich vereinbarten Bruttomonatsgehaltes zahlen. Die dritte Voraussetzung betrifft den Zweck des Wettbewerbsverbotes: Die Klausel ist nur dann gültig, wenn sie gemäß § 74a Abs. 1 S. 1 HGB die berechtigten Interessen des Arbeitgebers schützt, was den Schutz seines Unternehmens einschließt. Schließlich ist der Arbeitgeber gemäß § 74a Abs. 1 S. 2 HGB verpflichtet, das nachvertragliche Wettbewerbsverbot zeitlich, räumlich und sachlich zu begrenzen.

Zum besseren Verständnis der verschiedenen Anforderungen werden diese in den folgenden Absätzen näher erläutert. Das Erfordernis, die Wettbewerbsverbotsklausel zwischen dem Arbeitgeber und dem Arbeitnehmer gemäß § 74 Abs. 1 HGB schriftlich in den Arbeitsvertrag oder in ein zusätzliches Dokument aufzunehmen und dem Arbeitnehmer bei Vertragsschluss auszuhändigen,[164] bezweckt, den Arbeitnehmer zu warnen, dass er nach Beendigung des Arbeitsvertrages einem Wettbewerbsverbot unterliegt.[165] Des Weiteren gibt eine schriftliche Klausel beiden Vertragsparteien

---

[161] So durch das BAG mehrfach entschieden, s. jüngst: BAG, Urteil v. 16.12.2021 – 8 AZR 498/20, NZA 2022, 713 (716), mit Verweis auf BAG, Urteil v. 22.03.2017 – 10 AZR 448/15, NJW 2017, 2363 (2364); *Bauer/Diller*, Wettbewerbsverbote, Rechtliche und taktische Hinweise für Arbeitgeber, Arbeitnehmer und Organmitglieder, S. 29.

[162] Die Prüfung der nachvertraglichen Wettbewerbsverbote nach §§ 74 ff. HGB als AGB i.S.d. § 305 ff. BGB findet in dieser Dissertation nicht statt. Einen Überblick gibt aber bspw. *Brendel*, s. *Brendel*, Nachvertragliche grenzüberschreitende Wettbewerbsverbote, 2009, S. 73 ff.

[163] *Oetker*, in: ErfK, § 74 HGB, Rn. 13 f.

[164] BAG, Urteil v. 05.09.1995 – 9 AZR 718/93, NJW 1996, 1980; *Spinner*, in: MüKo/BGB, § 611a BGB, Rn. 1151.

[165] Die sogenannte „Warnfunktion“ wird vom BAG ausdrücklich genannt, s. BAG, Urteil v. 19.12.2018 – 10 AZR 130/8, NJW 2019, 1494 (1396); auch in der Literatur

Rechtssicherheit. Wenn der Arbeitnehmer nicht sicher ist, ob er eine Stelle bei einem neuen Arbeitgeber in derselben Branche annehmen kann oder er sich im Tätigkeitsbereich des Arbeitgebers selbstständig machen will, kann er überprüfen, ob die neue Tätigkeit i.S.d. Wettbewerbsverbotes zulässig ist.[166] Zur Erklärung der Entschädigungszahlung, der sogenannten Karenzentschädigung, muss die gesetzliche Grundlage erläutert werden: Nach § 74 Abs. 2 HGB ist das Wettbewerbsverbot in einem Arbeitsvertrag lediglich dann wirksam, wenn der Arbeitgeber während der gesamten Dauer des Wettbewerbsverbotes eine Entschädigung von mindestens 50 Prozent des letzten vertraglichen Gehalts zahlt.[167] Die Verpflichtung des Arbeitgebers, dem Arbeitnehmer eine Entschädigung zu zahlen, zeigt, der Gesetzgeber beachtet den Schutz des Arbeitnehmers. Diese Verpflichtung gilt unabhängig von der Reichweite – wie die Anzahl der Branchen der gesperrten Unternehmen – des nachvertraglichen Wettbewerbsverbotes. Nach § 74b Abs. 1 HGB hat der Arbeitgeber die Karenzentschädigung am Ende eines jeden Monats an den Arbeitnehmer zu zahlen. Diese Vorschrift erleichtert es dem Arbeitnehmer, seinen Lebensunterhalt zu bestreiten, obwohl er keiner Lohnarbeit (im durch das nachvertragliche Wettbewerbsverbot ausgeschlossenen Tätigkeitsbereich) nachgeht. Bei jeder Tätigkeit, die nicht unter das Wettbewerbsverbot fällt, werden gemäß § 74c Abs. 1 HGB die Einkünfte des Arbeitnehmers aus anderen Beschäftigungen auf die Entschädigung angerechnet.[168] Demzufolge wird der Betrag der finanziellen

---

wird sie hervorgehoben, s. *Bauer/Diller*, Wettbewerbsverbote, Rechtliche und taktische Hinweise für Arbeitgeber, Arbeitnehmer und Organmitglieder, S. 83; *Weber* schreibt vom Schutz vor der „Möglichkeit […] einer unüberlegten Bindung“, s. *Weber*, in: Staub, Handelsgesetzbuch, § 74, Rn. 4.

166 Jüngst entschied das BAG erneut zur Wirksamkeitsvoraussetzung „schriftlich“, die unerlässlich ist, und zur Abgrenzung zwischen dem nachvertraglichen Wettbewerbsverbot und einem unverbindlichen Vorvertrag, s. BAG, Urteil v. 19.12.2018 – 10 AZR 130/18, NJW 2019, 1394. Mit diesem Urteil führt das BAG seine Rechtsprechung in diesem Bereich fort, s. bspw. BAG, Urteil v. 14.07. 2010 – 10 AZR 291/09, NZA 2011, 413; so auch von der Literatur bestätigt: *Bauer/Diller*, Wettbewerbsverbote, Rechtliche und taktische Hinweise für Arbeitgeber, Arbeitnehmer und Organmitglieder, S. 83.

167 *Vesper*, Indirekte nachvertragliche Wettbewerbsbeschränkungen, 2015, S. 63.

168 Siehe § 74c Abs. 1 S. 1 HGB. Diese Anrechnung erfolgt aber nur dann, wenn die Entschädigung und das neue Gehalt das alte Gehalt um 10 Prozent übersteigen, was eben auch nicht immer der Fall ist.

Entschädigung entsprechend dem neuen Gehalt des Arbeitnehmers nach Maßgabe des § 74c HGB gekürzt.[169] Das geschriebene deutsche Recht kennt keine Ausnahme von der Pflicht zur Zahlung der Karenzentschädigung, wenngleich § 75 Abs. 3 HGB diese für den Fall normiert, dass der Prinzipal den Vertrag mit dem Handlungsgehilfen aufgrund von vertragswidrigem Verhalten des Letzteren auflöst. Bereits im Jahr 1977 entschied das BAG, dass § 75 Abs. 3 HGB gegen den Gleichheitssatz aus Art. 3 GG verstößt, mithin verfassungswidrig und daher nichtig ist.[170] Ebenfalls für nichtig erklärt und aufgehoben wurde § 75 b HGB, in dem der Entfall der Karenzentschädigungspflicht gemäß § 75 b S. 1 HGB für Tätigkeiten außerhalb Europas und gemäß § 75 b S. 2 HGB für Hochbesoldete normiert wurde.[171] Das BAG wendet die Regelung des § 75 Abs. 3 HGB als vorkonstitutionelles Recht nicht an, da der nachkonstitutionelle Gesetzgeber im Jahr 2002 die Altregelung als solche beließ bzw. die Regelung verfassungswidrig ist.[172] Die Nichtanwendung des § 75 Abs. 3 HGB führt zu einer planwidrigen Regelungslücke, die durch analoge Anwendung des § 75 Abs. 1 HGB zu füllen ist.[173] Sollte es zu einer außerordentlichen Vertragsbeendigung zwischen dem Arbeitgeber und dem Arbeitnehmer kommen, können sich beide Parteien unter den gleichen Voraussetzungen[174] jeweils vom Vertrag lösen.[175] Als weitere Wirksamkeitsvoraussetzung ist das Wettbewerbsverbot gemäß § 74a Abs. 1 S. 1 HGB zum Schutz der berechtigten Interessen des

169 Überblicksartig zur Höhe der Anrechnung des anderweitigen Erwerbs: *Spinner*, in: MüKo/BGB, § 611a BGB, Rn. 1149 f.

170 BAG, Urteil v. 23.03.1977 – 3 AZR 620/75, NJW 1977, 1357 (1. Leits.). Generell sei hier erwähnt, dass das BAG über die Verfassungswidrigkeit entscheiden kann, weil das Normverwerfungsmonopol des BVerfG gemäß Art. 100 Abs. 1 GG lediglich für nachkonstitutionelles Recht gilt, s. Grundsatzurteil des BVerfG, Urteil v. 20.03.1952 – 1 BvL 12/51, NJW 1952, 497.

171 *Weber*, in: Staub, Handelsgesetzbuch, Vor § 74, Rn. 3, 13; *Weber*, in: Staub, Handelsgesetzbuch, § 75 b, Rn. 1.

172 *Spinner*, in: MüKo/BGB, § 611a BGB, Rn. 1148 mit Verweis auf u.a. BAG, Urteil v. 02.08.1971 – 3 AZR 121/71, BAG AP BGB § 615 Nr. 25.

173 BAG, Urteil v. 23.03.1977 – 3 AZR 620/75, NJW 1977, 1357 (2. Leits.).

174 „Die gleichen Voraussetzungen" verweist auf die Kündigungsfrist und Kündigungserklärung.

175 BAG, Urteil v. 23.03.1977 – 3 AZR 620/75, NJW 1977, 1357 (2. Leits.).

Arbeitgebers unerlässlich.[176] Während das bloße Interesse am Schutz vor Konkurrenz nicht als berechtigtes Interesse des Arbeitgebers am nachvertraglichen Wettbewerbsverbot ausreicht,[177] ist dies gegeben, wenn das nachvertragliche Wettbewerbsverbot vom Arbeitgeber für den Schutz von Betriebsgeheimnissen oder Kundenkreisen durch den ausgeschiedenen Arbeitnehmer unter Ausnutzung besonderer Kenntnisse oder Kontakte genutzt wird.[178] Um die Wirksamkeitsvoraussetzung des berechtigten Interesses zu wahren, muss der Arbeitgeber für jedes Wettbewerbsverbot in jedem Arbeitsvertrag im Einzelfall darlegen, warum das nachvertragliche Wettbewerbsverbot in diesem Fall zur Wahrung seiner berechtigten Interessen gemäß § 74a Abs. 1 S. 1 HGB unerlässlich ist. Sollte das berechtigte Interesse partiell fehlen, ist das nachvertragliche Wettbewerbsverbot teilweise unwirksam.[179] Auch in diesem Fall kommt es auf die Umstände des Einzelfalls an.[180] Konsequenterweise ist das nachvertragliche Wettbewerbsverbot insoweit unverbindlich, wenn gemäß § 74a Abs. 1 HGB das berechtigte Interesse des Arbeitgebers an diesem fehlt.[181] Schließlich wird die Verpflichtung des Arbeitgebers zur zeitlichen, räumlichen und inhaltlichen Begrenzung des Wettbewerbsverbotes im Gesetz selbst in § 74a Abs. 1 S. 2 HGB konkretisiert. Festgelegt ist diese Verpflichtung in § 74a Abs. 1 HGB.[182] Der

---

176 *Spinner*, in: MüKo/BGB, § 611a BGB, Rn. 1148.

177 Dies entschied das BAG bereits vor 30 Jahren, s. BAG, Urteil v. 01.08.1995 – 9 AZR 884/93, NJW 1996, 1364.

178 *Spinner*, in: MüKo/BGB, § 611a BGB, Rn. 1148.

179 Zu den Rechtsfolgen bei Unwirksamkeit des nachvertraglichen Wettbewerbsverbotes an späterer Stelle. Sollte es sich bei der Form der Vereinbarung des nachvertraglichen Wettbewerbsverbotes um AGB handeln, gilt jedoch das Verbot geltungserhaltender Reduktion dieser Klausel, mithin wäre das nachvertragliche Wettbewerbsverbot in diesem Fall komplett unwirksam. Zur Frage nach der geltungserhaltenden Reduktion bei Wegfall der Karenzentschädigung im Nachhinein im Geschäftsführeranstellungsvertrag s. BGH, Urteil v. 23.04.2024 – II ZR 99/22, NZG 2024, 1077.

180 Die Wirksamkeitsvoraussetzung des berechtigten Interesses des Arbeitgebers und dessen Fehlen sowie die Auswirkungen auf Rechtsfolgenseite werden von der Rechtsprechung beispielhaft erläutert in BAG, Urteil v. 02.02.1968 – 3 AZR 462/66, BAG AP HGB § 74 Nr. 22.

181 *Weber*, in: Staub, Handelsgesetzbuch, § 74a, Rn. 5 ff.

182 Siehe § 74a Abs. 1 HGB.

Arbeitgeber darf die Dauer des nachvertraglichen Wettbewerbsverbotes auf maximal zwei Jahre festlegen.[183] Fehlt eine solche Begrenzung oder sollte er diese zeitliche Begrenzung überschreiten, ist das nachvertragliche Wettbewerbsverbot unverbindlich.[184] Bei einem unverbindlichen Wettbewerbsverbot steht es dem Arbeitnehmer analog zum bedingten Wettbewerbsverbot offen, ob er das Wettbewerbsverbot zu den Bedingungen mit der Karenzentschädigung akzeptiert oder ob er auf die Karenzentschädigung verzichtet, dafür aber Wettbewerbsfreiheit erhält.[185] Außerdem nennt der § 74a Abs. 2 HGB die Voraussetzungen der Nichtigkeit des nachvertraglichen Wettbewerbsverbotes: Wenn der Arbeitnehmer minderjährig ist oder der Arbeitgeber das Ehrenwortversprechen bricht, ist die Vereinbarung des nachvertraglichen Wettbewerbsverbotes nichtig.[186] Der deutsche Gesetzgeber sieht in § 74a Abs. 1 HGB eine klare zeitliche Begrenzung vor. Demgegenüber eröffnet er bei der Festlegung der räumlichen Grenze einen Gestaltungsspielraum. Die §§ 74 ff. HGB enthalten keine räumliche Grenze für das nachvertragliche Wettbewerbsverbot. Demnach muss der Arbeitgeber den räumlichen Geltungsbereich von Fall zu Fall je nach dem Verantwortungs- und Aufgabenbereich des Arbeitnehmers einzeln beurteilen. In inhaltlicher Hinsicht muss die Klausel des nachvertraglichen Wettbewerbsverbotes außerdem eine ausführliche Erläuterung der verbotenen Arbeiten umfassen. Da der räumliche Geltungsbereich und die Art der verbotenen Tätigkeit von den jeweiligen Umständen des Einzelfalls abhängen, kann der deutsche Gesetzgeber keine harten inhaltlichen Grenzen für das nachvertragliche Wettbewerbsverbot festlegen. Folglich obliegt es den deutschen Gerichten, im Einzelfall zu prüfen, ob der Arbeitgeber

---

[183] Das BAG entschied, dass es sich bei einer Vereinbarung ohne eine zeitliche Begrenzung nicht um ein nachvertragliches Wettbewerbsverbot als solches, sondern vielmehr um einen unverbindlichen Vorvertrag handelt. In diesem Fall kann der Arbeitnehmer wie bei einem bedingten Wettbewerbsverbot zwischen Wettbewerbsfreiheit ohne Karenzentschädigung oder Wettbewerbserhaltung zu den Bedingungen des Vorvertrages entscheiden, s. BAG, Urteil v. 14.07.2010 – 10 AZR 291/09, NZA 2011, 413.

[184] BAG, Urteil v. 14.07.2010 – 10 AZR 291/09, NZA 2011, 413.

[185] BAG, Urteil v. 14.07.2010 – 10 AZR 291/09, NZA 2011, 413 (Leits.).

[186] Ausführlich zur Volljährigkeit und zum Ehrenwortversprechen s. bspw.: *Brendel*, Nachvertragliche grenzüberschreitende Wettbewerbsverbote, 2009, S. 54.

diese räumlichen und inhaltlichen Grenzen eingehalten hat. Die gebotene Einzelfallprüfung führt dazu, nicht pauschal bestimmen zu können, wann der Inhalt eines nachvertraglichen Wettbewerbsverbotes unzulässig ist. Vielmehr schränkt selbst ein zu weit gefasster räumlicher Anwendungsbereich die Berufsfreiheit des Arbeitnehmers nach Art. 12 Abs. 1 GG nicht unzulässig ein und macht das Verbot an sich damit nicht *per se* unwirksam.[187] Gleiches gilt für die zuvor diskutierte Frage, ob die Verwendung eines Wettbewerbsverbotes für den Schutz der berechtigten Interessen des Arbeitgebers unerlässlich ist. Das OLG München entschied exemplarisch, ein nachvertragliches Wettbewerbsverbot, das einem Fremdgeschäftsführer die Tätigkeit für ein Konkurrenzunternehmen „in jeglicher Weise" untersage, ist rechtlich unwirksam. Das OLG München begründet dies mit dem Fehlen der dienstberechtigten Gesellschaft an einem schutzwürdigen Interesse für eine solch umfassende Regelung.[188] Das Vorhandensein des schutzwürdigen Interesses ist folglich am Maßstab des § 138 Abs. 1 BGB zu beurteilen.[189] In welchem neuen Tätigkeitsbereich der Fremdgeschäftsführer schließlich arbeitet, ist irrelevant, wenn die nachvertragliche

---

[187] Dazu ausführlich in Kapitel 4: „Die Analyse des materiellen deutschen und französischen Rechtes des nachvertraglichen Wettbewerbsverbotes bei nationalen und grenzübergreifenden Sachverhalten: grundrechtliche und grundfreiheitliche Auswirkungen"; hier: OLG Celle, Urteil v. 13.09.2000 – 9 U 110/00, NZG 2001, 131; *Spinner*, in: MüKo/BGB, § 611a BGB, Rn. 1144.

[188] Das nachvertragliche Wettbewerbsverbot in der Klausel hinsichtlich des gegenständlichen Verbotes lautet wie folgt: „Der Geschäftsführer verpflichtet sich, für die Dauer von einem Jahr, nach Beendigung des Anstellungsvertrags, weder in selbstständiger, noch unselbstständiger Stellung oder in sonstiger Weise für ein Konkurrenzunternehmen der Gesellschaft tätig zu werden (einschließlich Übernahme einer Organstellung öÄ). ‚Konkurrenzunternehmen' meint jedes Unternehmen, welches sich in den gleichen Geschäftsfeldern wie die Gesellschaft oder eine Tochtergesellschaft der Gesellschaft betätigt. Dies ist insbesondere [hier steht im Urteil die Kerntätigkeit der Gesellschaft].", vgl. OLG München, Hinweisbeschluss v. 02.08.2018 – 7 U 2107/18, NZA-RR 2019, 82 (82).

[189] OLG München, Hinweisbeschluss v. 02.08.2018 – 7 U 2107/18, NZA-RR 2019, 82. Zum Beurteilungsmaßstab des § 138 Abs. 1 BGB hinsichtlich des nachvertraglichen Wettbewerbsverbotes für Gesellschafter-Geschäftsführer, aber nicht Fremdgeschäftsführer schreibt ausführlich *Stocks* in ihrer Dissertation, s. *Stocks*, Dienst- und gesellschaftsvertragliche nachvertragliche Wettbewerbsverbote für Gesellschafter-Geschäftsführer einer GmbH, 2022, S. 154 ff.

Wettbewerbsklausel an sich unwirksam und mithin nicht anwendbar ist.[190] Auch durch eine in der Klausel zum nachvertraglichen Wettbewerbsverbot erhaltene salvatorische Klausel ließe sich das nachvertragliche Wettbewerbsverbot nicht retten, so das OLG München, da das nachvertragliche Wettbewerbsverbot und die salvatorische Klausel in alle Fremdgeschäftsführerverträge einbezogen sind, damit AGB darstellen und gegen das Transparenzgebot i.S.d. § 307 Abs. 1 S. 2 BGB verstoßen.[191]

Die schnellste Möglichkeit zur Geltendmachung eines unwirksamen nachvertraglichen Wettbewerbsverbotes ist das Verfahren der einstweiligen Verfügung.[192] Ist der Arbeitnehmer der Ansicht, das nachvertragliche Wettbewerbsverbot sei nicht wirksam, kann er vor Gericht klären lassen, ob die dargestellten Voraussetzungen für die Wirksamkeit des nachvertraglichen Wettbewerbsverbotes erfüllt sind. Ist dies nicht der Fall, kann es der Richter ganz oder teilweise für nichtig und damit für unanwendbar erklären.[193] Der an das deutsche Recht gebundene Richter differenziert zwischen nichtigen, teilnichtigen und unverbindlichen nachvertraglichen Wettbewerbsverboten, wobei dem Arbeitnehmer, wie bereits dargestellt, bei letzterer Konstellation ein Wahlrecht zwischen der Geltung und Nichtgeltung des nachvertraglichen Wettbewerbsverbotes im Arbeitsverhältnis zusteht.[194]

---

190 *Kielkowski*, Zur Problematik von nachvertraglichen Wettbewerbsverboten für Geschäftsführer, NZG 2015, 900–(900 ff.).

191 *Kielkowski*, Zur Problematik von nachvertraglichen Wettbewerbsverboten für Geschäftsführer, Zur Problematik von nachvertraglichen Wettbewerbsverboten für Geschäftsführer, NZG 2015, 900 (900 ff).

192 OLG München, Hinweisbeschluss v. 02.08.2018 – 7 U 2107/18, NZA-RR 2019, 82.

193 *Hagen*, in BeckOK Arbeitsrecht, § 74 HGB, Rn. 41 a.

194 Überblicksartig zu den Rechtsfolgen bei fehlenden Wirksamkeitsvoraussetzungen: *Spinner*, in: MüKo/BGB, § 611a BGB, Rn. 1152 mit Verweis auf u.a. BAG, Urteil v. 13.09.1969 – 3 AZR 138/63, BAG AP BGB § 611 Konkurrenzklausel Nr. 24.

2. Die materiell-rechtlichen Wirksamkeitsvoraussetzungen und Folgen der Nichtbeachtung des nachvertraglichen Wettbewerbsverbotes im Arbeitsvertrag im französischen Recht

Der französische Gesetzgeber hat das nachvertragliche Wettbewerbsverbot[195] als solches nicht im französischen Arbeitsgesetzbuch vorgesehen.[196] Vielmehr entstammt es dem französischen Handelsrecht[197] und wirkt sich auf das Arbeitsrecht aus, wenngleich auch eine Verschriftlichung im Handelsgesetzbuch fehlt.[198] Heute[199] ist allgemein anerkannt, dass das nachvertragliche Wettbewerbsverbot allein an den Regelungen des Zivilrechtes, genauer gesagt des Arbeitsrechtes sowie der dazugehörigen Rechtsprechung zu messen ist.[200] 1967 wurden Wettbewerbsverbotsklauseln im Allgemeinen erstmals durch die Rechtsprechung als grundsätzlich wirksame Klauseln für anwendbar erklärt.[201] Die Richter der *Cour de cassation* stellten fest, dass das nachvertragliche Wettbewerbsverbot entweder am Ende der Kündigungsfrist oder wenn keine Kündigungsfrist besteht, am Tag des Ausscheidens des Arbeitnehmers aus

---

195 Detaillierter Überblick zur Rechtsnatur des nachvertraglichen Wettbewerbsverbotes im französischen Recht als sogenannte *„obligation de ne pas faire"* (auf Französisch; auf Deutsch: Stabilität und Fortbestand „Unterlassungspflicht"), s. *Charaf*, La clause de non-concurrence au carrefour du droit des contrats et du droit de la concurrence, 2013, S. 21 ff.; *Eisele*, Les conditions de la clause de non-concurrence en droit du travail allemand et en droit du travail français, 1999, S. 2 f.

196 *Simon/Maillard-Pinon/Hess-Fallon*, Droit du travail, aide mémoire, S. 114.

197 Eine Übersicht zum nachvertraglichen Wettbewerbsverbot im französischen Handelsrecht und seinen Ausläufern in andere Rechtsgebiete findet sich bspw. bei *Cordelier*, s. *Cordelier*, Droit commercial et droit des affaires, Rn. 173, 309, 356 f., 394.

198 *Héas*, Droit du travail, Rn. 270.

199 Eine detaillierte Darstellung und Herleitung der Rechtslage der Klausel des nachvertraglichen Wettbewerbsverbotes in der Vergangenheit bis 1999 oder vielmehr 1968 bieten bspw. *Eisele* und *Serra*, s. *Eisele*, Les conditions de la clause de non-concurrence en droit du travail allemand et en droit du travail français, 1999, S. 23 ff.; *Serra*, L'obligation de non-concurrence dans le droit des contrats, 1968, S. 26, 256 ff.

200 *Pagnerre*, in: Jeansen/Pagnerre/Rozec, Guide des clauses du contrat de travail, S. 291 mit Verweis auf Cour de cassation, Kammer für Sozialsachen, Urteil v. 05.01.1994, Nr. 89-40961.

201 *Pagnerre*, in: Jeansen/Pagnerre/Rozec, Guide des clauses du contrat de travail, S. 293 mit Verweis auf Cour de cassation, Kammer für Sozialsachen, Urteil v. 08.05.1967, Nr. 00-45387.

dem Unternehmen in Kraft tritt.[202] Die französische Rechtsprechung definiert ein nachvertragliches Wettbewerbsverbot als „die Verpflichtung des Arbeitnehmers (auf Französisch: „*salarié*"), nicht mit seinem früheren Arbeitgeber (auf Französisch: „*employeur*") in den Wettbewerb zu treten und Kunden abzuwerben, indem er eine ähnliche Tätigkeit für einen anderen Arbeitgeber oder als Selbstständiger aufnimmt"[203]. Folglich unterscheidet sich die Rechtsnatur des nachvertraglichen Wettbewerbsverbotes im französischen Recht von der Treuepflicht und der Ausschließlichkeitsklausel, die jede konkurrierende Tätigkeit während der Durchführung des Arbeitsvertrages und nach dessen Beendigung verbieten.[204] Während die Treuepflicht sowie die Ausschließlichkeitsklausel eher allgemeiner Natur sind, ist das Wettbewerbsverbot spezifisch und somit auf das individuelle Verhältnis zwischen Arbeitgeber und Arbeitnehmer zugeschnitten.[205] Das nachvertragliche Wettbewerbsverbot wird im französischen Recht regelmäßig im Arbeitsvertrag oder als Änderungsvereinbarung zum Arbeitsvertrag vereinbart.[206] Der Arbeitgeber kann dem Arbeitnehmer das nachvertragliche Wettbewerbsverbot nicht aufzwingen, wenn Letzterer dem nicht ausdrücklich zustimmt.[207] Die Rechtsgrundlage betreffend, sind die Art. L. 1121-1 CDT[208], die Art. 1101 ff. Cciv. (der „*Code*

---

202 Cour de cassation, Kammer für Sozialsachen, Urteil v. 12. 12.03.1997, Nr. 94-43326.

203 Cour de cassation, Kammer für Sozialsachen, Urteil v. 12. 12.03.1997, Nr. 94-43326.

204 Für detailliertere Informationen zur Abgrenzung von Wettbewerbsverboten und der allgemeinen Vertrauens- und Treuepflicht s. bspw. Cour de cassation, Kammer für Sozialsachen, Urteil v. 10.07.2002, Nr. 00-45135.

205 Die Unterscheidung der Treuepflicht und der Ausschließlichkeitsklausel und die jeweiligen Auswirkungen sind in dieser Dissertation nicht relevant, sodass von einer weiteren Betrachtung an dieser Stelle abgesehen werden kann.

206 *Pagnerre*, in: Jeansen/Pagnerre/Rozec, Guide des clauses du contrat de travail, S. 291.

207 Cour de cassation, Kammer für Sozialsachen, Urteil v. 01.04.2020, Nr. 18-24.472. An dieser Stelle sei der Vollständigkeit halber angemerkt, dass ein nachvertragliches Wettbewerbsverbot nach französischem Recht nicht nur individualrechtlich zwischen dem Arbeitnehmer und dem Arbeitgeber vereinbart werden kann, sondern auch per Kollektivvereinbarung, soweit der Arbeitnehmer von dieser Kollektivvereinbarung weiß und von der Klausel des nachvertraglichen Wettbewerbsverbotes Kenntnis erlangen kann. Eine Übersicht bieten *Simon*, *Maillard-Pinon*, und *Hess-Fallon*: Simon/*Maillard-Pinon/Hess-Fallon*, Droit du travail, aide mémoire, S. 114.

208 Zur Bedeutung des Art. L. 1121-1 CDT im Arbeitsrecht s. *Antonmattei*, Droit du travail, Rn. 125.

civil" wird nachfolgend mit „Cciv." abgekürzt), insbesondere Art. 1128 Cciv.[209], und Art. 2044 ff. Cciv. die einzigen Rechtsnormen, die beachtet werden müssen, wenn ein Arbeitgeber ein nachvertragliches Wettbewerbsverbot in einen Arbeitsvertrag aufnehmen will. Gleichwohl beziehen sich diese Normen nicht speziell auf nachvertragliche Wettbewerbsverbote, sondern formulieren grundsätzliche Regelungen zu Zustandekommen und Beendigung zivilrechtlicher Verträge.[210] Im französischen Zivilrecht obliegt es den Richtern der Arbeitsgerichte, die Voraussetzungen für wirksame nachvertragliche Wettbewerbsverbote festzulegen. Seit drei wegweisenden Grundsatzurteilen[211] der Sozialrechtskammer der Cour de cassation vom 10. Juli 2002[212], die auf Grundlage des heutigen Art. L. 11121-1 CDT ergingen,[213] ist ein nachvertragliches Wettbewerbsverbot lediglich wirksam, wenn es schriftlich in den Arbeitsvertrag aufgenommen oder als eigener Vertrag geschlossen wurde, sodass der Arbeitnehmer vom Verbot Kenntnis erlangen kann, was bei einer mündlichen Vereinbarung natürlich ebenso möglich wäre, und später die genauen Bedingungen der Klausel sehen kann.[214] Außerdem muss es die folgenden fünf kumulativen Kriterien[215] erfüllen:[216] Erstens muss das nachvertragliche Wettbewerbsverbot zum Schutz der berechtigten Interessen des Arbeitgebers

---

[209] *Pagnerre*, in: Jeansen/Pagnerre/Rozec, Guide des clauses du contrat de travail, S. 293.

[210] Cour de cassation, Kammer für Sozialsachen, Urteil v. 10.07.2002, Nr. 00-45135.

[211] In der Literatur wurden diese Urteile von *Serra* als „Tsunami" betitelt, da sie schlagartig alle Wirksamkeitsvoraussetzungen darlegen, s. *Serra*, Tsunami sur la clause de non-concurrence en droit du travail, Kommentar zu den drei Urteilen der Cour de cassation, Kammer für Sozialsachen, vom 10.07.2002, S. 2491 f.

[212] Cour de cassation, Kammer für Sozialsachen, Urteil v. 10.07.2002, Nr. 99-43334; Cour de cassation, Kammer für Sozialsachen, Urteil v. 10.07.2002, Nr. Nr. 99-43335; Cour de cassation, Kammer für Sozialsachen, Urteil v. 10.07.2002, Nr. 99-43335. Diese Rechtsprechung wurde direkt im Jahr darauf von der Cour de cassation bekräftigt, s. Cour de cassation, Kammer für Sozialsachen, 29.01.2003 – Nr. 00-44882.

[213] Zum Zeitpunkt des Urteilsspruches war es der Art. L. 120-2 CDT a.F., wie *Héry-Favennec* und *Verkindt* darlegen, s. *Héry-Favennec/Verkindt*, Droit du travail, Rn. 640.

[214] *Bernardis/Dubuy*, Droit du travail–Comment rédiger une clause de non-concurrence ?, S. 1.

[215] *Ray*, Droit du travail, droit vivant, S. 503 f.

[216] *Tricoit*, Droit du travail, tout-en-un droit S.164; *Bernardis/Dubuy*, Droit du travail–Comment rédiger une clause de non-concurrence?, S. 1.

unerlässlich sein.[217] Zweites muss die Höchstdauer des Wettbewerbsverbotes eingehalten werden, die von Fall zu Fall zu bestimmen ist.[218] In der Literatur wurde festgestellt, dass ein nachvertragliches Wettbewerbsverbot selten länger als für eine Dauer von einem Jahr vereinbart wird.[219] Drittens muss das Gebiet, auf das sich ein nachvertragliches Wettbewerbsverbot erstrecken kann, ebenfalls für jedes Arbeitsverhältnis individuell festgelegt werden,[220] wobei ein „weltweit geltende[s]“ Wettbewerbsverbot unwirksam ist, da es wie ein räumlich unbegrenztes nachvertragliches Wettbewerbsverbot wirkt.[221] Viertens muss das nachvertragliche Wettbewerbsverbot die individuelle berufliche Situation des Arbeitnehmers beachten. Das Kriterium bedeutet etwas anderes als die sachliche Beschränkung des nachvertraglichen Wettbewerbsverbotes im deutschen Recht, wenngleich beide Anforderungen dazu führen, dass die Klausel des nachvertraglichen Wettbewerbsverbotes eine Beschreibung der Art der Arbeit enthalten muss, die vom Verbot umfasst ist. Die dahinter stehende Erklärung lautet: Dem Arbeitnehmer soll ermöglicht werden, während der Dauer des nachvertraglichen Wettbewerbsverbotes eine andere, angemessene Arbeit zu finden.[222] Begründet wird diese Einschränkung damit, dass das nachvertragliche Wettbewerbsverbot den Arbeitnehmer in seiner Arbeitsfreiheit einschränkt.[223] Diese Einschränkung fungiert als Begründung für sämtliche Wirksamkeitsvoraussetzungen des nachvertraglichen Wettbewerbsverbotes wie u. a. die räumliche[224], sachliche und zeitliche Einschränkung sowie das Kriterium der Verschriftlichung.[225] Schließlich ist

---

[217] Cour de cassation, Kammer für Sozialsachen, Urteil v. 14.05.1992, Nr. 89-45300; so auch in der Literatur bestätigt, s. *Simon/Maillard-Pinon/Hess-Fallon*, Droit du travail, aide mémoire, S. 114.

[218] *Simon/Maillard-Pinon/Hess-Fallon*, Droit du travail, aide mémoire, S. 114.

[219] *Ray*, Droit du travail, droit vivant, S. 503.

[220] *Simon/Maillard-Pinon/Hess-Fallon*, Droit du travail, aide mémoire, S. 114.

[221] So entschieden von der französischen Rechtsprechung in einem neueren Urteil aus dem Jahr 2021: Cour de cassation, Kammer für Sozialsachen, Urteil v. 08.04.2021, Nr. 19-22.097.

[222] *Simon/Maillard-Pinon/Hess-Fallon*, Droit du travail, aide mémoire, S. 115.

[223] *Héas*, Droit du travail, Rn. 274.

[224] Siehe bspw. Cour de cassation, Kammer für Sozialsachen, Urteil v. 08.04.2021, Nr. 19-24079.

[225] *Héas*, Droit du travail, Rn. 274.

die Wirksamkeitsvoraussetzung der finanziellen Entschädigung[226], die der Arbeitgeber während der Dauer des Wettbewerbsverbotes an den Arbeitnehmer zahlen muss, die fünfte Bedingung[227]. Die Karenzentschädigung wurde erst im Jahr 2002 eingeführt und ist damit eine relativ junge Wirksamkeitsvoraussetzung im französischen Recht, die einiger Erläuterungen bedarf. Im Jahr 2002 entschied die Cour de cassation, dass eine fehlende Vereinbarung über die Zahlung einer Karenzentschädigung dem Prinzip der freien Ausübung des Berufes und Art. L. 1121-1 CDT widerspricht und somit zur Nichtigkeit der Klausel führt.[228] Die Einführung der Zahlung einer Karenzentschädigung als Wirksamkeitsvoraussetzung des nachvertraglichen Wettbewerbsverbotes resultierte in einem kurzzeitigen Mehraufwand für den Arbeitgeber: Die bis dahin verwendeten Standardklauseln mussten so abgeändert werden, dass die Vereinbarung einer Karenzentschädigung eingefügt werden konnte.[229] Dessen ungeachtet führte das Urteil von 2002 im Anschluss an seine Verkündung zu Unsicherheiten. Arbeitgeber wussten nicht, wie sie mit Klauseln oder Vereinbarungen zum nachvertraglichen Wettbewerbsverbot, die keine Karenzentschädigung enthielten und vor 2002 Vertragsbestandteil geworden waren, umgehen sollten. Waren diese nach 2002 überhaupt noch wirksam?[230] Grundsätzlich führt der Richterspruch als Sprachrohr des

---

[226] Cour de cassation, Kammer für Sozialsachen, Urteil v. 25.05.2016, Nr. 14-20578.

[227] Cour de cassation, Kammer für Sozialsachen, Urteil v. 25.05.2016, Nr. 14-20578; Cour de cassation, Kammer für Sozialsachen, Urteil v. 10.07.2002, Nr. 99-43334; Cour de cassation, Kammer für Sozialsachen, Urteil v. 10.07.2002, Nr. Nr. 99-43335; Cour de cassation, Kammer für Sozialsachen, Urteil v. 10.07.2002, Nr. 99-43335.

[228] Auf Deutsch besagt der Art. L. 1121-1 CDT, dass niemand die Rechte und Freiheiten des Individuums und von Gruppen einschränken darf, es sei denn, die Einschränkung ist vereinbar mit der zu erfüllenden Aufgabe des Individuums/der Gruppe oder steht in einem angemessenen Verhältnis zum angestrebten Ziel (auf Französisch heißt es: *„Nul ne peut apporter aux droits des personnes et aux libertés individuelles et collectives de restrictions qui ne seraient pas justifiées par la nature de la tâche à accomplir ni proportionnées au but recherché.*“).

[229] Arbeitgeber, die auch nach den Urteilen der Cour de cassation aus dem Jahr 2002 weiterhin keine Karenzentschädigung in die Vereinbarung über ein nachvertragliches Wettbewerbsverbot aufgenommen haben, können sich nicht auf die Wirksamkeit der Klausel berufen, s. *Lokiec*, Droit du travail, S. 289.

[230] An dieser Frage entfachte sich die Debatte über die Frage der Rückwirkung oder vielmehr der Nichtrückwirkung von Änderungen in und durch die Rechtsprechung im französischen materiellen Recht neu, wie *Lokiec* beschreibt, s. *Lokiec*, Droit du travail, S. 289.

Gesetzes zu Urteilen, die eine rückwirkende Kraft haben. Für die Schaffung von Rechtssicherheit zwischen den Parteien ist die Rechtswirksamkeit von Vereinbarungen an dem zum Zeitpunkt ihrer Vereinbarung geltenden Recht zu messen.[231] Folglich müssen nachvertragliche Wettbewerbsklauseln, die vor Verkündung des Urteils aus 2002 vereinbart wurden und keine Karenzentschädigung enthalten, ebenfalls bei ihrer Anwendung nicht um die Einführung einer Karenzentschädigung ergänzt werden, um wirksam zu sein.[232] Wenngleich nun bereits vor über 20 Jahren höchstrichterlich über die Karenzentschädigung als Wirksamkeitsvoraussetzung des nachvertraglichen Wettbewerbsverbotes entschieden wurde,[233] ist ihre Mindesthöhe bis dato unklar. Weder gesetzlich noch richterlich wurde ein Mindestbetrag für die Karenzentschädigung oder eine Formel festgelegt, nach derer der Mindestbetrag errechnet werden kann[234].[235] Die Vertragsparteien entscheiden über die Höhe der Karenzentschädigung entweder per Tarifvertrag oder per Individualvereinbarung im Arbeitsvertrag selbst.[236] Die einzige Voraussetzung hinsichtlich der Höhe, welche die Vertragsparteien zu berücksichtigen haben, besteht darin, dass die finanzielle Entschädigung gemäß Art. 1231-5 Cciv. nicht nur geringfügig oder zu hoch[237] ist.[238] Zur Begründung wird angeführt, dass eine

---

231 *Lokiec*, Droit du travail, S. 289.

232 *Lokiec*, Droit du travail, S. 289.

233 Die Pflicht zur Zahlung einer Karenzentschädigung ist seit 2010 st. Rspr. der Cour de cassation, wie diese bspw. 2013 wiederholte: Cour de cassation, Kammer für Sozialsachen, Urteil v. 20.11.2013, Nr. 12-20074.

234 Eine Art der Berechnung stellt z.B. die in § 74 Abs. 2 HGB festgelegte Mindesthöhe dar – die Hälfte der von dem Handlungsgehilfen zuletzt bezogenen vertragsmäßigen Leistungen (wenngleich das BAG auch bis heute in regelmäßigen Abständen über die Höhe der Karenzentschädigung oder vielmehr die Auslegung des unbestimmten Rechtsbegriffs „vertragsgemäße Leistung" zu entscheiden hat, s. jüngst BAG, Urteil v. 35.08.2022 – 8 AZR 453/21, NZA 2023, 154; BAG, Urteil v. 22.03.2017 – 10 AZR 448/15, NJW 2017, 2363).

235 *Lokiec*, Droit du travail, S. 289 f.

236 *Lokiec*, Droit du travail, S. 289; *Simon/Maillard-Pinon/Hess-Fallon*, Droit du travail, aide mémoire, S. 115.

237 Cour de cassation, Kammer für Sozialsachen, 14.02.2024, Nr. 22-17332.

238 Cour de cassation, Kammer für Sozialsachen, Urteil v. 10.07.2002, Nr. 99-43334; Cour de cassation, Kammer für Sozialsachen, Urteil v. 10.07.2002, Nr. Nr. 99-43335; Cour de cassation, Kammer für Sozialsachen, Urteil v. 10.07.2002, Nr. 99-43335; ebenfalls von der Literatur dargestellt, wie bspw. von *Lokiec*, s. *Lokiec*, Droit du travail, S. 289 f.

geringfügige Höhe einer fehlenden Entschädigung gleichkommt.[239] Die Cour de cassation stellte in diesem Zusammenhang klar, dass der Richter, nachdem er eine Karenzentschädigung als geringfügig beurteilte, diese nicht selbst durch eine Summe in angemessener Höhe ersetzen kann.[240] Außerdem entschied die Cour de cassation, dass die Höhe der Karenzentschädigung unabhängig davon festzulegen ist, wie das Arbeitsverhältnis beendet wird; folglich darf die Höhe bei der Eigenkündigung oder bei einer Arbeitgeberkündigung aufgrund eines schwerwiegenden Fehlers des Arbeitnehmers[241] nicht gemindert werden.[242] Ebenfalls wird das Gehalt einer neuen Tätigkeit nicht angerechnet, da eine Anrechnung gegen den *Telos* der Karenzentschädigung im französischen Recht sprechen würde: Die Karenzentschädigung in einem nachvertraglichen Wettbewerbsverbot entschädigt nicht für ein komplettes Arbeitsverbot während der Dauer des nachvertraglichen Wettbewerbsverbotes,[243] sondern für eine zeitliche und räumliche Beschränkung der Art der ausgeübten Arbeit beim Konkurrenten. Die Anrechnung von anderweitigem Erwerb auf die Höhe der Karenzentschädigung würde bedeuten, dass die Gegenleistung als Vergütung für ein Arbeitsverbot betrachtet wird. Dies ist nicht möglich, da die Summe vollständig geschuldet ist, wenn

---

239 Cour de cassation, Kammer für Sozialsachen, Urteil v. 10.07.2002, Nr. 99-43334; Cour de cassation, Kammer für Sozialsachen, Urteil v. 10.07.2002, Nr. Nr. 99-43335; Cour de cassation, Kammer für Sozialsachen, Urteil v. 10.07.2002, Nr. 99-43335; *Lokiec*, Droit du travail, S. 290.

240 Cour de cassation, Kammer für Sozialsachen, Urteil v. 16.05.2012, Nr. 11-10760.

241 Das *„licenciement pour faute grave"* (auf Deutsch wörtlich übersetzt als „Kündigung aufgrund eines schwerwiegenden Fehlers") ist im deutschen Recht vergleichbar zur außerordentlichen Kündigung, deren Voraussetzungen bspw. von *Nieman* dargestellt werden, s. *Niemann*, in: ErfK, § 626 BGB, Rn. 60 ff.

242 Zur Eigenkündigung des Arbeitnehmers äußerte sich die Rechtsprechung vermehrt: Cour de cassation, Kammer für Sozialsachen, Urteil v. 25.01.2012, Nr. 10-11590; Cour de cassation, Kammer für Sozialsachen, Urteil v. 09.04.2015, Nr. 13-25847, zur Arbeitgeberkündigung aufgrund eines schwerwiegenden Fehlers s. Cour de cassation, Kammer für Sozialsachen, Urteil v. 16.12.2008, Nr. 05-40876; Cour de cassation, Kammer für Sozialsachen, Urteil v. 04.07.2008, Nr. 04-40609.

243 Ein komplettes Arbeitsverbot würde das Grundrecht des Rechtes auf Arbeit des Arbeitnehmers unverhältnismäßig einschränken und wäre somit nicht mit dem französischen Verfassungsrecht vereinbar, zu den Grundrechten des Arbeitnehmers und des Arbeitgebers s.u. Die durch das nachvertragliche Wettbewerbsverbot betroffenen Grundrechte der Vertragsparteien im französischen Recht.

der Arbeitnehmer nicht bei der Konkurrenz arbeitet (also die bezahlte Erschwernis durch das nachvertragliche Wettbewerbsverbot).[244] Insgesamt lässt sich die Höhe der finanziellen Entschädigung nicht verallgemeinern, da sie von dem räumlichen Geltungsbereich und der Dauer des Wettbewerbsverbotes abhängt. Die Spanne liegt regelmäßig zwischen 50 Prozent und 30 Prozent des letzten vertraglichen (Brutto-)Monatsgehalts des Arbeitnehmers.[245] Folglich handelt es sich um eine Schätzung und individualvertragliches Verhandlungsgeschick, das keine Rechtssicherheit gewährt. Dass die Karenzentschädigung geschätzt wird, riskiert Spannungen bei der Beendigung des Arbeitsverhältnisses, da der Arbeitnehmer von der Solvenz und dem Willen des Arbeitgebers abhängig ist, ohne dass er die Angemessenheit der Höhe nachprüfen kann. Neben den Unsicherheiten bezüglich der Höhe der Karenzentschädigung räumte die Cour de cassation in ihren auf die Rechtsprechung von 2002 folgenden Urteilen[246] jedenfalls mit Unsicherheiten hinsichtlich der Modalitäten der Auszahlung der Karenzentschädigung auf: Die Karenzentschädigung kann erst nach Beendigung des Arbeitsverhältnisses und nicht bereits als Erhöhung des Gehaltes während der Vertragsdauer ausgezahlt werden.[247] Ferner muss der Arbeitgeber die Karenzentschädigung auch dann zahlen,[248] wenn er seine Tätigkeit eingestellt hat, wie

[244] Zur Unerlässlichkeit der Karenzentschädigung s. Cour de cassation, Kammer für Sozialsachen, Urteil v. 10.07.2002, Nr. 99-43334; Cour de cassation, Kammer für Sozialsachen, Urteil v. 10.07.2002, Nr. Nr. 99-43335; Cour de cassation, Kammer für Sozialsachen, Urteil v. 10.07.2002, Nr. 99-43335. Diese Rechtsprechung wurde direkt im Jahr darauf bekräftigt, s. Cour de cassation, Kammer für Sozialsachen, 29.01.2003 – Nr. 00-44882.

[245] *Lokiec*, Droit du travail, S. 289 ff.; *Simon/Maillard-Pinon/Hess-Fallon*, Droit du travail, aide mémoire, S. 115.

[246] Cour de cassation, Kammer für Sozialsachen, Urteil v. 22.06.2011, Nr. 09-71567.

[247] Cour de cassation, Kammer für Sozialsachen, Urteil v. 22.06.2011, Nr. 09-71567.

[248] An dieser Stelle sei angemerkt, dass in der Praxis regelmäßig nicht der Arbeitgeber direkt, sondern die sogenannte *„régime de la garantie des salaires“* (nachfolgend: *„AGS“*, auf Französisch; auf Deutsch als „Lohngarantie-System“ übersetzt) zahlt. Das AGS ist ein Beitrag, der im Zusammenhang mit der Arbeitslosenversicherung vom Arbeitgeber durch das Sozialversicherungssystem eingezogen wird. Demzufolge kann die AGS auch auf Nichtigkeit der Vereinbarung klagen, wie die Cour de cassation urteilt, s. Cour de cassation, Kammer für Sozialsachen, Urteil v. 13.06.2001, Nr. 99-42977.

z.B. durch eine Stilllegung des Unternehmens.[249] Dies erscheint zudem zweckmäßig, da das Risiko der Betriebsschließung ansonsten auf den Arbeitnehmer verlagert werden würde. Eine vergleichbare Kontroverse hinsichtlich der fehlenden Kodifizierung der Höhe der Karenzentschädigung besteht ebenfalls bei der Frage der zulässigen zeitlichen Höchstdauer[250] des nachvertraglichen Wettbewerbsverbotes, für das lediglich in einigen Branchentarifverträgen eine Höchstdauer festgelegt ist.[251] Für alle anderen Arbeitnehmer, die nicht unter einen solchen Branchentarifvertrag fallen,[252] gilt das Credo, dass sich die Parteien auf einen Zeitraum einigen müssen, der den Interessen beider Vertragsparteien entspricht. Wie genau die wechselseitigen Interessen in Einklang gebracht werden können, hängt – wie bei der Frage nach der Höhe der Karenzentschädigung – vom Verhandlungsgeschick der Parteien ab. Somit herrscht ebenfalls in diesem Punkt Rechtsunsicherheit. Schließlich ist die Frage zu stellen, wann die Vereinbarung eines nachvertraglichen Wettbewerbsverbotes nichtig ist. Um die Anforderungen an die Wirksamkeit des arbeitsrechtlichen nachvertraglichen Wettbewerbsverbotes zu umgehen, nutzen Arbeitgeber Formulierungen, die eine Tätigkeit für einen Konkurrenten oder als Konkurrent in indirekter Weise verbieten, ohne die Zahlung einer Karenzentschädigung festzulegen. Eine solche Klausel ist nichtig, wenn der

---

249 Cour de cassation, Kammer für Sozialsachen, Urteil v. 21.01.2015, Nr. 13-26374. Anders gelagert sei der Fall allerdings, wenn es sich nicht um einen Betriebsstilllegung, sondern um einen Betriebsübergang handelt. Dann geht die Vereinbarung des nachvertraglichen Wettbewerbsverbotes zwischen dem Arbeitnehmer und dem alten Arbeitgeber auf das Verhältnis zwischen dem Arbeitnehmer und dem neuen Arbeitgeber über und bleibt wirksam, falls es nicht eine neue Regelung gibt: Cour de cassation, Kammer für Sozialsachen, Urteil v. 29.01.2015, Nr. 13-26374. Cour de cassation, Kammer für Sozialsachen, Urteil v. 12.09.2018, Nr. 17-10853.

250 Die zeitliche Begrenzung wurde bereits an vorheriger Stelle in diesem Kapitel erläutert. Hier wird sie noch einmal dargestellt, um zu erklären, dass es nicht nur eine Kontroverse hinsichtlich der Modalitäten der Karenzentschädigung, sondern auch zu einer anderen Wirksamkeitsvoraussetzung gibt. Daraus lässt sich schließen, dass eine fehlende, eng begrenzte Kodifizierung der genauen Wirksamkeitsvoraussetzung des nachvertraglichen Wettbewerbsverbotes richterrechtlichen Spielraum erlaubt.

251 *Lokiec/Verkindt*, in: Cabrillac, Libertés et droits fondamentaux, S. 917 ff.

252 Zur Bedeutung von Branchentarifverträgen im französischen Arbeitsrecht s. anstelle vieler: *Lokiec*, Droit du travail, S. 800, 831 ff.

Arbeitnehmer die Nichtigkeit gerichtlich feststellen lässt[253] – was diesem im Vergleich zum Arbeitgeber zusteht.[254] Nichtig ist das nachvertragliche Wettbewerbsverbot ebenfalls, wenn der Arbeitgeber nicht die Unerlässlichkeit des nachvertraglichen Wettbewerbsverbotes zum Schutz seiner Interessen nachweisen kann.[255] Als primäre Folge der Nichtigkeit eines nachvertraglichen Wettbewerbsverbotes ist der Arbeitgeber nicht an seine Verpflichtung zur Zahlung der Karenzentschädigung gegenüber dem Arbeitnehmer gebunden und der Arbeitnehmer in gleicher Weise nicht verpflichtet, sich an die Wettbewerbsbeschränkungen zu halten.[256] Dies ist immer dann der Fall, wenn der Arbeitnehmer sich nicht an das nachvertragliche Wettbewerbsverbot gehalten hat.[257] Der Arbeitnehmer kann dementsprechend die Zahlung der Entschädigung nicht verlangen. Der Arbeitgeber, der nachweist, dass der Arbeitnehmer, der gegen das nachvertragliche Wettbewerbsverbot in der Zeit verstoßen hat, in der die Nichtigkeit noch nicht festgestellt wurde, ist berechtigt, die Rückerstattung der Karenzentschädigung in der Höhe zu verlangen, die er bereits bezahlt hat.[258] Wenn die Anwendung eines nichtigen nachvertraglichen Wettbewerbsverbotes den Arbeitnehmer jedoch bereits benachteiligt hat, kann dieser vor Gericht Schadensersatz verlangen.[259] Neben der Nichtigkeit der Klausel kann der Richter diese indes auch teleologisch derart reduzieren, dass er den zeitlichen und räumlichen Anwendungsbereich des

---

[253] So entschied bspw. die Cour de cassation, dass eine arbeitsvertragliche Klausel, die dem Arbeitnehmer verbietet, nach dem Ende des Arbeitsverhältnisses „keinen Kontakt zu den Klienten aufzunehmen", als ein nachvertragliches Wettbewerbsverbot zu werten ist. Infolge des Fehlens der Wirksamkeitsvoraussetzungen erklärten die Richter das nachvertragliche Wettbewerbsverbot für nichtig, s. Cour de cassation, Kammer für Sozialsachen, Urteil v. 05.03.2014, Nr. 12-28554. Für eine weitergehende Erklärung zu ähnlich gestalteten Klauseln ist auf die Literatur zu verweisen, s. bspw. *Lokiec*, Droit du travail, S. 287 f.

[254] Dass der Arbeitgeber nicht auf die Nichtigkeit des nachvertraglichen Wettbewerbsverbotes klagen darf, erläuterte die Cour de cassation bereits im Jahr 1982, s. Cour de cassation, Kammer für Sozialsachen, Urteil v. 24.02.1982, Nr. 80-40283.

[255] *Ray*, Droit du travail, droit vivant, S. 505.

[256] Cour de cassation, Kammer für Sozialsachen, Urteil v. 28.09.2011, Nr. 09-68537.

[257] Cour de cassation, Kammer für Sozialsachen, Urteil v. 28.10.1997, Nr. 94-43792.

[258] Cour de cassation, Kammer für Sozialsachen, Urteil v. 28.11.2007, Nr. 06-44087.

[259] Die Höhe des Schadensersatzes kann entweder in einer Vertragsstrafenklausel festgelegt oder durch ein Gerichtsurteil bestimmt werden, s. Cour de cassation, Urteil v. 28.09.2011, Nr. 09-68537.

nachvertraglichen Wettbewerbsverbotes auf ein im Einzelfall angemessenes Maß begrenzt, sodass die Klausel anwendbar bleibt.[260] Gleichwohl ist die teleologische Reduktion lediglich anwendbar, wenn die Klausel eine Karenzentschädigung enthält[261] und der Arbeitnehmer nicht die Nichtigkeit der Klausel überhaupt gerichtlich verlangt.[262] Sollte die Nichtigkeit nicht festgestellt werden, müssen sich die Parteien an das nachvertragliche Wettbewerbsverbot halten, sodass der Arbeitnehmer weiterhin die Zahlung der Karenzentschädigung vom Arbeitgeber verlangen kann.[263]

3. Unterschiede und Gemeinsamkeiten zwischen den materiellrechtlichen Wirksamkeitsvoraussetzungen und Folgen der Nichtbeachtung des nachvertraglichen Wettbewerbsverbotes im Arbeitsvertrag im deutschen und französischen Recht

Nachdem in den beiden vorherigen Abschnitten die materiell-rechtlichen Wirksamkeitsvoraussetzungen und Folgen der Nichtbeachtung des nachvertraglichen Wettbewerbsverbotes im deutschen und im französischen Recht erläutert worden sind, gilt es nun, die Unterschiede und Gemeinsamkeiten zu ergründen. Zunächst fällt auf, dass das nachvertragliche Wettbewerbsverbot sowohl in Deutschland als auch in Frankreich seinen Weg aus dem Handelsrecht in das Arbeitsrecht fand. Ferner tritt sowohl im deutschen als auch im französischen Recht das nachvertragliche Wettbewerbsverbot erst nach der Beendigung des Arbeitsverhältnisses in Kraft. Ebenfalls gleichen sich das nachvertragliche Wettbewerbsverbot im deutschen und französischen Recht hinsichtlich ihres Zweckes: Es verbietet Arbeitnehmern für eine gewisse Zeit nach Beendigung des Vertrages die Aufnahme einer selbstständigen oder unselbstständigen Tätigkeit als Konkurrent oder bei einem Konkurrenten des ehemaligen Arbeitgebers unter Zahlung einer Karenzentschädigung. Zudem muss das nachvertragliche Wettbewerbsverbot im deutschen und im französischen Recht schriftlich vereinbart werden. Hinsichtlich der Wirksamkeitsvoraussetzungen gleichen sich das deutsche und das französische materielle Recht überdies. Auch wenn sich die beiden

[260] *Lokiec*, Droit du travail, S. 291.
[261] Cour de cassation, Kammer für Sozialsachen, Urteil v. 16.05.2011, Nr. 11-10760.
[262] Cour de cassation, Kammer für Sozialsachen, Urteil v. 12.10.2011, Nr. 09-43155.
[263] *Pagnerre*, in: Jeansen/Pagnerre/Rozec, Guide des clauses du contrat de travail, S. 303.

materiellen Rechtsordnungen in der Darstellung der Anzahl ihrer Wirksamkeitsvoraussetzungen in der vorliegenden Dissertation unterscheiden, ist das nicht deren Inhalt geschuldet, sondern der Darstellung der Rechtsprechung in Deutschland und in Frankreich. Im französischen Recht werden z.B. die sachliche, zeitliche und räumliche Begrenzung als drei einzelne Wirksamkeitsvoraussetzungen eingestuft, während diese im deutschen Recht in eine Wirksamkeitsvoraussetzung zusammengefasst werden. Die Gründe für die Unerlässlichkeit des Schutzes der berechtigten Interessen des Arbeitgebers – das Erfordernis der Schriftform, die räumliche Beschränkung und die Verpflichtung, im Einzelfall eine Höchstdauer zu vereinbaren – sind die gleichen wie im deutschen Recht. Die Berücksichtigung der Situation des Arbeitnehmers ist eine Wirksamkeitsvoraussetzung, die das deutsche Recht als solche nicht kennt. Das deutsche Recht fordert eine sachliche Beschränkung des nachvertraglichen Wettbewerbsverbotes. Ungeachtet unterschiedlicher Bezeichnung gleichen sich beide Wirksamkeitsvoraussetzungen grundsätzlich: Sowohl durch die sachliche Beschränkung als auch durch die Berücksichtigung der Situation des Arbeitnehmers zum Zeitpunkt der Beendigung des Arbeitsvertrages wird die verbotene Tätigkeit eingegrenzt. Im deutschen Recht wird die sachliche Begrenzung des nachvertraglichen Wettbewerbsverbotes dergestalt begründet, dass sie Rechtssicherheit für beide Parteien hinsichtlich des inhaltlichen Umfangs der verbotenen Tätigkeit gewährleistet. Im französischen Recht hingegen ist der Fokus auf den Schutz der Arbeitsfreiheit des Arbeitnehmers ausgerichtet. Ein weiterer Unterschied besteht in der zeitlichen Beschränkung des nachvertraglichen Wettbewerbsverbotes. Während im deutschen Recht das nachvertragliche Wettbewerbsverbot gemäß § 74a Abs. 1 S. 3 HGB auf zwei Jahre festgelegt ist, existiert im französischen Recht keine gesetzliche oder richterliche Festlegung einer Höchstdauer. Sowohl im deutschen als auch im französischen Recht ist eine Karenzentschädigung vorgesehen. Auch im deutschen Recht ist ein nachvertragliches Wettbewerbsverbot ohne Karenzentschädigung stets unwirksam. Sollte das nachvertragliche Wettbewerbsverbot die Wirksamkeitsvoraussetzungen nicht erfüllen, kennen beide Rechtsordnungen verschiedene Rechtsfolgen wie die (Teil-)Nichtigkeit oder Fortgeltung, wenn die Nichtigkeit nicht richterlich festgelegt wurde.

Die Darstellung des deutschen und französischen Rechtes führt zu folgenden Unterschieden: Der Hauptunterschied betrifft die Höhe der

Karenzentschädigung. Im französischen Recht ist die Mindesthöhe weder gesetzlich noch richterlich festgelegt. Sie unterliegt allein der Parteienvereinbarung und kann sogar unterhalb der Untergrenze von 50 Prozent des letzten Bruttomonatsgehalts gemäß § 74 Abs. 2 HGB liegen – solange sie nicht geringfügig ist. Darüber hinaus wird nur nach deutschem Recht das Gehalt des Arbeitnehmers auf die Höhe der Karenzentschädigung angerechnet. Dem französischen Recht ist diese Regelung unbekannt. Eine Unterscheidung besteht ebenfalls darin, dass die materiell-rechtlichen Wirksamkeitsvoraussetzungen im französischen Recht nicht kodifiziert sind. Sie sind weder im Zivilgesetzbuch noch im Arbeitsgesetzbuch oder Handelsgesetzbuch niedergeschrieben. Vielmehr orientieren sich die Richter der Cour de cassation an allgemeinen zivil- und arbeitsrechtlichen Grundsätzen. Dabei sind die materiell-rechtlichen Wirksamkeitsvoraussetzungen allein Richterrecht, insbesondere die Urteile vom 10. Juli 2002. Im deutschen Recht findet sich die Kodifikation des materiellen Rechtes in den §§ 74 ff. HGB, die durch richterrechtliche Rechtsfortbildung grundsätzlich auch auf den Arbeitsvertrag Anwendung finden.

4. Zusammenfassung des Vergleiches der materiell-rechtlichen Wirksamkeitsvoraussetzungen und Folgen der Nichtbeachtung des nachvertraglichen Wettbewerbsverbotes im Arbeitsvertrag im deutschen und französischen Recht

Aus der vorangegangenen Darstellung sind einige Unterschiede bei den materiellen Rechtsquellen und einigen inhaltlichen Aspekten hinsichtlich der materiell-rechtlichen Wirksamkeitsvoraussetzungen des nachvertraglichen Wettbewerbsverbotes im Arbeitsvertrag im deutschen und französischen Recht deutlich geworden. Diese wurden bereits ausführlich erörtert und werden nachfolgend in kompakter Form zusammengefasst. Bei Betrachtung der materiellen Rechtsquellen fällt auf, dass im deutschen Recht die materiell-rechtlichen Wirksamkeitsvoraussetzungen in den §§ 74 ff. HGB niedergelegt sind, während in Frankreich das Richterrecht der Cour de cassation – insbesondere die Urteile vom 10. Juli 2002 – als maßgebliche Rechtsgrundlage dient. Inhaltlich unterscheiden sich das deutsche und das französische Recht in der sachlichen Begrenzung, der inhaltlichen Begrenzung und der Karenzentschädigung. Abgesehen von diesen Unterschieden bestehen äußerst ähnliche materiell-rechtliche Wirksamkeitsvoraussetzungen für das nachvertragliche Wettbewerbsverbot in beiden Rechtssystemen.

II. Vergleich der Rechtsfolgen bei Verstößen gegen das nachvertragliche Wettbewerbsverbot und dessen Lösungsmöglichkeiten

Nun wird erarbeitet, welche Rechtsfolgen bei Verstoß der Vertragsparteien gegen das nachvertragliche Wettbewerbsverbot eintreten und wie Vertragsparteien sich vom nachvertraglichen Wettbewerbsverbot lösen können.

1. Rechtsfolgen im deutschen Recht

Zunächst werden Rechtsfolgen des Verstoßes gegen das nachvertragliche Wettbewerbsverbot im deutschen Recht anhand der Ansprüche des Arbeitgebers gegen den Arbeitnehmer dargestellt. Im Anschluss erfolgt die Darstellung der Ansprüche des Arbeitnehmers gegen den Arbeitgeber.

a. Rechtsfolgen von Verstößen des Arbeitnehmers

Sollte der Arbeitnehmer gegen das nachvertragliche Wettbewerbsverbot verstoßen, hat der Arbeitgeber die nachfolgenden Ansprüche: Zunächst kann der Arbeitgeber die Zahlung einer Vertragsstrafe verlangen, wenn der Arbeitsvertrag oder die Abrede des nachvertraglichen Wettbewerbsverbotes eine solche enthält.[264] Überdies verfügt der Arbeitgeber gegen den Arbeitnehmer über einen vertraglichen Schadensersatzanspruch aus §§ 280 ff. BGB wegen Pflichtverletzung in Form des Verstoßes gegen das vertraglich vereinbarte nachvertragliche Wettbewerbsverbot.[265] Des Weiteren kann eine Schadensersatzpflicht des Arbeitnehmers über die vertraglichen Treuepflichten gemäß §§ 280 Abs. 1, 242 BGB begründet werden.[266] Der Arbeitgeber hat ferner gemäß § 320 Abs. 1 BGB das (Leistungsverweigerungs-)Recht, die Zahlung der Karenzentschädigung auszusetzen,[267]

---

[264] Mit weiteren Anmerkungen zur Zulässigkeit von Vertragsstrafenabreden hinsichtlich nachvertraglicher Wettbewerbsverbote s. *Spinner*, in: MüKo/BGB, § 611a BGB, Rn. 963; zur Frage nach der Zulässigkeit von Vertragsstrafenvereinbarungen im Kontext der AGB-Prüfung nachvertraglicher Wettbewerbsverbote s. *Brendel*, Nachvertragliche grenzüberschreitende Wettbewerbsverbote, 2009, S. 73 ff.

[265] In der Literatur wird dargestellt, dass das nachvertragliche Wettbewerbsverbot eine leistungsbezogene Nebenpflicht darstellt, deren Verstoß zur Schadensersatzpflicht führt, s. bspw. *Roth*, in: Hopt, Handelsgesetzbuch, § 74, Rn. 10 ff.

[266] Siehe bspw. *Schubert*, in: MüKo/BGB, § 242 BGB, Rn. 372 f.

[267] *Spinner*, in: MüKo/BGB, § 320 BGB, Rn. 29.

da der Anspruch des Arbeitnehmers durch die Aufnahme von Konkurrenztätigkeiten gemäß §§ 326 Abs. 1 S. 1, 275 Abs. 4, 1 BGB entfallen ist.[268] Sollte der Arbeitgeber die Zahlung bereits geleistet haben, kann er sie vom Arbeitnehmer gemäß §§ 346 Abs. 1, 323 Abs. 1 Fall 1, 326 Abs. 5, 275 Abs. 4, 1 BGB zurückfordern.[269] Sobald der Arbeitnehmer sich wieder an das nachvertragliche Wettbewerbsverbot hält, kann dieser zu Recht wieder die Zahlung der Karenzentschädigung für die Zukunft verlangen.[270] Im Einzelfall kann der Arbeitgeber gemäß §§ 687 Abs. 2, S. 1, 681 S. 2, 667 BGB einen Anspruch auf Herausgabe der Karenzentschädigung gegen den Arbeitnehmer geltend machen, wenn das Handeln des Arbeitnehmers gegen das nachvertragliche Wettbewerbsverbot eine unechte angemaßte Geschäftsführung ohne Auftrag darstellt.[271] Ansonsten kann der Arbeitgeber vom Arbeitnehmer die Erfüllung des nachvertraglichen Wettbewerbsverbotes verlangen. Die Grundlage ist ein Anspruch aus § 1004 Abs. 1 S. 2 BGB auf Unterlassen des gegen das nachvertragliche Wettbewerbsverbot verstoßenden gegenwärtigen und zukünftigen Handelns, wobei für Letzteres die Wiederholungsgefahr wegen des erfolgten Verstoßes vermutet wird.[272] Der Arbeitgeber kann gemäß § 1004 Abs. 1 S. 1 BGB daneben die Beseitigung von fortbestehenden Störungen verlangen, soweit der Arbeitnehmer durch den Verstoß gegen das nachvertragliche Wettbewerbsverbot Handlungen gegen das nachvertragliche Wettbewerbsverbot im

---

268 *Roth*, in: Hopt, Handelsgesetzbuch, § 74, Rn. 10 ff., mit Verweis auf die bereits früh ergangene Rechtsprechung des BAG, bspw. BAG, Urteil v. 19.01.1956 – 2 AZR 123/54, NJW 1956, 606.

269 *Roth*, in: Hopt, Handelsgesetzbuch, § 74, Rn. 10 ff.; zu den Komplikationen (bei der Auszahlung) der Karenzentschädigung s. außerdem: *Fischinger*, in: Staudinger, § 611a BGB, Rn. 1231 f.

270 *Roth*, in: Hopt, Handelsgesetzbuch, § 74, Rn. 10 ff. mit Verweis u.a. auf frühe Rechtsprechung des BAG: BAG, Urteil v. 10.09.1985 – 3 AZR 490/83, NJW 1986, 1192.

271 Zur Geschäftsführung ohne Auftrag s. *Lorenz*, Grundwissen–Zivilrecht: Geschäftsführung ohne Auftrag (GoA), JuS, 2016, 12 (15). *Lorenz* diskutiert auf S. 15 die sogenannte angemaßte Eigengeschäftsführung.

272 Ein Beispiel für die Durchsetzung des Unterlassungsanspruches des Arbeitgebers per einstweiliger Verfügung in der arbeitsrechtlichen Rechtsprechung, s. LAG Niedersachsen, Urteil v. 08.12.2005 – 7 Sa 1871/05, NZA-RR 2006, 4626.

Handelsregister eingetragen hat.[273] Ein weiterer vertraglicher Anspruch des Arbeitgebers ist der Auskunftsanspruch.[274] Der Arbeitgeber kann den Namen des neuen, mit ihm in Konkurrenz stehenden Arbeitgebers vom Arbeitnehmer und überdies die Art und den Umfang der Beschäftigung und des Geschäftszweckes verlangen.[275] Die Ansprüche auf Unterlassung und auf Auskunft kann der Arbeitgeber z.B. durch einstweilige Verfügung oder vielmehr in Form einer Stufenklage gemäß § 254 ZPO gemeinsam geltend machen.[276] Grundsätzlich hat der Arbeitgeber wegen des Verstoßes des Arbeitnehmers gegen das nachvertragliche Wettbewerbsverbot keinen deliktischen Beseitigungs- und Unterlassungsanspruch,[277] da die vertraglich verbotenen Handlungen ohne das nachvertragliche Wettbewerbsverbot nicht rechtswidrig sind.[278] Denn für einen deliktischen Anspruch ist ein rechtswidriges Verhalten der anderen Partei nötig. Das Abwandern zur Konkurrenz ist nicht rechtswidrig. Erst durch das nachvertragliche Wettbewerbsverbot werden Tätigkeiten des Arbeitnehmers für Konkurrenten rechtswidrig. Dementsprechend würde es der systematischen Unterscheidung zwischen den vertraglichen und gesetzlichen Ansprüchen widersprechen, dem Arbeitgeber einen gesetzlichen Anspruch zuzubilligen. Nichtsdestoweniger werden dem Arbeitgeber von Teilen der Literatur – als Ausnahme zum Grundsatz – zwei deliktische Beseitigungs- und Unterlassungsansprüche auf die Konkurrenztätigkeit zugestanden: Dies ist gemäß § 823 Abs. 1 BGB der deliktische Anspruch aufgrund der Verletzung des

---

[273] *Raff*, in: MüKo/BGB, § 1004 BGB, Rn. 295 zur Wiederholungsgefahr; *Raff*, in: MüKo/BGB, § 1004 BGB, Rn. 296 f. zur Erstbegehungsgefahr.

[274] Dabei handelt es sich um einen anderen Auskunftsanspruch des Arbeitgebers gegenüber dem Arbeitnehmer als der aus § 74c Abs. 2 HGB. Letzterer ist ein Auskunftsanspruch des Arbeitgebers auf die Höhe des Erwerbs des Arbeitnehmers aus einer nicht vom nachvertraglichen Wettbewerbsverbot gedeckten Tätigkeit, s. *Thüsing*, in: MüKo/BGB, § 74c HGB, Rn. 3 ff.

[275] *Middendorf*, in: Grobys/Panzer-Heemeier, Stichwortkommentar Arbeitsrecht, Wettbewerbsverbot, Rn. 70.

[276] *Commandeur*, Rechtsprobleme bei Abwerbe- und Beschäftigungsverboten sowie Sperrabreden, RdA 2022, 341 (246); *Roth*, in: Hopt, Handelsgesetzbuch, § 74, Rn. 10.

[277] *Commandeur*, Rechtsprobleme bei Abwerbe- und Beschäftigungsverboten sowie Sperrabreden, RdA 2022, 341 (246); *Roth*, in: Hopt, Handelsgesetzbuch, §§ 74, Rn. Rn. 15.

[278] *Roth*, in: Hopt, Handelsgesetzbuch, § 74, Rn. 15.

Rechtes am eingerichteten und ausgeübten Gewerbebetrieb und der deliktische Anspruch aufgrund der Schutzgesetzverletzung von Geschäftsgeheimnissen gemäß §§ 823 Abs. 2 BGB, 6 Abs. 1 GeschGehG.[279] Ansprüche des Arbeitgebers gegen den Arbeitnehmer aus dem Bereicherungsrecht bestehen nicht. Insbesondere kann der Arbeitgeber nicht die Rückzahlung der gezahlten Karenzentschädigung verlangen, da die vertraglichen Rückabwicklungsvorschriften der §§ 346 ff. BGB *lex specialis* gegenüber dem Bereicherungsrecht aus §§ 812 ff. BGB sind, die auf unwirksame Verträge anzuwenden sind.[280] Aufgrund dieser Systematik kann der Arbeitgeber die geleistete Karenzentschädigung an den Arbeitnehmer, der gegen das nachvertragliche Wettbewerbsverbot verstoßen hat, ausschließlich gemäß §§ 346 Abs. 1, 323 Abs. 1 Fall 1, 326 Abs. 5, 275 Abs. 4, 1 BGB zurückverlangen. Abschließend hat der Arbeitgeber einen lauterkeitsrechtlichen Anspruch gegen den Arbeitnehmer aus § 3 Abs. 1 UWG subsidiär zu Ansprüchen aus Immaterialgüterrechten.[281]

b. Rechtsfolgen von Verstößen des Arbeitgebers

Die wesentliche Pflicht des Arbeitgebers ist die Zahlung der Karenzentschädigung als Gegenleistung dafür, dass der Arbeitnehmer keine Tätigkeit aufnimmt, die inhaltlich als Konkurrenztätigkeit vereinbart wurde.[282] Sollte der Arbeitgeber die Karenzentschädigung nicht oder nicht wie vereinbart bezahlen, hat der Arbeitnehmer die im kommenden Abschnitt beschriebenen Ansprüche. Von der unterbliebenen Zahlung (eines Teils) der Karenzentschädigung und damit dem Verstoß gegen das nachvertragliche Wettbewerbsverbot zu unterscheiden ist die folgende Situation: Zunächst kann die Höhe der

---

[279] Eine Übersicht zu Unterlassungs- und Beseitigungsansprüchen aus dem allgemeinen Zivilrecht findet sich u.a. in *Spieker*, in: BeckOK GeschGehG, § 6, Rn. 62.

[280] *Gaier*, in: MüKo/BGB, § 346 BGB, Rn. 2 ff.; zum Ausschluss des Anspruches gemäß §§ 812 ff. BGB in anderer Konstellation auch besprochen von der höchstrichterlichen Rechtsprechung des BAG, s. BAG, Urteil v. 17.10.2012 – 10 AZR 809/11, NZA 2013, 207 (209).

[281] *Sosnitza*, in: MüKo/UWG, § 3 UWG, Rn. 90.

[282] *Weber*, in: Staub, Handelsgesetzbuch, § 74, Rn. 33. *Weber* stellt in diesem Zusammenhang dar, dass die Karenzentschädigungszahlung eben nicht als Abfindung o.ä. gilt, sondern die Gegenleistung für den Nichteintritt in den Wettbewerb ist.

tatsächlich ausgezahlten Karenzentschädigung von der vereinbarten Höhe gemäß § 74c Abs. 1 HGB um die Summe abweichen, die der Arbeitnehmer während der Dauer des nachvertraglichen Wettbewerbsverbotes durch andere nicht verbotene Tätigkeiten erwirtschaftet oder vielmehr böswillig unterließ zu erwirtschaften. Die Auskunft über eine derartige Tätigkeit muss der Arbeitnehmer dem Arbeitgeber gemäß § 74c Abs. 2 HGB auf sein Verlangen erteilen. Sind sich die Vertragsparteien darüber einig, dass der anderweitige Verdienst nicht auf die Höhe der Karenzentschädigung angerechnet werden soll, bedarf es einer solchen ausdrücklichen Vereinbarung.[283] Die Rechtsfolge der unterbliebenen Zahlung der Karenzentschädigung ist, dass der Arbeitnehmer zunächst einen Erfüllungsanspruch aus dem Arbeitsvertrag auf Zahlung der Karenzentschädigung hat. Sollte der Arbeitgeber der Forderung auf Zahlung dennoch nicht nachkommen, ist der Arbeitnehmer gemäß §§ 326 Abs. 1 S. 1, 275 Abs. 4, 1 BGB nicht mehr an das im Arbeitsvertrag vereinbarte nachvertragliche Wettbewerbsverbot gebunden. In gleicher Weise wie der Arbeitgeber hat auch der Arbeitnehmer gemäß §§ 280 ff. BGB einen vertraglichen Schadensersatzanspruch gegen den Arbeitgeber wegen Pflichtverletzung in Form des Verstoßes des Arbeitgebers gegen die Treuepflichten aus dem vertraglich vereinbarten Wettbewerbsverbot. Schließlich kann eine Schadensersatzpflicht des Arbeitgebers gleichermaßen über die vertraglichen Treuepflichten gemäß §§ 280 Abs. 1, 242 BGB begründet werden.[284]

2. Lösungsmöglichkeiten vom nachvertraglichen Wettbewerbsverbot im deutschen Recht

Das deutsche materielle Recht räumt dem Arbeitnehmer und dem Arbeitgeber ein, sich jeweils – unter Beachtung verschiedener Rechtsfolgen – einseitig vom nachvertraglichen Wettbewerbsverbot zu lösen. Insbesondere[285]

---

[283] *Thüsing*, in: Westphalen, Graf von/Thüsing/Pamp, Vertragsrecht und AGB-Klauselwerke, Geschäftsführerverträge, Rn. 224.

[284] Siehe bspw. *Schubert*, in: MüKo/BGB, § 242 BGB, Rn. 372 f.

[285] Eine ausführliche Darstellung findet sich bei *Bauer* und *Diller*, s. *Bauer/Diller*, Wettbewerbsverbote, Rechtliche und taktische Hinweise für Arbeitgeber, Arbeitnehmer und Organmitglieder, S. 241 ff.

sind dies die beiden[286] Möglichkeiten des Verzichtes gemäß § 75a HGB und der Kündigung gemäß § 75 HGB.

a. *Verzicht auf das nachvertragliche Wettbewerbsverbot gemäß § 75a HGB*

Dem zivilrechtlichen Prinzip der Vertragsfreiheit[287] folgend, können der Arbeitgeber und der Arbeitnehmer während der gesamten Dauer des Arbeitsverhältnisses und nach dessen Beendigung gemeinsam entscheiden, das nachvertragliche Wettbewerbsverbot nicht in Anspruch zu nehmen. Überdies kann der Arbeitgeber gemäß § 75a HGB vor Beendigung des Arbeitsverhältnisses einseitig schriftlich auf das nachvertragliche Wettbewerbsverbot verzichten. Dem Arbeitnehmer steht eine derartige Möglichkeit nicht zu, wie der Gesetzeswortlaut des § 75a HGB verdeutlicht. Sollte der Arbeitgeber sich wegen der Karenzentschädigungspflicht für den Verzicht auf das nachvertragliche Wettbewerbsverbot entscheiden, ist der Arbeitnehmer ab dem Zeitpunkt des Wirksamwerdens des Verzichtes nicht mehr an das nachvertragliche Wettbewerbsverbot gebunden.[288] Der Arbeitgeber hingegen bleibt gemäß § 75a HGB bis zum Ablauf eines Jahres nach der Kündigungserklärung verpflichtet, die Karenzentschädigung an den Arbeitnehmer zu leisten.[289] Neben der Möglichkeit des Verzichtes auf das nachvertragliche Wettbewerbsverbot während der Dauer des Vertragsverhältnisses kann der Arbeitgeber auch nach Beendigung des Arbeitsvertrages einseitig schriftlich auf das nachvertragliche Wettbewerbsverbot verzichten.[290] Auch in diesem Fall ist der Arbeitnehmer

---

[286] Neben dem Verzicht und der Kündigung als wesentliche Lösungsmöglichkeiten vom nachvertraglichen Wettbewerbsverbot wird in der Rechtsprechung auch die Ansicht vertreten, dass die Vertragsparteien vom nachvertraglichen Wettbewerbsverbot zurücktreten können, s.: BAG, Urteil v. 31.01.2018 – 10 AZR 392/17, NJW 2018, 1630/ NZA 2018, 578 mit Verweis auf die bisherige Rechtsprechung. Demnach würden die Regelungen der §§ 323 ff. BGB im Fall eines nachvertraglichen Wettbewerbsverbotes i.S.d. § 110 GewO i.V.m. §§ 74 ff. HGB weder durch das Spezialgesetz HGB noch durch die Kündigungsbestimmung des § 314 BGB verdrängt werden. Deshalb sei der Rücktritt hier ergänzend genannt.

[287] Zur Vertragsfreiheit, die Ausfluss der Privatautonomie ist, s. anstelle vieler *Looschelders*, in: NK-BGB, § 138, Rn. 104.

[288] Grundlegend: BAG, Urteil v. 17.02.1987 – 3 AZR 59/86, NJW 1987, 2768.

[289] Grundlegend: BAG, Urteil v. 17.02.1987 – 3 AZR 59/86, NJW 1987, 2768.

[290] *Bauer/Diller*, Wettbewerbsverbote, Rechtliche und taktische Hinweise für Arbeitgeber, Arbeitnehmer und Organmitglieder, S. 240.

nicht mehr daran gebunden, das nachvertragliche Wettbewerbsverbot einzuhalten, wohingegen der Arbeitgeber die Karenzentschädigung in voller vereinbarter Höhe für die gesetzlich festgelegte maximale Dauer von zwei Jahren gemäß § 74a Abs. 1 HGB zahlen muss.[291] Wenngleich der Arbeitgeber beim einseitigen Verzicht weiterhin verpflichtet bleibt, die vereinbarte Karenzentschädigung zu zahlen, kann der Verzicht für den Arbeitgeber lohnenswert sein: Der Arbeitgeber muss sich nicht mit der beruflichen Zukunft des Arbeitnehmers beschäftigen, um z.B. herauszufinden, ob dieser eine Konkurrenztätigkeit aufnimmt. Auch für den Arbeitnehmer kann der einseitige Verzicht des Arbeitgebers auf das nachvertragliche Wettbewerbsverbot einen Vorteil bedingen. Dieser kann sich eine neue Tätigkeit suchen, die durch das nachvertragliche Wettbewerbsverbot eigentlich verboten gewesen wäre und erhält dennoch eine Karenzentschädigung. Gleichzeitig muss sich der Arbeitnehmer den durch die neue Tätigkeit verdienten anderweitigen Erwerb gemäß § 74c HGB auf die Karenzentschädigung anrechnen lassen, sodass die Karenzentschädigung für den Arbeitgeber geringer ist.[292] Dass die Verzichtserklärung des Arbeitgebers bei Beendigung des Arbeitsvertrages

---

[291] *Bauer/Diller*, Wettbewerbsverbote, Rechtliche und taktische Hinweise für Arbeitgeber, Arbeitnehmer und Organmitglieder, S. 235 f., 240 mit der Begründung, dass die Pflicht zur Fortzahlung der Karenzentschädigung eben keine Karenzentschädigungszahlung als solche mehr darstellt, sondern eine „Entschädigung für die Behinderung durch das Wettbewerbsverbot vor Ausspruch des Verzichts" ist, s. *Bauer/Diller*, Wettbewerbsverbote, Rechtliche und taktische Hinweise für Arbeitgeber, Arbeitnehmer und Organmitglieder, S. 235 und dem Verweis auf BAG, Urteil v. 25.10.2007, NJW 2008, 1466. Dieses Urteil erklärt, dass „die Pflicht zur Zahlung einer Entschädigung letztlich auf dem zunächst vereinbarten nachvertraglichen Wettbewerbsverbot [gründet], für dessen Dauer nach Beendigung des Arbeitsverhältnisses gem. § 74 II HGB eine Entschädigung zu zahlen ist. Im Falle eines Verzichts nach § 75a HGB verkürzt sich für den Arbeitgeber lediglich die Dauer der Leistungspflicht.", s. BAG, Urteil v. 25.10.2007, NJW 2008, 1466 (1468).

[292] *Bauer/Diller*, Wettbewerbsverbote, Rechtliche und taktische Hinweise für Arbeitgeber, Arbeitnehmer und Organmitglieder, S. 240, 291 ff. mit Verweis auf die Rechtsprechung des BAG zur Anrechnung anderweitigen Erwerbs, s. anstelle vieler: BAG, Urteil v. 18.11.1967, NJW 1986, 767. Dieses Urteil besagt, dass die Anrechnung anderweitigen Erwerbs des Arbeitnehmers auf die Höhe der Karenzentschädigung allein mit Billigkeitsgründen gerechtfertigt werden kann. Ein Urteil des BAG aus dem Jahr 1969 stellt klar, dass die Anrechnung anderweitigen Erwerbs auf die Karenzentschädigung nicht ausdrücklich in der Klausel zum nachvertraglichen Wettbewerbsverbot festgeschrieben werden muss, s. BAG, Urteil v. 16.05.1969, NJW 1970, 443.

auch als Angebot an den Arbeitnehmer, einvernehmlich auf das nachvertragliche Wettbewerbsverbot zu verzichten, auszulegen sein könnte, erscheint nach der Literatur allerdings fraglich,[293] sodass im Zweifel der Arbeitgeber verpflichtet wird, die Karenzentschädigung zu leisten.[294]

b. Kündigung des nachvertraglichen Wettbewerbsverbotes gemäß § 75 HGB

Neben den Lösungsmöglichkeiten des Rücktrittes[295] und des Verzichtes auf das nachvertragliche Wettbewerbsverbot können sowohl der Arbeitgeber als auch der Arbeitnehmer das nachvertragliche Wettbewerbsverbot analog § 75 Abs. 1 HGB im Falle einer außerordentlichen Kündigung des Arbeitsvertrages jeweils einseitig kündigen.[296] Der Arbeitnehmer kann das nachver-

---

[293] Zweifel bestehen der Literatur zufolge in zweierlei Hinsicht: Erstens stellt sich die Frage, ob der Arbeitnehmer das Angebot auf den Verzicht rechtswirksam annimmt, sodass ihm der Verzicht nicht einseitig übergestülpt wird und zweitens stellt sich die Frage, ob der Arbeitgeber dann wirksam von der Pflicht zur Zahlung der Karenzentschädigung befreit werden kann, s. *Bauer/Diller*, Wettbewerbsverbote, Rechtliche und taktische Hinweise für Arbeitgeber, Arbeitnehmer und Organmitglieder, S. 240; zu den Fragen rund um den Verzicht des Arbeitgebers auf das nachvertragliche Wettbewerbsverbot gemäß § 75a HGB gibt auch *Oetker* einen Überblick, s. *Oetker*, in: ErfK, § 75a HGB, Rn. 1 ff.

[294] Einzelfallfragen kann die vorliegende Dissertation nicht abbilden.

[295] Neben dem Verzicht und der Kündigung als wesentliche Lösungsmöglichkeiten vom nachvertraglichen Wettbewerbsverbot wird in der Rechtsprechung die Ansicht vertreten, dass die Vertragsparteien vom nachvertraglichen Wettbewerbsverbot zurücktreten können, s. bspw. kürzlich: BAG, Urteil v. 31.01.2018 – 10 AZR 392/17, NJW 2018, 1630/NZA 2018, 578 mit Verweis auf die bisherige Rechtsprechung. Demnach werden die Regelungen der §§ 323 ff. BGB im Fall eines nachvertraglichen Wettbewerbsverbotes i.S.d. § 110 GewO i.V.m. §§ 74 ff. HGB weder durch das Spezialgesetz HGB noch durch die Kündigungsbestimmung des § 314 BGB verdrängt. Da der Arbeitsvertrag ein Dauerschuldverhältnis ist, welches in der Regel das nachvertragliche Wettbewerbsverbot umfasst, und ein Rücktritt von Dauerschuldverhältnissen dogmatisch wegen der Rückabwicklungsmöglichkeiten nicht möglich ist, wird der Rücktritt hier, wie bereits voranstehend, nur am Rande, aber der Vollständigkeit halber erwähnt.

[296] Eine ausführliche Darstellung zu den Kündigungsmodalitäten findet sich u.a. in *Bauer/Diller*, Wettbewerbsverbote, Rechtliche und taktische Hinweise für Arbeitgeber, Arbeitnehmer und Organmitglieder, S. 241 ff. sowie in *Oetker*, in: ErfK, § 75 HGB, Rn. 1 ff. oder in *Weber*, in: Staub, Handelsgesetzbuch, § 75, Rn. 1 ff.

tragliche Wettbewerbsverbot analog § 75 Abs. 1 HGB wirksam kündigen, wenn er den Arbeitsvertrag außerordentlich aufgrund Vertragsverletzung des Arbeitgebers kündigt.[297] Parallel dazu verfügt der Arbeitgeber analog § 75 Abs. 1 HGB über das Recht, das nachvertragliche Wettbewerbsverbot mit dem Arbeitnehmer zu kündigen, wenn Ersterer das Arbeitsverhältnis mit Letzterem außerordentlich wegen Vertragsverletzung kündigt.[298] Begründet wird dieses Lösungsrecht dahingehend, dass den Vertragsparteien nicht zugemutet werden kann, durch das nachvertragliche Wettbewerbsverbot in ihren Grundrechten eingeschränkt zu werden, wenn ein Grund zur außerordentlichen Kündigung vorliegt.[299] Daraus folgt, dass im Fall der ordentlichen Kündigung des Arbeitsverhältnisses durch eine der beiden Vertragsparteien eben keine materiell-rechtliche Grundlage zur Lösung vom nachvertraglichen Wettbewerbsverbot existiert. Auch dahingehend ergibt es Sinn, dass das nachvertragliche Wettbewerbsverbot ansonsten kaum einen Anwendungsbereich hätte; der Anwendungsbereich des nachvertraglichen Wettbewerbsverbotes wäre dann auf befristete Verträge, die durch Zeitablauf beendet werden, beschränkt. Ebendies würde zur Aushöhlung der Regelung führen. Weitere Kündigungsmöglichkeiten des nachvertraglichen Wettbewerbsverbotes außerhalb des § 75 HGB kennt das deutsche Recht grundsätzlich nicht, wobei angemerkt sei, dass Stimmen in der Literatur annehmen, dass das nachvertragliche Wettbewerbsverbot von den Vertragsparteien auch gemäß § 314 BGB aus wichtigem Grund außerordentlich gekündigt werden kann.[300] Infolgedessen bleibt es in sämtlichen anderen Konstellationen

---

297 Bei der Möglichkeit der einseitigen Kündigung handelt es sich um ein Lösungsrecht, welches von der sich lösenden Partei erklärt werden muss. Der Entfall tritt somit nicht bei jeder außerordentlichen Kündigung aufgrund von vertragswidrigem Verhalten einer Partei ein, s. *Bauer/Diller*, Wettbewerbsverbote, Rechtliche und taktische Hinweise für Arbeitgeber, Arbeitnehmer und Organmitglieder, S. 241 ff.

298 *Bauer/Diller*, Wettbewerbsverbote, Rechtliche und taktische Hinweise für Arbeitgeber, Arbeitnehmer und Organmitglieder, 2002, S. 241 ff.; *Oetker*, in: ErfK, § 75 HGB, Rn. 2 f. zur einseitigen außerordentlichen Kündigung des Arbeitnehmers oder vielmehr des Arbeitgebers.

299 *Bauer/Diller*, Wettbewerbsverbote, Rechtliche und taktische Hinweise für Arbeitgeber, Arbeitnehmer und Organmitglieder, S. 241 ff.; *Oetker*, in: ErfK, § 75 HGB, Rn. 2 ff. zur Kündigung des nachvertraglichen Wettbewerbsverbotes und die Grenzen dessen für den Arbeitgeber oder vielmehr den Arbeitnehmer.

300 Siehe bspw. *Spinner*, in: MüKo/BGB, § 611a BGB, Rn. 1153.

dabei, dass das nachvertragliche Wettbewerbsverbot bei Beendigung des Arbeitsverhältnisses in Kraft tritt.[301]

3. Rechtsfolgen im französischen Recht

Im französischen materiellen Recht führt sowohl der arbeitgeberseitige als auch der arbeitnehmerseitige Verstoß gegen das nachvertragliche Wettbewerbsverbot vorrangig zu vertraglichen Schadensersatzansprüchen[302] der geschädigten gegen die schädigende Vertragspartei.[303]

a. Rechtsfolgen bei Verstößen des Arbeitnehmers

Sollte der Arbeitnehmer gegen ein nachvertragliches Wettbewerbsverbot verstoßen, hat der Arbeitgeber die nachfolgenden Ansprüche, die jüngst von der Rechtsprechung der Cour de cassation[304] konkretisiert wurden. Falls eine Vertragsstrafe vereinbart wurde, hat der Arbeitgeber gegen den Arbeitnehmer einen Anspruch auf Zahlung in Höhe dieser Vereinbarung.[305] Sobald der Arbeitnehmer seine Pflichten aus dem nachvertraglichen Wettbewerbsverbot verletzt, ist der Arbeitgeber aufgrund des synallagmatischen Vertragsverhältnisses aus dem nachvertraglichen Wettbewerbsverbot berechtigt, die Zahlung der Karenzentschädigung einzustellen.[306] Ebenfalls hat er gemäß Literatur einen Anspruch gegen den Arbeitnehmer auf Erfüllung der Pflichten aus dem nachvertraglichen Wettbewerbsverbot, wenn er zukünftig bezwecken möchte, dass sich der Arbeitnehmer an das nachvertragliche Wettbewerbsverbot

---

301 *Bauer/Diller*, Wettbewerbsverbote, Rechtliche und taktische Hinweise für Arbeitgeber, Arbeitnehmer und Organmitglieder, S. 241.

302 Zu Schadensersatzansprüchen im französischen Zivilrecht findet sich eine detaillierte Übersicht bei *Fabre-Magnan*: *Fabre-Magnan*, Droit des obligations 2 – Responsaibilité civile et quasi-contrats, S. 16 ff.

303 *Lokiec*, Droit du travail, S. 291.

304 Cour de cassation, Kammer für Sozialsachen, Urteil v. 24.01.2024, Nr. 22-20926 und Cour de cassation, Kammer für Sozialsachen, Urteil v. 14.02.2024, Nr. 22-17332.

305 *Géniaut*, Des conséquences de la violation par le salarié de sa clause de non-concurrence, Revue de droit du travail 2024, 179 (179); *Simon/Maillard-Pinon/Hess-Fallon*, Droit du travail, aide mémoire, S. 116 mit dem Hinweis, dass das Gericht die Vertragsstrafenklausel auf ihren Inhalt und ihre Höhe hin überprüfen und im Zweifel anpassen kann.

306 *Héry-Favennec/Verkindt*, Droit du travail, Rn. 642; *Géniaut*, Des conséquences de la violation par le salarié de sa clause de non-concurrence, Revue de droit du travail 2024, 179 (180 f.); *Simon/Maillard-Pinon/Hess-Fallon*, Droit du travail, aide mémoire, S. 116.

hält.[307] Gemäß Art. 1240 Cciv. ist der Arbeitnehmer, der gegen das nachvertragliche Wettbewerbsverbot verstößt, verpflichtet, seinem ehemaligen Arbeitgeber Schadensersatz für den Schaden zu zahlen, den Letzterer durch den Verstoß verursacht hat.[308] Außerdem muss der Arbeitnehmer die Zahlungen, die er bereits erhalten hat, während er bereits gegen das nachvertragliche Wettbewerbsverbot verstoßen hat, dem Arbeitnehmer in Form von Schadensersatz zurückzahlen.[309] Überdies kann ein Verstoß gegen das nachvertragliche Wettbewerbsverbot sogar dazu führen, dass der Arbeitnehmer seinen neuen, mit dem Konkurrenten des ehemaligen Arbeitgebers abgeschlossenen Arbeitsvertrag kündigen oder seine Selbstständigkeit durch Schließung des eigenen Unternehmens beendigen muss.[310] In diesem Fall hat der ehemalige Arbeitgeber desgleichen gegen den neuen Arbeitgeber einen Anspruch auf Schadensersatz aus Delikt[311], soweit Letzterer von dem nachvertraglichen Wettbewerbsverbot zwischen seinem neuen Arbeitnehmer und dessen ehemaligem Arbeitgeber wusste.[312] Daher ist die Frage nach dem Bestehen eines geltenden nachvertraglichen Wettbewerbsverbotes eine erlaubte Frage des Arbeitgebers beim Bewerbungsgespräch an einen

---

307 *Héry-Favennec/Verkindt*, Droit du travail, Rn. 640 ff.; *Simon/Maillard-Pinon/Hess-Fallon*, Droit du travail, aide mémoire, S. 116.

308 Cour de cassation, Kammer für Handelssachen, Urteil v. 31.03.2009, Nr. 08-12554. In diesem Urteil entschied die Cour de cassation, dass ein Verstoß gegen das nachvertragliche Wettbewerbsverbot schon darin besteht, dass der ehemalige Dienstverpflichtete seine E-Mail-Adresse der vorherigen Tätigkeit beibehalten hat, wenngleich er diese nicht für Konkurrenztätigkeit genutzt hat. In diesem Urteil führt das Gericht Art. 1240 Cciv. a.F. an, der damals noch Art. 1382 war.

309 *Simon/Maillard-Pinon/Hess-Fallon*, Droit du travail, aide mémoire, S. 116.

310 *Héas*, Droit du travail, Rn. 276.

311 Bei Rechtsstreitigkeiten zwischen dem ehemaligen und dem neuen Arbeitgeber ist das Gericht für Handelssachen (auf Französisch: „*Tribunal de Commerce*") und nicht das Arbeitsgericht (auf Französisch: „*Conseil des Prud'hommes*") zuständig, wie hier der Vollständigkeit halber erwähnt sei, s. *Héas*, Droit du travail, Rn. 267.

312 Auch in einem Streitfall zwischen dem ehemaligen und neuen Arbeitgeber ist die Strafkammer der Cour de cassation zuständig, s. Cour de cassation, Kammer für Sozialsachen, Urteil v. 26.10.2010, Nr. 09-71313. Dies wurde auch von anderen Gerichten so geurteilt, s. Berufungsgericht Orléans, Urteil v. 21.03.2019, Nr. 18/003471.

Kandidaten.[313] Außerdem kann der Arbeitgeber gegen den neuen Arbeitgeber wegen unlauteren Wettbewerbs vorgehen.[314]

b. Rechtsfolgen bei Verstößen des Arbeitgebers

Der für den Arbeitnehmer wesentliche Verstoß[315] des Arbeitgebers ist die Nicht-Zahlung der Karenzentschädigung.[316] Bevor im Jahr 2002 die Karenzentschädigung als Wirksamkeitskriterium des nachvertraglichen Wettbewerbsverbotes eingeführt wurde, war es für die Gerichte deutlich schwieriger, die Höhe des Schadensersatzes festzulegen, wenn ein Arbeitgeber diese eben nicht zahlte. Seitdem orientieren sich die Gerichte häufig an der Höhe der zwischen den Parteien festgelegten Karenzentschädigung für die Festsetzung des Schadensersatzes.[317] Sollte der Arbeitgeber die Zahlung der Karenzentschädigung unterlassen, ist der Arbeitnehmer nicht mehr an seine Pflichten aus dem nachvertraglichen Wettbewerbsverbot gebunden.[318] Somit entfällt der vertragliche Anspruch des Arbeitgebers gegen den Arbeitnehmer. Vielmehr hat der Arbeitnehmer einen Schadensersatzanspruch gegen den Arbeitgeber auf Zahlung der Karenzentschädigung.[319] Eine rückwirkende Zahlung der Karenzentschädigung ist nicht möglich.[320] Ein Unterlassen der Zahlung liegt noch nicht vor, wenn zwischen der Beendigung des Arbeitsvertrages und der noch nicht eingetroffenen Zahlung lediglich ein paar Tage liegen.[321]

---

[313] *Héas*, Droit du travail, Rn. 245 mit Verweis auf Cour de cassation, Kammer für Sozialsachen, Urteil v. 23.03.1977, Nr. 75-40636.

[314] Cour de cassation, Kammer für Sozialsachen, Urteil v. 25.10.1990, Nr. 88-18624.

[315] Über die vertraglichen Ansprüche hinausgehende vertragsähnliche, gesetzliche, deliktische, bereicherungsrechtliche und lauterkeitsrechtliche Ansprüche des Arbeitnehmers gegen den Arbeitgeber bei Verstoß gegen das nachvertragliche Wettbewerbsverbot werden in der vorliegenden Dissertation nicht thematisiert.

[316] *Simon/Maillard-Pinon/Hess-Fallon*, Droit du travail, aide mémoire, S. 116.

[317] *Lokiec*, Droit du travail, S. 292 mit Verweis auf Cour de cassation, Kammer für Sozialsachen, Urteil v. 25.05.2016, Nr. 14-20578, in dem die Problematik beispielhaft aufgezeigt wird.

[318] *Simon/Maillard-Pinon/Hess-Fallon*, Droit du travail, aide mémoire, S. 116.

[319] *Simon/Maillard-Pinon/Hess-Fallon*, Droit du travail, aide mémoire, S. 116.

[320] *Pagnerre*, in: Jeansen/Pagnerre/Rozec, Guide des clauses du contrat de travail, S. 304.

[321] *Simon/Maillard-Pinon/Hess-Fallon*, Droit du travail, aide mémoire, S. 116.

4. Lösungsmöglichkeiten vom nachvertraglichen Wettbewerbsverbot im französischen Recht

Die wichtigste Lösungsmöglichkeit der Arbeitsvertragsparteien vom nachvertraglichen Wettbewerbsverbot ist der Verzicht auf das nachvertragliche Wettbewerbsverbot. Die Voraussetzungen werden nachfolgend detailliert.

a. Verzicht auf das nachvertragliche Wettbewerbsverbot

Beide Arbeitsvertragsparteien können im französischen Recht jeweils wirksam auf das nachvertragliche Wettbewerbsverbot verzichten.[322] Dabei hat besonders der Arbeitgeber regelmäßig ein Interesse daran,[323] auf das nachvertragliche Wettbewerbsverbot noch vor Beendigung des Arbeitsvertrages zu verzichten, um der Zahlungsverpflichtung der Karenzentschädigung zu entgehen.[324] Ein wirksamer Verzicht auf das nachvertragliche Wettbewerbsverbot[325] setzt voraus, dass der Arbeitgeber seinen Willen dem einzelnen Arbeitnehmer klar und eindeutig mitteilt; konkludentes Verhalten ist nicht ausreichend.[326] Des Weiteren muss der Arbeitnehmer innerhalb der im Vertrag festgelegten Frist und der Form sowie unter Wahrung der Form zurücktreten, falls Frist und Form überhaupt vereinbart wurden.[327] Sollte eine solche Frist nicht vorgesehen sein, ist der Verzicht spätestens bei Beendigung des Arbeitsvertrages dem Arbeitnehmer mitzuteilen,[328] wobei der Arbeitgeber den Verzicht regelmäßig im Kündigungsschreiben

---

322 Eine ausführliche Darstellung über die Modalitäten des einseitigen und beidseitigen Verzichtes auf das nachvertragliche Wettbewerbsverbot ist der Literatur bspw. bei *Pagnerre*, s. *Pagnerre*, in: Jeansen/Pagnerre/Rozec, Guide des clauses du contrat de travail, S. 314 ff. zu entnehmen; so ebenfalls: *Simon/Maillard-Pinon/Hess-Fallon*, Droit du travail, aide mémoire, S. 115 f.

323 *Ray*, Droit du travail, droit vivant, S. 504 f.

324 *Simon/Maillard-Pinon/Hess-Fallon*, Droit du travail, aide mémoire, S. 115.

325 Die Wirksamkeitsvoraussetzungen des Verzichtes auf ein vorher vereinbartes nachvertragliches Wettbewerbsverbot hat die Cour de cassation jüngst im Jahr 2022 verdeutlicht, s. Cour de cassation, Kammer für Sozialsachen, Urteil v. 26.01.2022, Nr. 20-15755.

326 *Simon/Maillard-Pinon/Hess-Fallon*, Droit du travail, aide mémoire, S. 115.

327 *Simon/Maillard-Pinon/Hess-Fallon*, Droit du travail, aide mémoire, S. 115 f.

328 *Ray*, Droit du travail, droit vivant, S. 505.

mitaufnehmen muss.[329] Bei Nichtvollzug der Kündigungsfrist sind laut der Rechtsprechung der Cour de cassation das Datum, ab dem der Arbeitnehmer das nachvertragliche Wettbewerbsverbot einhalten muss, das Datum, ab dem die Karenzentschädigung fällig wird, und das Datum, ab dem der Bezugszeitraum für die Berechnung der Höhe der Karenzentschädigung festgelegt wird, für die Festlegung des tatsächlichen Ausscheidens des Arbeitnehmers aus dem Arbeitsverhältnis ungeachtet anderslautender Vereinbarungen oder Bestimmungen relevant.[330] Wenn der Arbeitgeber nicht fristgerecht verzichtet, muss er die Karenzentschädigung in gesamter Höhe an den Arbeitnehmer zahlen.[331]

b. Kündigung des nachvertraglichen Wettbewerbsverbotes

Das französische Arbeitsrecht kennt weder Norm noch richterrechtliches Instrument, die einer der oder beiden Vertragsparteien die Kündigung des nachvertraglichen Wettbewerbsverbotes ermöglichen.[332] Der Grund besteht darin, dass nach französischem Recht nur ein Vertrag und nicht eine Klausel gekündigt werden kann.[333] Die grundsätzliche Lösungsmöglichkeit[334] vom nachvertraglichen Wettbewerbsverbot ist damit der Verzicht auf das nachvertragliche Wettbewerbsverbot.

---

[329] *Simon/Maillard-Pinon/Hess-Fallon*, Droit du travail, aide mémoire, S. 115 f.

[330] Cour de cassation, Kammer für Sozialsachen, Urteil v. 13.03.2013, Nr. 11-21150.

[331] Cour de cassation, Kammer für Sozialsachen, Urteil v. 13.10.2021, Nr. 20-10718.

[332] Weder in der Literatur noch in Urteilen der Cour de cassation ist von der Lösungsmöglichkeit der Kündigung des nachvertraglichen Wettbewerbsverbotes zu lesen. Ganz im Gegenteil wird vielmehr allein von *„extinction volontaire: renonciation“* gesprochen, was – frei auf Deutsch übersetzt – bedeutet: „freiwilliges Erlöschen: Verzicht“, s. *Pagnerre*, in: Jeansen/Pagnerre/Rozec, Guide des clauses du contrat de travail, S. 314. Damit erscheinen andere Lösungsmöglichkeiten als der Verzicht nicht möglich. Ebenfalls nur vom Verzicht schreiben *Simon/Maillard-Pinon/Hess-Fallon*, Droit du travail, aide mémoire, S. 116; *Ray*, Droit du travail, droit vivant, S. 504 f.

[333] *Fabre-Magnan*, Droit des obligations 1 – Contrat et engangement unilatéral, S. 704 ff.

[334] Sollten die Parteien feststellen, dass die Vereinbarung über das nachvertragliche Wettbewerbsverbot unwirksam ist, könnten sie diese auch anfechten, wie in der Literatur beschrieben wird, s. bspw. *Pagnerre*, in: Jeansen/Pagnerre/Rozec, Guide des clauses du contrat de travail, S. 302.

5. Gemeinsamkeiten und Unterschiede der Rechtsfolgen bei Verstoß gegen das und Lösungsmöglichkeiten vom nachvertraglichen Wettbewerbsverbot im Arbeitsvertrag im deutschen und französischen materiellen Recht

In beiden Rechtsordnungen – sowohl in Deutschland als auch in Frankreich – existieren größtenteils Gemeinsamkeiten in Bezug auf die Regelungen zum nachvertraglichen Wettbewerbsverbot. Diese Ähnlichkeiten betreffen die Rechtsfolgen eines Verstoßes durch den Arbeitnehmer oder vielmehr den Arbeitgeber und die Möglichkeiten der Arbeitsvertragsparteien auf Verzicht auf das nachvertragliche Wettbewerbsverbot. Im Einzelnen bedeutet dies Folgendes: Sowohl Arbeitnehmer als auch Arbeitgeber können in beiden Rechtsordnungen wirksam auf das nachvertragliche Wettbewerbsverbot verzichten. Im Falle eines Verstoßes durch den Arbeitnehmer treten im deutschen und französischen Recht ähnliche Konsequenzen ein: Wurde eine Vertragsstrafe vereinbart, ist der Arbeitnehmer verpflichtet, sie zu zahlen. Der Arbeitgeber ist von der Pflicht zur Zahlung der Karenzentschädigung befreit und hat einen Rückzahlungsanspruch gegen den Arbeitnehmer für die bereits gezahlte Karenzentschädigung. Ferner kann der Arbeitnehmer zur Zahlung von Schadensersatz durch den Arbeitgeber an diesen verpflichtet sein und er muss die Pflichten aus dem nachvertraglichen Wettbewerbsverbot erfüllen. Somit muss er sich an das Verbot halten und mithin jede Konkurrenztätigkeit unterlassen. Bei einem Verstoß durch den Arbeitgeber sind die wesentlichen vertraglichen Ansprüche des Arbeitnehmers nach deutschem und nach französischem Recht ähnlich gestaltet: Der Arbeitnehmer ist von der Pflicht, das nachvertragliche Wettbewerbsverbot einzuhalten, befreit und hat Anspruch auf Schadensersatz gegen den Arbeitgeber für die Nichterfüllung seiner Pflichten aus der Wettbewerbsverbotsvereinbarung. Gegen den Arbeitgeber kann er überdies seinen Anspruch auf zukünftige Zahlung der Karenzentschädigung geltend machen. Damit unterscheiden sich die Rechtsfolgen bei Verstoß gegen das und die Lösungsmöglichkeiten vom nachvertraglichen Wettbewerbsverbot im Arbeitsvertrag im deutschen und französischen materiellen Recht kaum. Ein Unterschied liegt in den Bedingungen des Verzichtes auf das nachvertragliche Wettbewerbsverbot vor: Ein Arbeitgeber, der dem deutschen Recht unterliegt, kann gemäß Art. 75a HGB lediglich bis zum Ablauf eines Jahres auf das Wettbewerbsverbot verzichten, um auch die Pflicht zur Zahlung der Karenzentschädigung zu umgehen.

Ein weiterer Unterschied ist in der Variabilität der Lösungsmöglichkeiten des nachvertraglichen Wettbewerbsverbotes angelegt: Während das deutsche Recht eine Sonderkündigungsregel aus dem HGB im Arbeitsrecht bemüht, kennt das französische Recht die Kündigung als gesonderte Lösungsmöglichkeit des nachvertraglichen Wettbewerbsverbotes nicht.

6. Zusammenfassung des Vergleiches der Rechtsfolgen bei Verstoß gegen das und Lösungsmöglichkeiten vom nachvertraglichen Wettbewerbsverbot im Arbeitsvertrag im deutschen und französischen materiellen Recht

Zusammenfassend ergibt sich aus dem Vergleich, dass sich die Rechtsfolgen bei Verstoß gegen das und die Lösungsmöglichkeiten vom nachvertraglichen Wettbewerbsverbot im Arbeitsvertrag im deutschen und französischen materiellen Recht mehr ähneln als unterscheiden.

C. Das nachvertragliche Wettbewerbsverbot im freien Dienstvertrag am Beispiel des Geschäftsführeranstellungsvertrages

Im deutschen Recht ist zwischen der Gesellschaft und dem Gesellschafter-Geschäftsführer einerseits und zwischen zwei verschiedenen, nicht in einem Kausalverhältnis zueinander in Verbindung stehenden Vertragsbeziehungen[335] andererseits zu unterscheiden.[336] Diese beiden Rechtsverhältnisse sind die Bestellung des Geschäftsführers zum Organ der Gesellschaft und die Anstellung

[335] Ausführlicher dazu *Krahforst*, s. *Krahforst*, Nachvertragliche Wettbewerbsverbote für GmbH-Geschäftsführer–Beurteilungsgrundlagen und Zulässigkeitsmaßstäbe, 2012, S. 44.

[336] Diese zwei unterschiedlichen Rechtsverhältnisse werden als Trennungstheorie bezeichnet, die in der Rechtsprechung und rechtwissenschaftlichen Literatur anerkannt ist, s. bspw. BGH, Urteil v. 09.02.1978 – II ZR 189/76, NJW 1978, 1435; BGH, Urteil v. 28.10.2002 – II ZR 146/02, NJW 2003, 351; BGH, Urteil v. 10.05.2010 – II ZR 70/09, NJW 2010, 2343; BAG, Beschluss v. 06.05.1999 – 5 AZB 22/98, NJW 1999, 3068; BAG, Urteil v. 25.10.2007 – 6 AZR 1045/06, NJW 2008, 1018; anstelle vieler: *Seyfarth*, in: Liebers/Hoefs, Formularhandbuch Arbeitsrecht, Teil 2: Dienstverträge, M. Organverträge, II. Geschäftsführer, Rn. 50.

bei der Gesellschaft.[337] Während der Geschäftsführer durch den körperschaftlichen Akt der Bestellung in sein Amt berufen und mit Vertretungsmacht für die Gesellschaft ausgestattet wird, begründet der Anstellungsvertrag i.S.d. §§ 675, 611 BGB die vertragliche Stellung des Geschäftsführers und somit die Regelungen der persönlichen Beziehung zwischen dem Geschäftsführer und der Gesellschaft.[338] Da durch das nachvertragliche Wettbewerbsverbot die persönliche Beziehung zwischen dem Geschäftsführer und der GmbH geregelt wird, wird dieses üblicherweise im Geschäftsführeranstellungsvertrag aufgenommen.[339] Folglich thematisiert die vorliegende Dissertation das auf das nachvertragliche Wettbewerbsverbot anwendbare materielle Recht im Geschäftsführeranstellungsvertrag. Im französischen Recht kann eine

---

337 *Krahforst*, Nachvertragliche Wettbewerbsverbote für GmbH-Geschäftsführer–Beurteilungsgrundlagen und Zulässigkeitsmaßstäbe, 2012, S. 44. Da die beiden Rechtsverhältnisse voneinander zu trennen sind, sei es möglich, dass die Bestellung und Anstellung zeitlich auseinanderklaffen und/oder eines der beiden Rechtsverhältnisse gar nicht erst geschlossen oder vielmehr zurückgenommen werden wird. Dies sei hier der Vollständigkeit halber aber nur am Rande erwähnt, soll aber nicht Bestandteil dieser Untersuchung sein. Eine ausführliche Darstellung findet sich bei *Krahforst*, s. *Krahforst*, Nachvertragliche Wettbewerbsverbote für GmbH-Geschäftsführer–Beurteilungsgrundlagen und Zulässigkeitsmaßstäbe, 2012, S. 44.

338 *Krahforst*, Nachvertragliche Wettbewerbsverbote für GmbH-Geschäftsführer–Beurteilungsgrundlagen und Zulässigkeitsmaßstäbe, 2012, S. 44; *Seyfarth*, in: Liebers/Hoefs, Formularhandbuch Arbeitsrecht, Teil 2: Dienstverträge, M. Organverträge, II. Geschäftsführer, Rn. 50.

339 Andere Regelungen zur persönlichen Beziehung sind der Literatur zufolge bspw. Rechte und Pflichten bei Beginn und Beendigung der Geschäftsführertätigkeit oder die Aufzählung von Leistungspflichten des Geschäftsführers, s. *Krahforst*, Nachvertragliche Wettbewerbsverbote für GmbH-Geschäftsführer–Beurteilungsgrundlagen und Zulässigkeitsmaßstäbe, 2012, S. 44. *Krahforst* verweist auf andere Stimmen der Literatur, s. u.a. *Altmeppen*, in: GmbHG, § 6, Rn. 75; *Freckmann*, Der GmbH-Geschäftsführer im Arbeits- und Sozialversicherungsrecht–Ein Überblick unter Berücksichtigung der neuesten Rechtsprechung, DStR 2008, 52. Der Vollständigkeit halber sei hier erwähnt, dass das nachvertragliche Wettbewerbsverbot oder andere Klauseln zur Regelung der persönlichen Beziehung zwischen dem Geschäftsführer und der Gesellschaft nicht nur im Anstellungsvertrag, sondern auch in der Sitzung oder dem Gesellschaftsvertrag der Gesellschaft aufgenommen werden können (*Altmeppen*, in: GmbHG, § 6, Rn. 73). Zumal der Regelfall aber ist, dass das nachvertragliche Wettbewerbsverbot in den Anstellungsvertrag aufgenommen wird, sei die Sitzung hier allein der Vollständigkeit halber erwähnt. Eine ausführliche Darstellung des nachvertraglichen Wettbewerbsverbotes des Gesellschafter-Geschäftsführers in

Gesellschaft[340] gemäß Art. L. 223-18 Abs. 1, 2 Ccom.[341] entweder einen Gesellschafter-Geschäftsführer[342] oder einen Fremdgeschäftsführer[343] ernennen.[344] Zwischen dem Geschäftsführer und der GmbH wird grundsätzlich kein zusätzlicher Anstellungsvertrag in Form eines Arbeitsvertrages geschlossen.[345] Die Bestellung durch die Gesellschafterversammlung zum Organ ist der einzige Vertrag, den die Gesellschaft und der Geschäftsführer vereinbaren.[346] Die Schließung eines Geschäftsführeranstellungsvertrages in Form eines Arbeitsvertrages ist möglich, wenn der Geschäftsführer zusätzlich als Arbeitnehmer in der Gesellschaft tätig ist.[347] Grundsätzlich ist der Geschäftsführer aber nicht gleichzeitig Arbeitnehmer, sondern vielmehr der Chef ebendieser.[348] Fremdgeschäftsführer, die keine Beteiligung an der Gesellschaft

---

Gesellschaftsverträgen findet sich bei *Stocks*, s. *Stocks*, Dienst- und gesellschaftsvertragliche nachvertragliche Wettbewerbsverbote für Gesellschafter-Geschäftsführer einer GmbH, 2022.

340 Die GmbH wird auf Französisch als „société à responsabilité limitée“ (nachfolgend: „SARL“) übersetzt; *De Laender* zeigt mithilfe einer tabellarischen Darstellung, dass die SARL in Frankreich jedenfalls bis 2015 die Gesellschaftsform war, die am häufigsten gegründet wurde, s. *De Laender*, Droit des sociétés, S. 7.

341 Die Bedingungen der Ernennung zum Geschäftsführer werden in Art. L. 223-29 Ccom. dargelegt; eine Zusammenfassung findet sich bei *Magnier*, Droit des sociétés, Rn. 350.

342 Zur Rolle des Gesellschafter-Geschäftsführers in der Gesellschaft zusammenfassend: *Le Cannu/Dondero*, Droit des sociétés, Rn. 1362 f.; *Merle/Fauchon*, Droit commercial, Rn. 221 ff.

343 Zusammenfassend zur Rolle des Fremdgeschäftsführers und den Unterschieden zum Gesellschafter-Geschäftsführer, s. *Merle/Fauchon*, Droit commercial, Rn. 245 ff.

344 *Dondero*, Droit des sociétés, Rn. 658; die Ernennung erfolgt entweder durch Bestellung oder durch Gesellschaftssitzung, s. *Heinich*, Droit des sociétés, Rn. 339 f.

345 *Dondero*, Droit des sociétés, Rn. 658; *Merle/Fauchon*, Droit commercial, Rn. 222; zu den Verflechtungen zwischen Gesellschaftsrecht und Arbeitsrecht s. *Le Cannu/Dondero*, Droit des sociétés, Rn. 1377.

346 *Dondero*, Droit des sociétés, Rn. 658.

347 *Dondero*, Droit des sociétés, Rn. 661 ff. *Dondero* zählt in diesem Zusammenhang die verschiedenen kumulativen Voraussetzungen auf, die der Geschäftsführer erfüllen muss, um zusätzlich den Status eines Arbeitnehmers zu erhalten.

348 *Le Cannu/Dondero*, Droit des sociétés, Rn. 1362; überblicksartig zur Frage der Kombinierung der Rolle eines Geschäftsführers und eines Arbeitnehmers im Gesellschaftsrecht, s. *Heinich*, Droit des sociétés, Rn. 343.

haben, verlangen regelmäßig für mehr Rechtssicherheit den Abschluss eines Arbeitsvertrages[349] mit der Gesellschaft.[350] Durch dessen Abschluss werden sie rechtlich als Arbeitnehmer qualifiziert.[351]

I. Vergleich der Wirksamkeitsvoraussetzungen des nachvertraglichen Wettbewerbsverbotes im deutschen und französischen Recht

Wie auch für den Arbeitsvertrag unterscheiden sich die Wirksamkeitsvoraussetzungen des nachvertraglichen Wettbewerbsverbotes im Geschäftsführeranstellungsvertrag im deutschen und französischen Recht. Der folgende Teil benennt die Gemeinsamkeiten und Unterschiede und unterscheidet dabei zwischen Gesellschafter-Geschäftsführer und Fremdgeschäftsführer.

1. Die materiell-rechtlichen Wirksamkeitsvoraussetzungen und Folgen der Nichtbeachtung des nachvertraglichen Wettbewerbsverbotes im Gesellschafter-Geschäftsführeranstellungsvertrag im deutschen Recht

Ebenfalls wie im Arbeitsvertrag wird das nach deutschem Recht wirksam vereinbarte nachvertragliche Wettbewerbsverbot im Geschäftsführeranstellungsvertrag zwischen der Gesellschaft und dem Gesellschafter-Geschäftsführer als eine Art Verlängerung des vertraglichen Wettbewerbsverbotes[352] qualifiziert. Obzwar die Qualifikation die gleiche ist, unterscheiden sich die materiell-rechtlichen Wirksamkeitsvoraussetzungen des nachvertraglichen Wettbewerbsverbotes im Arbeitsvertrag zu Teilen von denen des Gesellschafter-Geschäftsführeranstellungsvertrages, wie der nachfolgende Abschnitt darlegt.

---

[349] *Le Cannu/Dondero*, Droit des sociétés, Rn. 1377.

[350] *Dondero*, Droit des sociétés, Rn. 660; *Magnier*, Droit des socitétés, Rn. 351; *Merle/Fauchon*, Droit commercial, Rn. 223.

[351] *Dondero*, Droit des sociétés, Rn. 660; *Magnier*, Droit des socitétés, Rn. 351; *Merle/Fauchon*, Droit commercial, Rn. 223.

[352] Zum (nach-)vertraglichen Wettbewerbsverbot außerdem: *Le Cannu/Dondero*, Droit des sociétés, Rn. 1385.

a. Anwendbarkeit der §§ 74 ff. HGB auf den GmbH-Gesellschafter-Geschäftsführeranstellungsvertrag

Die Frage, ob die §§ 74 ff. HGB auf den Gesellschafter-Geschäftsführeranstellungsvertrag anzuwenden sind, ist in der Literatur und Rechtsprechung höchst umstritten.[353] Als auf die Führung der Geschäfte der GmbH gerichteter Geschäftsbesorgungsvertrag gemäß §§ 675, 611 BGB wird der Gesellschafter-Geschäftsführeranstellungsvertrag, sobald er eine Vergütungsvereinbarung umfasst,[354] vom BGH als freier Dienstvertrag im Sinne des § 611 BGB[355] – mithin nicht als Arbeitsvertrag i.S.d. § 611a BGB[356] – qualifiziert.[357] Das BAG hingegen lehnt die Arbeitnehmereigenschaft des Geschäftsführers nicht in dieser Pauschalität und Konsequenz ab. Vielmehr ließ es die Qualifikation des Geschäftsführeranstellungsvertrages regelmäßig offen.[358] Einige Stimmen

---

353 Eine ausführliche Darstellung des Meinungsstandes in der Literatur und der Rechtsprechung legen *Bauer/Diller* dar, s. *Bauer/Diller*, Wettbewerbsverbote, Rechtliche und taktische Hinweise für Arbeitgeber, Arbeitnehmer und Organmitglieder, S. 382 ff.

354 Dies hat der BGH in st. Rspr. so entschieden, s. BGH, Urteil v. 11.07.1953 – II ZR 126/52, NJW 1953, 1465; BGH, Urteil v. 08.12.1977, II ZR 21975, NJW 1978, 756; BGH, 10.05.2010 – II ZR/70/09, NJW 2010, 2343. Daran haben sich auch weite Teile der Literatur angeschlossen, s. anstelle vieler: *Altmeppen*, in: GmbHG, § 6, Rn. 73.

355 *Seyfarth*, in: Liebers/Hoefs. Formularhandbuch Arbeitsrecht, 7, Teil 2: Dienstverträge, M. Organverträge, II. Geschäftsführer, Rn. 1; *Boemke*, Aktuelles zum GmbH-Geschäftsführer aus arbeitsrechtlicher Sicht, RdA 2018, 1 (15).

356 Grundsätzlich sei der Geschäftsführer kein Arbeitnehmer, es sei denn, dass eine derart starke Weisungsgebundenheit des Geschäftsführers gegenüber der Gesellschaft oder vielmehr anderen Gesellschaftern besteht, die auf den Arbeitnehmerstatus des Geschäftsführers schließen lässt, s. bspw. LAG Köln, Beschluss v. 13.12.2019 – 9 Ta 186/19, NZA-RR 2020, 319.

357 BGH, Urteil v. 09.02.1978 – II ZR 189/76, NJW 1978, 1435. Begründet wird die Qualifikation des Anstellungsvertrages des Geschäftsführers als Dienstvertrag und nicht als Arbeitsvertrag damit, dass die Arbeitnehmereigenschaft mit der Organstellung des Geschäftsführers nicht vereinbar ist. Geschäftsführer führen vielmehr Arbeitgeberbefugnisse aus und dies schließt damit die Arbeitnehmereigenschaft aus. Die Position des BGH wird auch in der Literatur aufgenommen, s. bspw. *Holthausen/Steinkraus*, Die janusköpfige Rechtsstellung des GmbH-Geschäftsführers im Arbeitsrecht, NZA-RR 2002, 281 (282).

358 Anstelle vieler: BAG, Urteil v. 15.04.1982 - 2 AZR 1101/79, NJW 1983, 2405; BAG, Urteil v. 15.04.1982 – 2 AZR 1101/79, NJW 1983, 2405; BAG, Urteil v. 13.04.1992 – 5 AZR 344/91, GmbHR 1993, 35; BAG, Urteil v. 26.05.1999 – 5 AZR 664/98, NJW 1999, 3731.

in der Literatur gehen regelmäßig dann von der Qualifikation des Anstellungsvertrages als Arbeitsvertrag im Sinne des § 611a BGB aus, wenn der Geschäftsführer als Arbeitnehmer zu qualifizieren ist, was noch eher auf den Fremdgeschäftsführer zutrifft.[359] Demgemäß kann angenommen werden, dass die §§ 74 ff. HGB analog auf den Geschäftsführeranstellungsvertrag anwendbar sind – genau wie auf den Arbeitsvertrag. Mithin stellt sich exakt die Frage, ob die §§ 74 ff. HGB – wie im Falle des Arbeitsvertrages – entsprechend auf den Geschäftsführeranstellungsvertrag anwendbar sind. Dabei ist insbesondere interessant, ob die Karenzentschädigungspflicht, die ein zentrales Merkmal des nachvertraglichen Wettbewerbsverbotes im Arbeitsverhältnis ist, auch für Geschäftsführer gelten sollte.[360] Während der BGH die analoge Anwendung der §§ 74 ff. HGB auf Geschäftsführeranstellungsverträge zwischen der Gesellschaft und dem abhängig beschäftigten Organ und auch Fremdorgan konsequent ablehnt,[361] vertritt die Literatur in überwiegender Meinung die Auffassung, die §§ 74 ff. HGB seien analog auf abhängig Beschäftigte und Fremdorganmitglieder anwendbar.[362] Jedenfalls sei § 74a HGB über § 138 BGB anwendbar, da die Wirksamkeit eines nachvertraglichen Wettbewerbsverbotes sich im Geschäftsführeranstellungsvertrag anhand der Art. 2, 12 GG i.V.m. § 138 BGB bemesse.[363] Wenngleich der BGH für die

---

359 *Diller*, Gesellschafter und Gesellschaftsorgane als Arbeitnehmer, 1994, S. 240 ff.; *Gehlhaar*, Die Rechtsprechung zu (ruhenden) Arbeitsverhältnissen von Organen juristischer Personen, NZA-RR 2009, 569 (569); ausführlich hierzu: *Krahforst*, Nachvertragliche Wettbewerbsverbote für GmbH-Geschäftsführer–Beurteilungsgrundlagen und Zulässigkeitsmaßstäbe, 2012, S. 48 f.

360 Dazu instruktiv: *Gravenhorst*, Rechtliche Grenzen für die Vereinbarung von nachvertraglichen Wettbewerbsverboten mit GmbH-Geschäftsführern, 1999. *Gravenhorst* plädiert für die Anwendbarkeit der §§ 74 ff. HGB auf das nachvertragliche Wettbewerbsverbot im Geschäftsführeranstellungsvertrag.

361 Dies entschied der BGH grundlegend in: BGH, Urteil v. 26.03.1984 – II ZR 229/83, NJW 1984, 2366. Seitdem wiederholt vom BGH aufgeführt wie bspw. hier: BGH, Urteil v. 04.03.2002 – II ZR 77/00, NJW 2002, 1875.

362 Eine Übersicht der Ansichten in der Literatur findet sich in *Bauer/Diller*, Wettbewerbsverbote, Rechtliche und taktische Hinweise für Arbeitgeber, Arbeitnehmer und Organmitglieder, S. 383 f.

363 *Bauer/Krieger/Arnold*, Arbeitsvertragliche Aufhebungsverträge, E. Besonderheiten beim Ausscheiden von Vorstandsmitgliedern und Geschäftsführern, Rn. 286 mit Verweis auf Besonderheiten der Prüfung eines nachvertraglichen Wettbewerbsverbotes im Geschäftsführeranstellungsvertrag durch AGB-Recht.

Nichtanwendbarkeit der §§ 74 ff. HGB von der Literatur kritisiert wurde, hält der BGH an seiner Rechtsprechung fest.[364]

b. *Ergebnis zur Frage Anwendbarkeit der §§ 74 ff. HGB auf den Gesellschafter-Geschäftsführeranstellungsvertrag*

Im Ergebnis finden die §§ 74 ff. HGB weder direkt noch analog auf den Geschäftsführeranstellungsvertrag zwischen der Gesellschaft und dem Geschäftsführer Anwendung. Folglich existiert kein kodifiziertes materielles deutsches Recht, das nachvertragliche Wettbewerbsverbote für freie Dienstverträge wie den hier betrachteten Geschäftsführeranstellungsvertrag regelt.[365] Gleichwohl ist der Inhalt der §§ 74 ff. HGB für Geschäftsführeranstellungsverträge nicht gänzlich irrelevant, wie der BGH bereits im Jahr 1984[366] entschied: Wenngleich das Gericht darstellte, dass die §§ 74 ff. HGB nicht für Geschäftsführer, sondern nur – dem Wortlaut entsprechend – für Handlungsgehilfen gelten, bejahten die Richter der Zweiten Zivilrechtskammer, die Wertungen der §§ 74 ff. HGB seien auch für Geschäftsführer relevant.[367] Überdies bleibt es den Vertragsparteien – dem Prinzip der Parteienautonomie[368] folgend – überlassen, die Geltung der §§ 74 ff. HGB vertraglich ausdrücklich zu vereinbaren.[369] Dies ist anzuraten, um Streit über die Wirksamkeit der nachvertraglichen Wettbewerbsvereinbarung zu vermeiden.[370] Ob die bloße Verweisung auf die §§ 74 ff. HGB ausreicht, ist in der Literatur umstritten.

---

364 So bspw. erkennbar in zwei Entscheidungen des BGH aus dem Jahr 2008: BGH, Urteil v. 28.04.2008 – II ZR 11/07, NZG 2008, 664; BGH, Beschluss v. 07.07.2008 – II ZR 81/07, NZG 2008, 753.

365 So u. a. festgestellt von *Altmeppen*, in: GmbHG, § 6, Rn. 92.

366 BGH, Urteil v. 26.03.1984 – II ZR 229/83, NJW 1984, 2366.

367 BGH, Urteil v. 26.03.1984 – II ZR 229/83, NJW 1984, 2366.

368 Anstelle vieler *Looschelders*, in: NK-BGB, § 138, Rn. 104.

369 *Bauer/Diller*, Wettbewerbsverbote, Rechtliche und taktische Hinweise für Arbeitgeber, Arbeitnehmer und Organmitglieder, S. 384; die vertragliche Vereinbarung wird in der Regel so ausgelegt, dass die Karenzentschädigung i.S.d. § 74 Abs. 2 HGB einbezogen wird, s. *Bauer*, Rechtliche und taktische Probleme bei der Beendigung von Vorstandsverhältnissen, DB 1992, 1413 (1417).

370 Eine Darstellung des Meinungsstandes findet sich u.a. in *Bauer/Diller*, Wettbewerbsverbote, Rechtliche und taktische Hinweise für Arbeitgeber, Arbeitnehmer und Organmitglieder, S. 384.

Während einige Stimmen davon ausgehen, die Vereinbarung einer Norm der §§ 74 ff. HGB löse den gesamten Vorschriftenkatalog zum nachvertraglichen Wettbewerbsverbot aus,[371] argumentieren andere Stimmen der Literatur, dass durch die Verweisung auf einige Normen der §§ 74 ff. HGB die Geltung der nicht genannten Normen ausgeschlossen werde.[372] Sollten die Vertragsparteien die Einbeziehung der §§ 74 ff. HGB insgesamt vereinbaren, wird wohl auch die BAG-Rechtsprechung, welche die Normen auslegt, anzuwenden sein.[373] Damit stellt sich u. a. die Frage, ob § 75 Abs. 3 HGB gleichfalls im Geschäftsführeranstellungsvertrag unanwendbar ist. Im Gegensatz zum Arbeitsverhältnis ist die Anwendbarkeit des § 75 Abs. 3 HGB nicht grundsätzlich ausgeschlossen. Während das BAG entschied, dass die Pflicht zur Zahlung einer Karenzentschädigung grundsätzlich für jede Art von Beendigung des Geschäftsführeranstellungsvertrages aufrechterhalten bleibt, soweit sie einmal vereinbart und von keiner Vertragspartei wirksam der Verzicht oder eine andere Lösungsmöglichkeit erklärt wurde, und dementsprechend auch nicht dann entfällt, wenn der Gesellschafter-Geschäftsführer wirksam außerordentlich gekündigt wird, wurde dies im Falle des außerordentlich gekündigten Organmitgliedes von der Rechtsprechung des BGH noch nicht entschieden.[374] Solange die Klausel des nachvertraglichen Wettbewerbsverbotes

[371] Bspw. *Bellstedt*, Vertragliches Wettbewerbsverbot des GmbH-Geschäftsführers nach seinem Ausscheiden, GmbHR 1976, 236 (241).

[372] Bspw. *Gaul*, Die Wettbewerbsbeschränkung des Geschäftsführers der GmbH innerhalb und im Anschluß an den stillschweigend verlängerten Vertrag, GmbHR 1991, 144 (149).

[373] *Bauer/Diller*, Wettbewerbsverbote, Rechtliche und taktische Hinweise für Arbeitgeber, Arbeitnehmer und Organmitglieder, S. 384.

[374] Während Stimmen der Literatur wie *Bauer* und *Diller* sich für die Unanwendbarkeit des § 75 Abs. 3 HGB mit den gleichen Argumenten wie im Arbeitsverhältnis aussprachen (s. *Bauer/Diller*, Wettbewerbsverbote, Rechtliche und taktische Hinweise für Arbeitgeber, Arbeitnehmer und Organmitglieder, 2002, S. 400), entschied das OLG Köln, dass der § 75 Abs. 3 HGB für Organmitglieder anwendbar sei, s. OLG Köln, Urteil v. 29.03.2007 – 18 U 71/06, FD-HGR 2007, 238102 (mit Entscheidungsanmerkung von *Wiechers*, s. *Wiechers*, OLG Köln: Wirksame Vereinbarung des Wegfalls der Karenzentschädigung bei fristloser Kündigung durch die Gesellschaft im Anstellungsvertrag des GmbH-Geschäftsführers, FD-HGR 2007, 238102) nicht rechtskräftig. Im weiteren Verfahrensgang entschied der BGH wie folgt: Das Gericht ließ offen, ob die Anwendung des § 75 Abs. 3 HGB für Gesellschafter-Geschäftsführer möglich ist oder eine unzulässige Benachteiligung für diese darstellt. Der BGH

nicht insgesamt sittenwidrig und eine der Parteien gegenüber unausgewogen formuliert ist, kann die Klausel auch nur die für den Geschäftsführer oder für die Gesellschaft günstigen Normen der §§ 74 ff. HGB enthalten[375] – frei nach dem Prinzip der Privatautonomie. Für Organmitglieder nicht anwendbar ist das Schriftformerfordernis gemäß § 74 Abs. 1 HGB.[376] Dennoch empfiehlt es sich, zur Vermeidung von Streitigkeiten bei der Vertragsbeendigung das nachvertragliche Wettbewerbsverbot schriftlich festzuhalten[377], was in der Praxis so auch häufig erfolgt. Zusammenfassend resultiert, dass die §§ 74 ff. HGB zwar weder direkt noch analog auf den Geschäftsführeranstellungsvertrag anwendbar sind, aber dennoch – jedenfalls in Teilen – aufgrund der Relevanz des Wertungsgehaltes der Normen qua Parteivereinbarung regelmäßig Vertragsbestandteil werden.[378] Somit werden diese für die weitere Betrachtung der materiell-rechtlichen Wirksamkeitsvoraussetzungen und Folgen der

entschied jedenfalls Folgendes: „Aus der in einem Geschäftsführeranstellungsvertrag getroffenen Vereinbarung eines (nachvertraglichen) Wettbewerbsverbots ohne Karenzentschädigung kann – unabhängig von der Wirksamkeit oder Unwirksamkeit der Vereinbarung – jedenfalls ein Anspruch auf Karenzentschädigung nicht abgeleitet werden“, BGH, Hinweisbeschluss v. 07.07.2008 – II ZR 81/07, NZG 2008, 753 (Leits./753). Beendet wurde das Verfahren mit einem verfahrensbeendenden Beschluss des BGH, die Revision wurde zurückgenommen. Eine ausführliche Darstellung hierzu: *Bauer/Diller*, Wettbewerbsverbote, Rechtliche und taktische Hinweise für Arbeitgeber, Arbeitnehmer und Organmitglieder, S. 400.

375 *Bauer/Diller*, Wettbewerbsverbote, Rechtliche und taktische Hinweise für Arbeitgeber, Arbeitnehmer und Organmitglieder, S. 384.

376 Begründet wird die Nichtanwendbarkeit des § 74 Abs. 1 HGB damit, dass die analoge Anwendung von Schriftformerfordernissen lediglich in Einzelfällen anwendbar ist und es sich hier nicht mal um eine analoge Anwendbarkeit des Schriftformerfordernisses handelt, sodass der § 74 Abs. 1 HGB nicht auf Geschäftsführeranstellungsverträge anwendbar sein kann. Die Folge ist, dass das nachvertragliche Wettbewerbsverbot nicht schriftlich zwischen dem Organ und der Gesellschaft vereinbart werden muss und folglich dem Geschäftsführer auch nicht auszuhändigen ist, s. ausführlich *Bauer/Diller*, Wettbewerbsverbote, Rechtliche und taktische Hinweise für Arbeitgeber, Arbeitnehmer und Organmitglieder, S. 385.

377 *Bauer/Diller*, Wettbewerbsverbote, Rechtliche und taktische Hinweise für Arbeitgeber, Arbeitnehmer und Organmitglieder, S. 385.

378 Die §§ 74 ff. HGB werden in Geschäftsführeranstellungsverträgen regelmäßig Vertragsbestandteil qua Parteivereinbarung, wie bereits vorher klargestellt wurde, s.: „Die materiell-rechtlichen Wirksamkeitsvoraussetzungen und Folgen der Nichtbeachtung des nachvertraglichen Wettbewerbsverbotes im Gesellschafter-Geschäftsführeranstellungsvertrag im deutschen Recht“.

Nichtbeachtung des nachvertraglichen Wettbewerbsverbotes im Gesellschafter-Geschäftsführeranstellungsvertrag im deutschen Recht zugrunde gelegt. Die Wirksamkeitsvoraussetzungen des nachvertraglichen Wettbewerbsverbotes im Gesellschafter-Geschäftsführeranstellungsvertrag im deutschen Recht sind aufgrund der regelmäßigen Einbeziehung der §§ 74 ff. HGB in den Geschäftsführeranstellungsvertrag ähnlich wie die des Arbeitsvertrages. Dennoch bestehen gleichfalls Unterschiede, wie im folgenden Abschnitt aufgezeigt wird.

Die vier Wirksamkeitsvoraussetzungen des nachvertraglichen Wettbewerbsverbotes im Arbeitsvertrag sind die schriftliche Vereinbarung einer angemessenen Karenzentschädigung, der Zweck des Schutzes der berechtigen Interessen des Arbeitgebers sowie die zeitliche, räumliche und sachliche Begrenzung des nachvertraglichen Wettbewerbsverbotes. Damit das nachvertragliche Wettbewerbsverbot im Gesellschafter-Geschäftsführeranstellungsvertrag wirksam ist, müssen gleichwohl nicht all diese vier Wirksamkeitsvoraussetzungen erfüllt sein. Wie bereits geschildert, muss die Vereinbarung über das nachvertragliche Wettbewerbsverbot nicht schriftlich zwischen den Vertragsparteien vereinbart oder gar als Kopie dem Gesellschafter-Geschäftsführer ausgehändigt werden. Der BGH entschied bereits in den 1980er-Jahren, eine Vereinbarung über das nachvertragliche Wettbewerbsverbot im Gesellschafter-Geschäftsführeranstellungsvertrag muss grundsätzlich keine Karenzentschädigung enthalten, um wirksam zu sein.[379] Gleichwohl wird in den Instanzgerichten und der Literatur stets neu darum gestritten, ob eine Karenzentschädigung nötig ist, wenn das nachvertragliche Wettbewerbsverbot die Berufsausübung und die wirtschaftliche Betätigung des Gesellschafter-Geschäftsführers unbillig erschwert.[380] Eine solche unbillige Erschwerung liege – laut einigen Stimmen der Literatur[381] und einiger

[379] BGH, Urteil v. 26.03.1984 – II ZR 229/83, NJW 1984, 2366, aktuell: BGH, Urteil v. 04.03.2002 – II ZR 77/00, NJW 2002, 1875; eine ausführliche Darstellung findet sich bei *Bauer* und *Diller*: *Bauer/Diller*, Wettbewerbsverbote, Rechtliche und taktische Hinweise für Arbeitgeber, Arbeitnehmer und Organmitglieder, S. 397.

[380] Der Zusammenhang zwischen der Karenzentschädigung und der Beschränkung der wirtschaftlichen Betätigung oder vielmehr der Berufsausübung des Gesellschafter-Geschäftsführers wird hier genauer beleuchtet: Das nachvertragliche Wettbewerbsverbot im freien Dienstvertrag am Beispiel des Geschäftsführeranstellungsvertrages.

[381] Anstelle vieler: *Hoffmann-Becking*, Nachvertragliche Wettbewerbsverbote für Vorstandsmitglieder und Geschäftsführer, FS Quack, 1991, 273 (277).

Instanzgerichte[382] – im Zweifel bereits immer dann vor, wenn die Vereinbarung über das nachvertragliche Wettbewerbsverbot keine Karenzentschädigungspflicht enthält.[383] In der anwaltlichen Literatur und Praxis wurde zuletzt u. a. argumentiert, dass die Entscheidung des BGH bereits über 30 Jahre her sei und die Gesetzesänderungen nicht berücksichtige.[384] Diese Ansicht verkennt jedoch das zuvor dargestellte geltende Recht, auf das sich der BGH im Urteil von 1984 beruft, das besagt, die §§ 74 ff. HGB sind nicht auf den Geschäftsführeranstellungsvertrag anwendbar und damit besteht eine Karenzentschädigungspflicht nicht *per se*. Obwohl die §§ 74 Abs. 2, 74b HGB weder direkt noch analog auf Gesellschafter-Geschäftsführeranstellungsverträge anwendbar sind[385], können sich die Vertragsparteien auf die Einbeziehung der §§ 74 ff. HGB und damit auch auf die Zahlung einer Karenzentschädigung vertraglich einigen.[386] Wenn sie das tun, orientieren sie sich regelmäßig an der Zahlung einer Karenzentschädigung in Höhe der Hälfte des zuletzt gezahlten Bruttomonatsgehaltes.[387] Gerade weil die §§ 74 Abs. 2, 74b HGB nicht die materiell-rechtliche Rechtsgrundlage darstellen, kann aber auch im Einzelfall

---

382 OLG Frankfurt am Main, Urteil v. 06.12.1972 – 6 U 152/71, OLGZ 1973, 229.

383 Für eine ausführliche Darstellung: *Bauer/Diller*, Wettbewerbsverbote, Rechtliche und taktische Hinweise für Arbeitgeber, Arbeitnehmer und Organmitglieder, S. 396 ff.

384 *Tödter/von Bockelmann*, BGH: Karenzentschädigung für GmbH-Geschäftsführer bei nachvertraglichem Wettbewerbsverbot, BB 2024, 2366. *Tödter* und *von Bockelmann* schreiben u.a., dass es einen Gleichlauf zwischen dem GmbH-Geschäftsführeranstellungsvertrag und dem Arbeitsvertrag im Hinblick auf die analoge Anwendung der §§ 74 ff. HGB geben muss. Sie begründen es damit, dass die Klausel eines nachvertraglichen Wettbewerbsverbotes auch in GmbH-Geschäftsführeranstellungsverträgen nach der Schuldrechtsreform regelmäßig Gegenstand von AGB-Kontrollen ist und ohne die Pflicht zur Zahlung der Karenzentschädigung nichtig ist; in der Literatur wird ebenfalls die Sicht des BGH anerkannt, s. bspw. *Menke*, Gestaltung nachvertraglicher Wettbewerbsverbote mit GmbH-Geschäftsführern–Verzicht statt Karenzentschädigung, NJW 2009, 636 (636).

385 *Bauer/Diller*, Wettbewerbsverbote, Rechtliche und taktische Hinweise für Arbeitgeber, Arbeitnehmer und Organmitglieder, S. 397 ff.

386 BGH, Beschluss v. 07.07.2008 – II ZR 81/07, DStR 2008, 1842, nicht amtlich.

387 Bei den 50 Prozent des zuletzt gezahlten Bruttogehalts werde regelmäßig vom sogenannten „Festgehalt" ausgegangen. Dieses umfasse, der Literatur zufolge, keine variablen Vergütungsbestandteile wie Tantiemen, Boni und sonstige Bezüge, s. *Hoffmann-Becking*, Nachvertragliche Wettbewerbsverbote für Vorstandsmitglieder und Geschäftsführer, FS Quack, 1991, 273 (278).

eine Karenzentschädigung in Höhe von 50 Prozent des zuletzt gezahlten Bruttomonatsgehalts als vom Zivilgericht zu niedrig angesehen werden – mit der Folge, dass das nachvertragliche Wettbewerbsverbot dann insgesamt eine unbillige Erschwerung des beruflichen Fortkommens des Geschäftsführers darstellt und gemäß § 138 BGB unwirksam wird.[388] In einem solchen Fall ist es nicht möglich, die vorher vereinbarte Höhe der Karenzentschädigung nachträglich im Zeitpunkt der Beendigung des Vertrages zu erhöhen.[389] Zwischen der Literatur und der Rechtsprechung ist umstritten, ob der Gesellschafter-Geschäftsführer sich anderweitigen Erwerb auf die Karenzentschädigung anrechnen lassen muss, auch wenn die Anwendung des § 74c HGB von den Vertragsparteien nicht zum Bestandteil der Vereinbarung über das nachvertragliche Wettbewerbsverbot gemacht wurde.[390] Schließlich hat der BGH kürzlich, am 23. April 2024[391], 40 Jahre nach der Grundsatzentscheidung aus dem Jahr 1984, seine Rechtsauffassung bestätigt: Ein karenzentschädigungsloses nachvertragliches Wettbewerbsverbot im Geschäftsführeranstellungsvertrag ist wirksam.[392] Im Unterschied zum Arbeitnehmer, der sich mit einem unwirksamen nachvertraglichen Wettbewerbsverbot aufgrund zu niedriger Karenzentschädigung konfrontiert sieht, steht dem Gesellschafter-Geschäftsführer, in dessen Vertrag eine Karenzentschädigung für ein nachvertragliches Wettbewerbsverbot vereinbart wurde – nach überwiegender Ansicht in der Rechtsprechung und Literatur – kein Wahlrecht zwischen der Einhaltung des Wettbewerbsverbotes und der Zahlung der Karenzentschädigung oder

---

388 *Bauer/Diller*, Wettbewerbsverbote, Rechtliche und taktische Hinweise für Arbeitgeber, Arbeitnehmer und Organmitglieder, S. 397, 399 mit Verweis auf OLG Düsseldorf, Urteil vom 18.05.1989 – 8 U 143/88, DB 1990, 1960.

389 *Bauer/Diller*, Wettbewerbsverbote, Rechtliche und taktische Hinweise für Arbeitgeber, Arbeitnehmer und Organmitglieder, S. 399.

390 Einige Stimmen in der Literatur votieren für die Anrechnung des anderweitigen Erwerbs auf die Karenzentschädigung, s. *Thüsing*, Nachorganschaftliche Wettbewerbsverbote bei Vorständen und Geschäftsführern – Ein Rundgang durch die neuere Rechtsprechung und Literatur, NZG 2004, 9 (12). Die Rechtsprechung hingegen lehnt dies bei fehlender Verweisung auf die § 74c HGB ab, s. BGH, Urteil v. 15.04.1991 – II ZR 214/89, NJW-RR 1991, 993. Eine ausführliche Darstellung der verschiedenen Ansichten in: *Bauer/Diller*, Wettbewerbsverbote, Rechtliche und taktische Hinweise für Arbeitgeber, Arbeitnehmer und Organmitglieder, S. 402).

391 BGH, Urteil v. 23.04.2024 – II ZR 99/22, NZG 2024, 1077.

392 BGH, Urteil v. 23.04.2024 – II ZR 99/22, NZG 2024, 1077 (1078).

der gesamten Unwirksamkeit des Wettbewerbsverbotes und dem Ausbleiben der Zahlung der Karenzentschädigung zu.[393] In diesem Fall gilt für den Geschäftsführer die Unwirksamkeit der gesamten Vereinbarung des nachvertraglichen Wettbewerbsverbotes.[394] Um die Angemessenheit der Höhe der Karenzentschädigung im Einzelfall zu beurteilen, sind insbesondere die vereinbarte Dauer und Reichweite des nachvertraglichen Wettbewerbsverbotes maßgeblich.[395] Gleichermaßen wie im Arbeitsverhältnis ist auch für die Vereinbarung des nachvertraglichen Wettbewerbsverbotes im Gesellschafter-Geschäftsführeranstellungsvertrag das berechtigte Interesse der Gesellschaft eine materiell-rechtliche Wirksamkeitsvoraussetzung.[396] Der BGH entschied, dass nachvertragliche Wettbewerbsverbote gemäß §§ 74 ff. HGB gemessen an § 138 BGB nur dann wirksam sind, „wenn sie dem Schutze eines berechtigten Interesses des Unternehmens dienen und sie nach Ort, Zeit und Gegenstand die Berufsausübung und die wirtschaftliche Betätigung des Organmitglieds nicht unbillig erschweren“[397]. Entsprechend ist das nachvertragliche Wett-

---

[393] Gegen das Wahlrecht spricht die Rechtsprechung des BGH, s. BGH, Beschluss v. 07.07.2008 – II ZR 81/07, NZG 2008, 753, sowie die überwiegende Meinung in der Literatur, s. anstelle vieler: *Thüsing*, Nachorganschaftliche Wettbewerbsverbote bei Vorständen und Geschäftsführern – Ein Rundgang durch die neuere Rechtsprechung und Literatur, NZG 2004, 9 (14); a.A. *Spindler*, in: MüKo/AktG, § 88 AktG, Rn. 50.

[394] In diesem Zusammenhang sei gesagt, dass der Gesellschafter-Geschäftsführer nur ein Wahlrecht innehat, wenn die Vertragsparteien in der Vereinbarung des nachvertraglichen Wettbewerbsverbotes zusätzlich auf die Geltung der §§ 74 ff. HGB verwiesen. Grund ist, dass die Verweisung auf die Normen insgesamt auch die Verweisung auf die dazugehörige „Wahlrechts-Rechtsprechung“ des BAG enthält, s. *Bauer/Diller*, Wettbewerbsverbote, Rechtliche und taktische Hinweise für Arbeitgeber, Arbeitnehmer und Organmitglieder, S. 401.

[395] *Bauer/Diller*, Wettbewerbsverbote, Rechtliche und taktische Hinweise für Arbeitgeber, Arbeitnehmer und Organmitglieder, S. 398 mit Verweis auf *Hoffmann-Becking*, Nachvertragliche Wettbewerbsverbote für Vorstandsmitglieder und Geschäftsführer, FS Quack, 1991, 273 (278).

[396] *Bauer/Diller*, Wettbewerbsverbote, Rechtliche und taktische Hinweise für Arbeitgeber, Arbeitnehmer und Organmitglieder, S. 386 mit Verweis auf BGH, Urteil v. 26.03.1984 – II ZR 229/83, NJW 1984, 2366 (2367).

[397] BGH, Urteil v. 26.03.1984 – II ZR 229/83, NJW 1984, 2366 (2367) mit Verweis auf ähnliche Formulierungen in BGH, Urteil v. 09.05.1968 – II ZR 158/66, NJW 1968, 1717. Im zuletzt ergangenen Urteil aus dem Jahr 2024 bestätigt der BGH diese Argumentation, s. BGH, Urteil v. 23.04.2024 – II ZR 99/22, NZG 2024, 1077, 1077.

bewerbsverbot mit Organmitgliedern der Zwei-Stufen-Prüfung nach nur wirksam, wenn das nachvertragliche Wettbewerbsverbot auf der ersten Stufe dem Schutz eines berechtigten Interesses der Gesellschaft dient und auf der zweiten Stufe die Berufsausübung und wirtschaftliche Betätigung des Organmitglieds nicht unbillig erschwert.[398] Sollte das berechtigte Interesse des Unternehmens fehlen, ist das nachvertragliche Wettbewerbsverbot nach § 138 BGB unwirksam. Scheitert die Prüfung der Wirksamkeit des nachvertraglichen Wettbewerbsverbotes somit bereits auf der ersten Stufe, so kommt es auf die Frage nach der unbilligen Einschränkung der Berufsausübung nach Ort, Zeit und Gegenstand und der wirtschaftlichen Betätigung des Organmitglieds nicht mehr an.[399] Auch die Frage nach dem Vorliegen einer angemessenen Karenzentschädigung ist dann unbeachtlich.[400] Die zweite Stufe der oben genannten Prüfung bezieht sich auf das Kriterium der zeitlichen, räumlichen und sachlichen Einschränkung des nachvertraglichen Wettbewerbsverbotes. Das nachvertragliche Wettbewerbsverbot muss ebenfalls zeitlich, räumlich und sachlich eingeschränkt werden, um die „Berufsausübung und wirtschaftliche Betätigung [des Gesellschafter-Geschäftsführers] nicht unbillig [zu] erschweren“[401]. Bei der Beurteilung der Frage, ob die Ausgestaltung des nachvertraglichen Wettbewerbsverbotes die Berufsausübung und wirtschaftliche Betätigung des Gesellschafter-Geschäftsführers unbillig

398 *Bauer/Diller*, Wettbewerbsverbote, Rechtliche und taktische Hinweise für Arbeitgeber, Arbeitnehmer und Organmitglieder, S. 386 mit Verweis auf *Hoffmann-Becking*, Nachvertragliche Wettbewerbsverbote für Vorstandsmitglieder und Geschäftsführer, FS Quack, 1991, 273 (274).

399 BGH, Urteil v. 26.03.1984 – II ZR 229/83, NJW 1984, 2366 (2367); *Bauer/Diller*, Wettbewerbsverbote, Rechtliche und taktische Hinweise für Arbeitgeber, Arbeitnehmer und Organmitglieder, S. 386 mit Verweis auf *Hoffmann-Becking*, Nachvertragliche Wettbewerbsverbote für Vorstandsmitglieder und Geschäftsführer, FS Quack, 1991, 273 (274).

400 *Bauer/Diller*, Wettbewerbsverbote, Rechtliche und taktische Hinweise für Arbeitgeber, Arbeitnehmer und Organmitglieder, S. 386 mit Verweis auf LG Düsseldorf, Urteil vom 18.05.1989 – 8 U 143/88, DB 1990, 1960; *Thüsing*, Nachorganschaftliche Wettbewerbsverbote bei Vorständen und Geschäftsführern – Ein Rundgang durch die neuere Rechtsprechung und Literatur, NZG 2004, 9 (10).

401 BGH, Urteil v. 26.03.1984 – II ZR 229/83, NJW 1984, 2366 (2367) mit Verweis auf ähnliche Formulierungen in vorherigen Urteilen: BGH, Urteil v. 09.05.1968 – II ZR 158/66, NJW 1968, 1717 und BGH, Urteil v. 19.11.1973 – II ZR 52/72, IBRRS 1973, 0219.

erschwert, ist auch die Höhe oder vielmehr die Vereinbarung einer Karenzentschädigung an sich einzubeziehen.[402] Der Wortlaut der BGH-Rechtsprechung erinnert an die für den Arbeitsvertrag einschlägige Formulierung in § 74a Abs. 1 S. 1 HGB.[403] Dementsprechend gelten im Hinblick auf den Prüfungsmaßstab der sachlichen, räumlichen und zeitlichen Beschränkung des nachvertraglichen Wettbewerbsverbotes im Arbeitsvertrag und im Gesellschafter-Geschäftsführeranstellungsvertrag grundsätzlich die gleichen materiell-rechtlichen Wirksamkeitsvoraussetzungen.

2. Die materiell-rechtlichen Wirksamkeitsvoraussetzungen und Folgen der Nichtbeachtung des nachvertraglichen Wettbewerbsverbotes im Fremdgeschäftsführeranstellungsvertrag im deutschen Recht

Wie bereits im vorherigen Abschnitt ausgeführt, sind sich die Rechtsprechung und Literatur uneins darüber, ob die §§ 74 ff. HGB auf Fremdorgane wie Fremdgeschäftsführer[404] anwendbar sind. Zumal die Rechtsprechung eine direkte oder entsprechende Anwendung verneint, gelten für den Gesellschafter-Geschäftsführer die zuvor geschilderten Grundsätze. Gleichfalls wird im Fremdgeschäftsführeranstellungsvertrag regelmäßig auf die Einbeziehung der §§ 74 ff. HGB bei der Vereinbarung zum nachvertraglichen Wettbewerbsverbot verwiesen, was verdeutlicht, dass der materiellrechtliche Regelungsinhalt auch hier Wirkung entfaltet.[405] Ob der Gemeinsamkeiten hinsichtlich der Rechtsgrundlage und der materiell-rechtlichen Wirksamkeitsvoraussetzungen des nachvertraglichen Wettbewerbsverbotes

---

402 *Bauer/Diller*, Wettbewerbsverbote, Rechtliche und taktische Hinweise für Arbeitgeber, Arbeitnehmer und Organmitglieder, S. 396 mit Verweis auf BGH, Urteil v. 28.04.2008 – II ZR 11/07, NJW-RR 2008, 1421.

403 *Bauer/Diller*, Wettbewerbsverbote, Rechtliche und taktische Hinweise für Arbeitgeber, Arbeitnehmer und Organmitglieder, S. 396 mit Verweis auf den Wortlaut in BGH, Urteil v. 26.03.1984 – II ZR 229/83, NJW 1984, 2366 (2367).

404 Instruktiv zum (nachvertraglichen) Wettbewerbsverbot des Fremdgeschäftsführers, s. *Steck*, Wettbewerbsverbot und verdeckte Gewinnausschüttung bei der GmbH unter besonderer Berücksichtigung des Einflusses des Zivilrechts auf das Steuerrecht, 1999, S. 62, 76.

405 *Gerber*, in: Lorz/Pfisterer/Gerber, Beck'sches Formularbuch GmbH-Recht, 1. Anstellungsvertrag für einen Fremd-Geschäftsführer, § 11 Abs. 3, Wettbewerbsverbot und Abwerbeverbot.

zwischen dem Gesellschafter-Geschäftsführer und der Gesellschaft oder vielmehr dem Fremdgeschäftsführer und der Gesellschaft ist in der Praxis ein wesentlicher Unterschied vorhanden: Der Gesellschafter-Geschäftsführer ist unmittelbar an der GmbH beteiligt, während der Fremdgeschäftsführer keine Beteiligung an der GmbH innehat[406] – was diesen laut Ansicht von Teilen der Literatur auch in die bereits beschriebene arbeitnehmerähnliche Stellung führe. Ein weiterer Unterschied zwischen dem Gesellschafter-Geschäftsführer und dem Fremdgeschäftsführer besteht in dem Grad ihrer Verbundenheit mit der Gesellschaft. Der Fremdgeschäftsführer ist regelmäßig deutlich kürzer an die Gesellschaft gebunden als der Gesellschafter-Geschäftsführer aufgrund seiner zusätzlichen Stellung als Gesellschafter. Dementsprechend ist es für die Gesellschaft umso wichtiger, ein nachvertragliches Wettbewerbsverbot mit dem Fremdgeschäftsführer zu vereinbaren, damit dieser bei einem häufigen Wechsel von Konkurrenten zu Konkurrenten kein geschäftliches Know-how weiterträgt. Im Gegenzug dazu ist es vorstellbar, dass der Fremdgeschäftsführer regelmäßig kein Interesse an der Vereinbarung eines nachvertraglichen Wettbewerbsverbotes aufweist, um von der Möglichkeit des Wechsels von Gesellschaft zu Gesellschaft bestmöglich zu profitieren. Aufgrund dieser unterschiedlichen Interessenlage besteht ein Spannungsverhältnis. Daher ist die Darstellung der materiellen Wirksamkeitsvoraussetzungen und der Folgen der Nichteinhaltung mindestens so wichtig wie die zum Gesellschafter-Geschäftsführer, was die Aufteilung in zwei Abschnitte erklärt. Der Fremdgeschäftsführer hat wie der Gesellschafter-Geschäftsführer nur Anspruch auf die Zahlung einer Karenzentschädigung, wenn entweder die Einbeziehung der §§ 74 ff. HGB und/oder die Zahlung einer Karenzentschädigung vertraglich so im Anstellungsvertrag vereinbart wurde.[407] Demzufolge ist die Erörterung der Verzichtsmöglichkeiten auf das nachvertragliche Wettbewerbsverbot des Fremdgeschäftsführers für die Gesellschaft ebenfalls von wesentlicher Bedeutung.[408] Hinsichtlich

---

[406] *Jaeger/Steinbrück*, in: MüKo/GmbHG, § 35, Rn. 256.

[407] BGH, Beschluss v. 07.07.2008 – II ZR 81/07, NZG 2008, 753.

[408] Die Verzichtsmöglichkeiten der Gesellschaft auf das nachvertragliche Wettbewerbsverbot mit dem Gesellschafter-Geschäftsführer und dem Fremdgeschäftsführer werden nachfolgend dargestellt, s. Lösungsmöglichkeiten.

der Wirksamkeitsvoraussetzungen des nachvertraglichen Wettbewerbsverbotes im Fremdgeschäftsführeranstellungsvertrag im deutschen Recht gelten die vorgenannten Grundsätze zum Gesellschafter-Geschäftsführeranstellungsvertrag.

3. Die materiell-rechtlichen Wirksamkeitsvoraussetzungen und Folgen der Nichtbeachtung des nachvertraglichen Wettbewerbsverbotes im Gesellschafter-Geschäftsführeranstellungsvertrag im französischen materiellen Recht

Gleichlaufend mit dem französischen Arbeitsrecht kennt das französische Handels- und Gesellschaftsrecht keine materiell-rechtlichen Wirksamkeitsvoraussetzungen des nachvertraglichen Wettbewerbsverbotes im Geschäftsführeranstellungsvertrag des Gesellschafter-Geschäftsführers (auf Französisch: *„associét-gérant“*) und des Fremdgeschäftsführers (auf Französisch: *„gérant non-associé“*).[409] Allein für den Anstellungsvertrag des Handelsvertreters (auf Französisch: *„agent commercial“*) ist die Rechtsgrundlage des nachvertraglichen Wettbewerbsverbotes in Art. L. 134-14 Ccom. niedergeschrieben.[410] Die Voraussetzungen sind Richterrecht[411], das insbesondere den Art. L. 420-1 Nr. 1 Ccom. auslegt.[412] Diese Vorschrift bestimmt, dass Vereinbarungen, die eine freie Ausübung der Konkurrenz auf dem Markt

---

[409] *Blaise/Desgorces*, Droit des affaires, Rn. 608; eine Übersicht über die nationalen, europäischen und internationalen Quellen des französischen Gesellschaftsrechtes findet sich bspw. in *Saupin*, Les sources du droit des sociétes, 2023; *Charaf* spricht ebenfalls von der *„silence du Code de commerce“*, der Stille des Handelsgesetzbuches (auf Französisch; frei übersetzt auf Deutsch), s. *Charaf*, La clause de non-concurrence au carrefour du droit des contrats et du droit de la concurrence, 2013, S. 12.

[410] Generell ist es so, dass das französische materielle Zivilrecht wenig gesellschaftsrechtliche Vorschriften zum Geschäftsführer gesetzlich niedergeschrieben hat, wie *Dubois de Luzy* bspw. erklärt, s. *Dubois de Luzy*, Droit des sociététs, S. 101.

[411] Die französische Rechtsprechung der Cour de cassation nennt bspw. in den nachfolgenden Urteilen die Wirksamkeitsvoraussetzungen des nachvertraglichen Wettbewerbsverbotes im Geschäftsführeranstellungsvertrages des Gesellschafter-Geschäftsführers einer GmbH: Cour de cassation, Kammer für Handelssachen, Urteil v. 15.03.2011, Nr. 10-13824; Cour de cassation, Kammer für Handelssachen, Urteil v. 20.09.2026, Nr. 15-13236.

[412] *Blaise/Desgorces*, Droit des affaires, Rn. 608.

verhindern, einschränken oder verfälschen, verboten sind.[413] Mangels eines verpflichtenden Anstellungsvertrages, aber aufgrund des Bestehens eines sogenannten *„mandat social"*[414] zwischen der GmbH und dem Gesellschafter-Geschäftsführer wird das nachvertragliche Wettbewerbsverbot grundsätzlich als separater synallagmatischer, schriftlicher Vertrag vereinbart.[415] Häufig nimmt dieser Vertrag die Form eines sogenannten *pacte d'associés* an, der einen Gesellschaftsvertrag darstellt.[416] Außerdem kann ein nachvertragliches Wettbewerbsverbot zwischen der Gesellschaft und dem Gesellschafter-Geschäftsführer ebenfalls in Form einer statutarischen Klausel Wirkung entfalten.[417] Die Parteien müssen sich nur an das nachvertragliche Wettbewerbsverbot halten, wenn sie ein solches ausdrücklich vereinbart haben.[418] Die materiell-rechtlichen Wirksamkeitsvoraussetzungen ähneln denen des arbeitsvertraglichen nachvertraglichen Wettbewerbsverbotes[419]: Das Verbot muss dem Schutz der legitimen Interessen der Gesellschaft dienen, dabei muss es proportional zur Situation des Gesellschafter-Geschäftsführers sowie

---

[413] Der Text in Orignalsprache heißt „Sont prohibées même par l'intermédiaire direct ou indirect d'une société du groupe implantée hors de France, lorsqu'elles ont pour objet ou peuvent avoir pour effet d'empêcher, de restreindre ou de fausser le jeu de la concurrence sur un marché les actions concertées, conventions, ententes expresses ou tacites ou coalitions, notamment lorsqu'elles tendent à : 1° Limiter l'accès au marché ou le libre exercice de la concurrence par d'autres entreprises". Im Fließtext erfolgt eine freie und gekürzte Übersetzung von Französisch auf Deutsch.

[414] Die grundsätzliche rechtliche Verbindung zwischen dem Geschäftsführer und der Gesellschaft ist die Bestellung, das sogenannte *„mandat social"*, das von *Le Cannu* und *Dondero* genauer erklärt wird, s. *Le Cannu/Dondero*, Droit des sociétés, Rn. 498.

[415] *Heinich*, Droit des sociétés, Rn. 329; *Lokiec/Verkindt*, in: Cabrillac, Libertés et droits fondamentaux, S. 917 ff.

[416] *Cozian/Viandier/Deboissy*, Droit des sociétés, Rn. 427 mit Verweis auf Cour de cassation, Kammer für Handelssachen, Urteil v. 30.03.2022, Nr. 19-25794.

[417] *Cozian/Viandier/Deboissy*, Droit des sociétés, Rn. 427 mit Verweis auf Cour de cassation, Kammer für Handelssachen, Urteil v. 10.07.2012, Nr. 11.20668; *Lokiec/Verkindt*, in: Cabrillac, Libertés et droits fondamentaux, S. 917 ff.

[418] *Cozian/Viandier/Deboissy*, Droit des sociétés, Rn. 427; *Lokiec/Verkindt*, in: Cabrillac, Libertés et droits fondamentaux, S. 917 ff.

[419] *Martinon*, Vers une harmonisation des jursiprudences sociale et commerciale? A propos des conditions de validité de la clause de non-concurrence, Le livre du bicentenaire du Code de commerce, S. 527. *Martinon* schreibt zur Frage, inwieweit sich arbeitsrechtliche Regelungen auf das Gesellschaftsrecht auswirken.

zeitlich und örtlich beschränkt sein.[420] Lediglich zur Zahlung einer Karenzentschädigung ist die Gesellschaft nicht verpflichtet, wobei eine solche aufgrund der Parteiautonomie[421] stets vereinbart werden kann.[422] Eine Ausnahme besteht allein, wenn der Gesellschafter-Geschäftsführer neben seiner Funktion als Geschäftsführer auch noch Arbeitnehmer ist und als solcher einen Arbeitsvertrag mit der Gesellschaft geschlossen hat.[423] Im Unterschied zu den materiell-rechtlichen Wirksamkeitsvoraussetzungen des nachvertraglichen Wettbewerbsverbotes im Arbeitsvertrag ist ein nachvertragliches Wettbewerbsverbot im Geschäftsführeranstellungsvertrag immer nichtig, wenn eine der Wirksamkeitsvoraussetzungen nicht erfüllt ist.[424]

4. Die materiell-rechtlichen Wirksamkeitsvoraussetzungen und Folgen der Nichtbeachtung des nachvertraglichen Wettbewerbsverbotes im Fremdgeschäftsführeranstellungsvertrag im französischen Recht

Der Fremdgeschäftsführer, der keine Vereinbarung mit der Gesellschaft über ein nachvertragliches Wettbewerbsverbot geschlossen, aber ein solches nachvertragliches Wettbewerbsverbot als statutarische Klausel festgehalten hat, ist – im Gegensatz zum Gesellschafter-Geschäftsführer – an dieses nicht gebunden.[425] Dies begründet einen wesentlichen Unterschied zwischen dem

---

[420] *Heinich*, Droit des sociétés, Rn. 329 f.

[421] Vertragsparteien können ihrem Willen nach grundsätzlich alles vereinbaren. Das Prinzip der Vertragsfreiheit (frei übersetzt auf Deutsch, auf Französisch: „*liberté contractuelle*“) findet auch im französischen Recht Anwendung, s. anstelle vieler: *Fabre-Magnan*, Droit des obligations 1 – Contrat et engangement unilatéral, S. 85 f., 97; *Rochfeld*, Les grandes notions du droit privé, S. 525 ff.

[422] *Cozian/Viandier/Deboissy*, Droit des sociétés, Rn. 427 mit Verweis auf Cour de cassation, Kammer für Handelssachen, Urteil v.23.06.2021, Nr. 19-24488; *Heinich*, Droit des sociétés, Rn. 329.

[423] *Heinich*, Droit des sociétés, Rn. 329; *Lokiec/Verkindt*, in: Cabrillac, Libertés et droits fondamentaux, S. 917 ff.

[424] *Blaise/Desgorces*, Droit des affaires, Rn. 614 mit Verweis auf Cour de cassation, Kammer für Handelssachen, Urteil v.04.11.2020, Nr. 18-25245 und weiteren Anmerkungen zur Nichtigkeit der Klausel.

[425] *Cozian/Viandier/Deboissy*, Droit des sociétés, Rn. 427 mit Verweis auf Cour de cassation, Kammer für Handelssachen, Urteil v. 10.07.2012, Nr. 11.20668. Instruktiv zum statutarischen nachvertraglichen Wettbewerbsverbot und dessen Implikationen mit der Arbeitsfreiheit in Frankreich, s. *Lokiec/Verkindt*, in: Cabrillac, Libertés et droits fondamentaux, S. 917 ff.

Gesellschafter-Geschäftsführer und dem Fremdgeschäftsführer im anwendbaren materiellen Recht. Da ein Fremdgeschäftsführer mit der Gesellschaft regelmäßig einen Arbeitsvertrag schließt,[426] muss das nachvertragliche Wettbewerbsverbot zwischen der Gesellschaft und dem Fremdgeschäftsführer nicht nur den voranstehend genannten Anforderungen zwischen der Gesellschaft und dem Gesellschafter-Geschäftsführer genügen. Vielmehr sind die Wirksamkeitsvoraussetzungen an das nachvertragliche Wettbewerbsverbot im Arbeitsvertrag anzuwenden, sodass an dieser Stelle nach oben zu verweisen ist. Mithin muss auch die Pflicht zur Zahlung einer Karenzentschädigung vereinbart werden.[427] Ansonsten ist das nachvertragliche Wettbewerbsverbot nichtig.[428]

5. Gemeinsamkeiten und Unterschiede der materiell-rechtlichen Wirksamkeitsvoraussetzungen und Folgen der Nichtbeachtung des nachvertraglichen Wettbewerbsverbotes im Geschäftsführeranstellungsvertrag im deutschen und französischen Recht

Dem deutschen und französischen Gesellschaftsrecht sind einige Gemeinsamkeiten und Unterschiede bezüglich des nachvertraglichen Wettbewerbsverbotes für Gesellschafter-Geschäftsführer und Fremdgeschäftsführer zu entnehmen. Beide Rechtssysteme unterscheiden zwischen diesen beiden Arten von Geschäftsführern und verlangen für die Wirksamkeit eines nachvertraglichen Wettbewerbsverbotes eine explizite Vereinbarung, wobei die statutarische Vereinbarung lediglich für Gesellschafter-Geschäftsführer und nicht für Fremdgeschäftsführer in beiden Rechtsordnungen ausreichend ist. Die Wirksamkeitsvoraussetzungen ähneln sich im Wesentlichen. Somit kann an dieser Stelle auf den Vergleich der materiell-rechtlichen Wirksamkeitsvoraussetzungen des arbeitsrechtlichen nachvertraglichen Wettbewerbsverbotes verwiesen

---

[426] Das nachvertragliche Wettbewerbsverbot im Arbeitsvertrag kann auch teleologisch reduziert werden, wenn die sachliche, räumliche und zeitliche Beschränkung fehlerhaft ist, s.o. Die materiell-rechtlichen Wirksamkeitsvoraussetzungen und Folgen der Nichtbeachtung des nachvertraglichen Wettbewerbsverbotes im Arbeitsvertrag im französischen Recht.

[427] *Heinich*, Droit des sociétés, Rn. 329; *Lokiec/Verkindt*, in: Cabrillac, Libertés et droits fondamentaux, S. 917 ff.

[428] *Heinich*, Droit des sociétés, Rn. 329; *Lokiec/Verkindt*, in: Cabrillac, Libertés et droits fondamentaux, S. 917 ff.

werden. Eine weitere Gemeinsamkeit besteht darin, dass in beiden materiellen Rechtsordnungen grundsätzlich keine rechtlich verpflichtende Karenzentschädigungspflicht für den Geschäftsführer besteht; jedoch existieren Unterschiede bezüglich der Frage nach der Pflicht zur Zahlung einer Karenzentschädigung an den Fremdgeschäftsführer. Im französischen Recht ergibt sich diese Pflicht aufgrund des Arbeitnehmerstatus des Fremdgeschäftsführers, während im deutschen Recht ein Gleichlauf zwischen Gesellschafter-Geschäftsführer und Fremdgeschäftsführer herrscht. Einen weiteren Unterschied macht es, in welchem Vertrag das nachvertragliche Wettbewerbsverbot vereinbart wird. Im deutschen Recht wird es für den Gesellschafter-Geschäftsführer und den Fremdgeschäftsführer üblicherweise im Geschäftsführeranstellungsvertrag vereinbart, es kann aber auch statutarisch Wirkung entfalten. Im französischen Recht wird hingegen zwischen der Gesellschaft und dem Gesellschafter-Geschäftsführer allein die Bestellung zum Organ vereinbart, sodass das nachvertragliche Wettbewerbsverbot als gesonderter Vertrag oder statutarisch wirkt. Überdies wird im französischen Recht zwischen der Gesellschaft und dem Fremdgeschäftsführer regelmäßig zusätzlich ein Arbeitsvertrag geschlossen, der das nachvertragliche Wettbewerbsverbot enthalten kann.

6. Zusammenfassung des Vergleiches der materiell-rechtlichen Wirksamkeitsvoraussetzungen und Folgen der Nichtbeachtung des nachvertraglichen Wettbewerbsverbotes im Geschäftsführeranstellungsvertrag im deutschen und französischen Recht

Zusammenfassend zeigt der Vergleich der materiell-rechtlichen Wirksamkeitsvoraussetzungen des nachvertraglichen Wettbewerbsverbotes im Geschäftsführeranstellungsvertrag im deutschen und französischen Recht: Die Unterschiede überwiegen. Wenngleich beide materiellen Rechtsordnungen die Unterscheidung zwischen Gesellschafter-Geschäftsführer und Fremdgeschäftsführer treffen, unterscheidet sich ihre rechtliche Bedeutung. Eine Folge der differierenden Bedeutung sind die verschiedenen Verträge, die zwischen der Gesellschaft und den Geschäftsführern geschlossen werden und die daraus folgende Qualifikation des Fremdgeschäftsführers als Arbeitnehmer im französischen Recht. Diese Erkenntnis führt wieder zurück zu den materiell-rechtlichen Wirksamkeitsvoraussetzungen des nachvertraglichen Wettbewerbsverbotes im französischen Arbeitsvertrag.

II. Vergleich der Rechtsfolgen bei Verstößen gegen das nachvertragliche Wettbewerbsverbot und dessen Lösungsmöglichkeiten

Die Folgen des Verstoßes der Parteien des Geschäftsführeranstellungsvertrages gegen das nachvertragliche Wettbewerbsverbot unterscheiden sich im deutschen und französischen Recht, wie nachfolgend dargestellt wird. Der Verstoß gegen das nachvertragliche Wettbewerbsverbot besteht beim Gesellschafter-Geschäftsführer in der Aufnahme von Konkurrenztätigkeiten und bei der Gesellschaft in der Nichtzahlung der Karenzentschädigung, wenn eine solche vereinbart wurde.

1. Rechtsfolgen im deutschen Recht

Die Rechtsfolgen des Verstoßes durch eine Vertragspartei des Geschäftsführeranstellungsvertrages lassen sich als vertragliche Ansprüche der Gegenpartei gegen die, die gegen das Verbot verstößt, darstellen. Dabei ist zwischen Ansprüchen der Gesellschaft und solchen des Gesellschafter-Geschäftsführers und des Fremdgeschäftsführers zu unterscheiden.

a. Rechtsfolgen bei Verstößen des Gesellschafter-Geschäftsführers

Sollte der Gesellschafter-Geschäftsführer gegen das nachvertragliche Wettbewerbsverbot verstoßen,[429] hat die Gesellschaft die folgenden Ansprüche: Falls die Parteien im Geschäftsführeranstellungsvertrag eine wirksame Vertragsstrafe bei Verstoß gegen das nachvertragliche Wettbewerbsverbot vereinbart haben,[430] kann die Gesellschaft zunächst deren Zahlung geltend

---

[429] In der Praxis entstehen häufig Abgrenzungsproblematiken hinsichtlich der Frage, ob es sich bei der Beteiligung eines Geschäftsführers an einem anderen Unternehmen um einen Verstoß oder eine legitime Tätigkeit trotz des nachvertraglichen Wettbewerbsverbotes handelt. Der Literatur zufolge liegt jedenfalls dann kein Verstoß vor, wenn ein Geschäftsführer eine Beteiligung an einer Gesellschaft hält, die allein der Kapitalanlage dient und keinen Einfluss auf die Geschäftstätigkeit des Wettbewerbsunternehmens vermittelt, s. bspw. *Hümmerich/Reufels*, Gestaltung von Arbeitsverträgen, § 1 Arbeitsverträge, Rn. 4553.

[430] In der Praxis vereinbarten die Vertragsparteien des Geschäftsführeranstellungsvertrages regelmäßig eine Vertragsstrafe zur Sicherstellung, dass das nachvertragliche Wettbewerbsverbot vom Geschäftsführer eingehalten wird. So dargestellt bspw. von *Seyfarth*, s. *Seyfarth*, in: Liebers/Hoefs, Formularhandbuch Arbeitsrecht, Teil 2: Dienstverträge, M. Organverträge, II. Geschäftsführer, Rn. 49.

machen. Überdies hat die Gesellschaft Schadensersatzansprüche gemäß §§ 280 ff. BGB aus den Unterlassungs- und Treuepflichten, die aus dem Geschäftsführeranstellungsvertrag gemäß § 611 BGB resultieren. Ferner kann eine Schadensersatzpflicht des Gesellschafter-Geschäftsführers wegen den vertraglichen Treuepflichten gemäß §§ 280 Abs. 1, 242 BGB begründet werden.[431] Im Einzelfall kann die Gesellschaft gemäß §§ 687 Abs. 2, S. 1, 681 S. 2, 667 BGB einen Anspruch auf Herausgabe der Karenzentschädigung gegen den Gesellschafter-Geschäftsführer haben, wenn das Handeln des Gesellschafter-Geschäftsführers gegen das nachvertragliche Wettbewerbsverbot eine unechte angemaßte Geschäftsführung ohne Auftrag darstellt.[432] Ein weiterer Anspruch der Gesellschaft wird durch die Organhaftung des Gesellschafter-Geschäftsführers begründet. Diese findet sich in § 43 Abs. 2 GmbHG. Demzufolge hat der Gesellschafter-Geschäftsführer oder vielmehr die Gesellschafter-Geschäftsführer solidarisch für den Schaden zu haften, der dadurch entstanden ist, dass sie ihre Obliegenheiten gegenüber der GmbH verletzt haben. Mithin ist jeder vermögenswerte Nachteil der GmbH zu ersetzen, der nicht eingetreten wäre, wenn der Geschäftsführer sich pflichtgemäß verhalten hätte.[433] Neben den vertraglichen und vertragsähnlichen Ansprüchen der Gesellschaft hat diese gemäß § 1004 BGB einen Anspruch auf Beseitigung und Unterlassung der Folgen des Verstoßes gegen das nachvertragliche Wettbewerbsverbot durch den Gesellschafter-Geschäftsführer, den die Gesellschaft im einstweiligen Rechtsschutz geltend machen kann.[434] Über den Anspruch der Gesellschaft aus § 823 Abs. 1 S. 1 BGB wegen Verletzung am eingerichteten und ausgeübten

---

431 Anstelle vieler: *Schubert*, in: MüKo/BGB, § 242 BGB, Rn. 372 f.; zur Schutzwürdigkeit der Gegenseite auch: BGH, Urteil v. 04.02.2015 – VIII ZR 154/14, NJW 2015, 1087.

432 Zur Geschäftsführung ohne Auftrag s. *Lorenz*, Grundwissen–Zivilrecht: Geschäftsführung ohne Auftrag (GoA), JuS, 2016, 12 (15). *Lorenz* diskutiert auf S. 15 die sogenannte angemaßte Eigengeschäftsführung.

433 *Altmeppen*, in: GmbHG § 43, Rn. 101.

434 *Thüsing*, Nachorganschaftliche Wettbewerbsverbote bei Vorständen und Geschäftsführern – Ein Rundgang durch die neuere Rechtsprechung und Literatur, NZG 2004, 9 (14 f.).

Gewerbebetrieb[435] hinaus verfügt die Gesellschaft über einen deliktischen Beseitigungs- und Unterlassungsanspruch gegen den Gesellschafter-Geschäftsführer gegen die Konkurrenztätigkeit gemäß §§ 823 Abs. 2 BGB, 6 Abs. 1 GeschGehG wegen Schutzgesetzverletzung.[436] Der Rechtsprechung des OLG Hamm zufolge kann die Rückforderung der zu Unrecht geleisteten Karenzentschädigung der Gesellschaft über die §§ 812 ff. BGB geschehen.[437] Die Gesellschaft hat schließlich einen lauterkeitsrechtlichen Anspruch aus § 3 UWG gegen den Geschäftsführer.[438]

b. Rechtsfolgen bei Verstößen der Gesellschaft

Wie im Arbeitsvertrag besteht, soweit eine Verweisung auf die §§ 74 ff. HGB in die Vereinbarung aufgenommen wurde, die wesentliche Pflicht der Gesellschaft in der Zahlung der Karenzentschädigung als Gegenleistung dafür, dass der Gesellschafter-Geschäftsführer keine Tätigkeit aufnimmt, die inhaltlich als Konkurrenztätigkeit vereinbart wurde. Sollte die Gesellschaft die Karenzentschädigung nicht oder vielmehr nicht wie vereinbart bezahlen, hat der Gesellschafter-Geschäftsführer folgende Ansprüche: In gleicher Weise wie die Gesellschaft hat auch der Gesellschafter-Geschäftsführer gemäß §§ 280 ff. BGB einen vertraglichen Schadensersatzanspruch gegen die Gesellschaft wegen Pflichtverletzung in Form des Verstoßes der Gesellschaft gegen das vertraglich vereinbarte Wettbewerbsverbot. Überdies kann auch eine Schadensersatzpflicht der Gesellschaft über die vertraglichen Treuepflichten gemäß § 242 BGB begründet werden.[439]

---

435 *Spindler*, in: BeckOGK BGB/Rom I-VO, Rom I-VO, § 823, Schadensersatzpflicht, Rn. 220 ff.

436 *Spieker*, in: BeckOK GeschGehG, § 6 GeschGehG, Rn. 62.

437 OLG Hamm, Urteil v. 08.08.2016 – 8 U 23/16, GWR 2017, 34 (mit Entscheidungsanmerkung von *Reichard*, s. *Reichard*, Nachvertragliche Wettbewerbsverbote dürfen weder Tätigkeiten ohne Bezug zum Unternehmen untersagen noch rein kapitalistische Beteiligungen, GWR 2017, 34). Das OLG Hamm bejaht die Rückzahlung der gezahlten Karenzentschädigung mit der Begründung, dass diese aufgrund des Verstoßes des Geschäftsführers ohne Rechtsgrund bezahlt worden ist.

438 *Roth*, in: Hopt, Handelsgesetzbuch, § 74, Rn. 10 ff.; eine ausführliche Darstellung bietet *Alexander*, s. *Alexander*, in: BeckOK UWG, § 3 UWG, Rn. 1 ff.

439 Siehe bspw. *Schubert*, in: MüKo/BGB, § 242 BGB, Rn. 372 f.

c. *Rechtsfolgen bei Verstößen des Fremdgeschäftsführers und der Gesellschaft gegen das nachvertragliche Wettbewerbsverbot und sich daraus ergebende Ansprüche gegeneinander*

Aufgrund der Ähnlichkeit der Organe des Fremdgeschäftsführers und des Gesellschafter-Geschäftsführers sind die Ansprüche der Gesellschaft gegen den Fremdgeschäftsführer und *vice versa* die gleichen wie jene der Gesellschaft gegen den Gesellschafter-Geschäftsführer oder vielmehr des Gesellschafter-Geschäftsführers gegen die Gesellschaft.

2. Lösungsmöglichkeiten für Gesellschafter-Geschäftsführer, Fremdgeschäftsführer und die Gesellschaft vom nachvertraglichen Wettbewerbsverbot im deutschen Recht

Das deutsche materielle Recht räumt der Gesellschaft und dem Geschäftsführer[440] ein, sich unter Beachtung verschiedener Wirksamkeitsvoraussetzungen und Rechtsfolgen einseitig vom nachvertraglichen Wettbewerbsverbot zu lösen. Insbesondere sind dies folgende Möglichkeiten:

a. *Verzicht auf das nachvertragliche Wettbewerbsverbot*

Ein wirksamer Verzicht auf das nachvertragliche Wettbewerbsverbot führt zu dessen Unanwendbarkeit. Sollten die Vertragsparteien die §§ 74 ff. HGB individualvertraglich in den Geschäftsführeranstellungsvertrag einbezogen haben und auf das nachvertragliche Wettbewerbsverbot schlussendlich verzichten wollen, gilt wie im Falle der analogen Anwendung der §§ 74 ff. HGB auf den Arbeitsvertrag, dass der Verzicht gemäß § 75a HGB allein dann möglich ist, wenn die Gesellschaft dem Geschäftsführer bis zum Ablauf eines Jahres nach Kündigung die vereinbarte Karenzentschädigung zahlt.[441]

---

[440] Die Lösungsmöglichkeiten vom nachvertraglichen Wettbewerbsverbot des Gesellschafter-Geschäftsführers und des Fremdgeschäftsführers sind dieselben, sodass dieser Abschnitt beide Organe zusammenbehandelt und vom „Geschäftsführer" für beide Organe zusammen spricht. Auch für die kommenden Abschnitte der Dissertation steht „Geschäftsführer" für den Gesellschafter-Geschäftsführer und den Fremdgeschäftsführer gemeinsam. Sobald dies nicht mehr der Fall ist, steht im Text wieder „Gesellschafter-Geschäftsführer" und „Fremdgeschäftsführer".

[441] *Thüsing*, in: Westphalen, Graf von/Thüsing/Pamp, Vertragsrecht und AGB-Klauselwerke, Geschäftsführerverträge, Rn. 213.

Zumal der Geschäftsführer im Grundsatz weniger schutzbedürftig als der Arbeitnehmer ist, sprechen sich die Literatur und der BGH dafür aus, dass bei fehlender Einbeziehung der §§ 74 ff. HGB ein Verzicht auf das nachvertragliche Wettbewerbsverbot bis zum Zeitpunkt der Kündigung wirksam ist und dadurch auch die Pflicht zur Zahlung der Karenzentschädigung entfällt,[442] soweit die wechselseitige Interessenlage zwischen der Gesellschaft sowie dem Geschäftsführer und die Umstände des Einzelfalles sowie die Billigkeit den Entfall der Karenzentschädigung zulassen.[443] Dogmatisch begründet wird diese Position dergestalt, dass die Karenzentschädigung in diesem Fall nicht gemäß §§ 320 ff. BGB als synallagmatische Hauptleistungspflicht der Gesellschaft, sondern als akzessorische Kompensation zu qualifizieren ist.[444] Lange war unentschieden, ob die in § 75a HGB festgelegte Jahresfrist für den Fall der fehlenden Einbeziehung der §§ 74 ff. HGB in den Geschäftsführeranstellungsvertrag gilt oder nicht.[445] Der durch die Gesellschaft gegenüber dem Gesellschafter erklärte Verzicht auf das nachvertragliche Wettbewerbsverbot wurde – bei mangelnder Verzichtsregelung im Geschäftsführeranstellungsvertrag – von Rechtsprechung und Literatur lange Zeit grundsätzlich über

---

442 Grundsätzlich wird davon ausgegangen, dass spätestens mit Aussprache der Kündigung auf das nachvertragliche Wettbewerbsverbot verzichtet werden muss, damit die Pflicht zur Zahlung der Karenzentschädigung entfällt. Sollte die Gesellschaft den Verzicht erst erklären, wenn der ehemalige Gesellschafter-Geschäftsführer bereits eine neue berufliche Tätigkeit aufgenommen hat, ist die Karenzentschädigung weiterhin zu zahlen (s. BGH, Urteil v. 04.03.2002, II ZR 77/00, NJW 2002, 1875); eine Darstellung verschiedener Stimmen der Literatur findet sich bei *Thüsing*, s. *Thüsing*, in: Westphalen, Graf von/Thüsing/Pamp, Vertragsrecht und AGB-Klauselwerke, Geschäftsführerverträge, Rn. 213; *Weber*, in: Staub, Handelsgesetzbuch, § 75, Rn. 1 ff.

443 *Bauer/Diller*, Wettbewerbsverbote, Rechtliche und taktische Hinweise für Arbeitgeber, Arbeitnehmer und Organmitglieder, S. 404, mit Verweis insbesondere auf *Goette*, s. *Goette*, Der Geschäftsführerdienstvertrag zwischen Gesellschafts- und Arbeitsrecht in der Rechtsprechung des Bundesgerichtshofs, FS Wiedemann, 2002, 873 (884 f.).

444 *Bauer/Diller*, Wettbewerbsverbote, Rechtliche und taktische Hinweise für Arbeitgeber, Arbeitnehmer und Organmitglieder, S. 404.

445 Je nach den Umständen des Einzelfalls kann die Frist unterschiedlich stark verkürzt (bis auf drei Monate, s. OLG Düsseldorf, Urteil v. 22.08.1996 – 6 U 150/95, NJW-RR 1997, 164) werden. Dazu auch *Bauer/Diller*, Wettbewerbsverbote, Rechtliche und taktische Hinweise für Arbeitgeber, Arbeitnehmer und Organmitglieder, S. 404 f.

§ 75a HGB gelöst.[446] Dies galt auch immer dann, wenn die Vertragsparteien die §§ 74 ff. HGB nicht zum Vertragsbestandteil machten.[447] Mit Urteil von 2002[448] schlug der BGH allerdings eine neue Richtung ein.[449] Mittlerweile spricht die Rechtsprechung der Gesellschaft wohl auch bei Zusage der Karenzentschädigung gegenüber dem Geschäftsführer weiterhin ein ungeschriebenes einseitiges Verzichtsrecht auf das nachvertragliche Wettbewerbsverbot zu.[450] Wenngleich die Gesellschaft in diesem Fall verpflichtet bleibt, die Karenzentschädigung zu leisten, gibt der Verzicht auf das nachvertragliche Wettbewerbsverbot dem Geschäftsführer die Möglichkeit, eine zuvor als Konkurrenztätigkeit qualifizierte Position anzunehmen. Den durch diese

---

[446] *Bauer/Diller*, Wettbewerbsverbote, Rechtliche und taktische Hinweise für Arbeitgeber, Arbeitnehmer und Organmitglieder, S. 403 mit Verweis auf BGH, Urteil v. 24.03.1992 – XI ZR 142/91, NJW 1992, 1893 und Urteile verschiedener Instanzgerichte, wie bspw. OLG Hamm, Urteil v. 18.03.1991 – 8 U 277/90, NJW-RR 1991, 1000 sowie auf die der Rechtsprechung zustimmende Literatur, s. anstelle vieler: *Goette*, Der Geschäftsführerdienstvertrag zwischen Gesellschafts- und Arbeitsrecht in der Rechtsprechung des Bundesgerichtshofs, FS Wiedemann, 2002, 873 (877).

[447] *Bauer/Diller*, Wettbewerbsverbote, Rechtliche und taktische Hinweise für Arbeitgeber, Arbeitnehmer und Organmitglieder, S. 403 f. mit der Darstellung der Entwicklung der Rechtsprechung des BGH, angefangen mit BGH, Urteil v. 17.02.1992 – II ZR 140/91, NJW 1992, 1892 über BGH, Urteil v. 04.03.2002 – II ZR 77/00, NJW 2002, 1875 und der Literatur wie bspw. *Goette*, Der Geschäftsführerdienstvertrag zwischen Gesellschafts- und Arbeitsrecht in der Rechtsprechung des Bundesgerichtshofs, FS Wiedemann, 2002, 873 (884 f.). Schließlich ist anzunehmen, dass die Jahresfrist nach § 75a HGB nicht im Geschäftsführeranstellungsvertrag gelten soll, wie *Bauer* und *Diller* darlegen, s. *Bauer/Diller*, Wettbewerbsverbote, Rechtliche und taktische Hinweise für Arbeitgeber, Arbeitnehmer und Organmitglieder, S. 404.

[448] BGH, Urteil v. 04.03.2002 – II ZR 77/00, NJW 2002, 1875.

[449] Der BGH begründete das einseitige Verzichtsrecht der Gesellschaft in diesem Urteil nicht mit § 75a HGB, sondern hielt den Verzicht sogar für treuwidrig gegenüber dem Geschäftsführer. Diese Argumentation wurde im Anschluss in der Literatur als nicht verständlich und „rätselhaft" bezeichnet, s. *Bauer/Diller*, Wettbewerbsverbote, Rechtliche und taktische Hinweise für Arbeitgeber, Arbeitnehmer und Organmitglieder, S. 404.

[450] Die Entwicklung der Rechtsprechung und Literatur zur Frage nach dem Vorliegen eines einseitigen Verzichtsrechtes der Gesellschaft ist bspw. ausführlich dargestellt in *Bauer/Diller*, Wettbewerbsverbote, Rechtliche und taktische Hinweise für Arbeitgeber, Arbeitnehmer und Organmitglieder, S. 404 mit Verweis auf *Goette*, Der Geschäftsführerdienstvertrag zwischen Gesellschafts- und Arbeitsrecht in der Rechtsprechung des Bundesgerichtshofs, FS Wiedemann, 2002, 873 (884 f.).

Tätigkeit erwirtschafteten Gewinn muss der Geschäftsführer sich bei einer entsprechenden Abrede auf die Karenzentschädigung anrechnen lassen.[451]

b. Kündigung des nachvertraglichen Wettbewerbsverbotes

Während sowohl der Arbeitgeber als auch der Arbeitnehmer gemäß § 75 Abs. 1, 3 HGB (analog) das nachvertragliche Wettbewerbsverbot kündigen können, steht dem Geschäftsführer dieses Lösungsrecht seit der Schuldrechtsreform 2002 nicht mehr zu.[452] Zumal seit 2002 gemäß § 314 BGB Dauerschuldverhältnisse aus wichtigem Grund gekündigt werden können, ist streitig, ob diese Lösungsmöglichkeit einer Anwendung des Rechtsgedankens des § 75 Abs. 1, 3 HGB vorgeht.[453] Die Rechtsprechung des BAG schließt eine Kündigung des nachvertraglichen Wettbewerbsverbotes desgleichen nicht aufgrund § 314 BGB aus.[454] In der Literatur und Rechtsprechung ist streitig, ob die Vertragsparteien des Geschäftsführeranstellungsvertrages über ein Kündigungsrecht aus dem für Organmitglieder unmittelbar geltenden § 314 BGB und nicht aus dem nicht einmal entsprechend geltenden § 75 Abs. 1, 3 HGB verfügen.[455] Dies erscheint auch vor dem Hintergrund,

---

[451] *Bauer/Diller*, Wettbewerbsverbote, Rechtliche und taktische Hinweise für Arbeitgeber, Arbeitnehmer und Organmitglieder, S. 406.

[452] *Bauer/Diller*, Wettbewerbsverbote, Rechtliche und taktische Hinweise für Arbeitgeber, Arbeitnehmer und Organmitglieder, S. 406 mit Verweis auf OLG Celle, Urteil v. 21.09.1979 – 3 U 197/79, AP HGB § 161 Nr. 4.

[453] Eine ausführliche Darstellung der Ansichten der Literatur und der Rechtsprechung des BGH findet sich u.a. in *Bauer/Diller*, Wettbewerbsverbote, Rechtliche und taktische Hinweise für Arbeitgeber, Arbeitnehmer und Organmitglieder, S. 407.

[454] Jüngst: BAG, Urteil v. 31.01.2018 – 10 AZR 392/17, NJW 2018, 1630/NZA 2018, 578.

[455] Für eine vorrangige Anwendung des § 314 BGB: *Bauer/Diller*, Wettbewerbsverbote, Rechtliche und taktische Hinweise für Arbeitgeber, Arbeitnehmer und Organmitglieder, S. 407; dagegen positionieren sich u.a. *Thüsing*, Nachorganschaftliche Wettbewerbsverbote bei Vorständen und Geschäftsführern – Ein Rundgang durch die neuere Rechtsprechung und Literatur, NZG 2004, 9 (14); offengelassen wurde die Frage vom OLG Celle, Urteil v. 24.09.2013 – 9 U 121/12, GWR 2014, 412 (mit Entscheidungsanmerkung von *Driver*, s. *Driver*, Kein nachvertragliches Wettbewerbsverbot nach Amtsniederlegung aus wichtigem Grund, GWR 2014, 412). All diese Ansichten werden dargestellt in: *Bauer/Diller*, Wettbewerbsverbote, Rechtliche und taktische Hinweise für Arbeitgeber, Arbeitnehmer und Organmitglieder, S. 407; zur Möglichkeit der außerordentlichen Kündigung des Geschäftsführers s. auch *Eckert/Köpple*, Schicksal nachvertraglicher Wettbewerbsverbote von GmbH-Geschäftsführern nach Abberufung, NZA 2020, 1453 (1454 f.).

dass eine analoge Anwendung der §§ 74 ff. HGB auf Geschäftsführeranstellungsverträge grundsätzlich ausgeschlossen ist, konsequent. Wenngleich sich die § 75 Abs. 1, 3 HGB und § 314 BGB inhaltlich weitestgehend entsprechen, ist insbesondere zu beachten, dass gemäß § 314 BGB das nachvertragliche Wettbewerbsverbot auch noch nach Beendigung des Geschäftsführeranstellungsvertrages – also während seiner Wirkzeit – gekündigt werden kann. Dies ist gemäß § 75 Abs. 1, 3 HGB nicht möglich.[456] Abschließend sei gesagt, dass weder dem Geschäftsführer noch der Gesellschaft ein Kündigungsrecht des nachvertraglichen Wettbewerbsverbotes bei ordentlicher Kündigung des Geschäftsführeranstellungsvertrages zusteht.[457]

3. Rechtsfolgen im französischen Recht

Die Rechtsfolgen des Verstoßes durch eine Partei des Geschäftsführeranstellungsvertrages werden nachfolgend in Ansprüche der Gegenpartei gegen die gegliedert, die gegen das Verbot verstößt. Dabei ist zwischen Ansprüchen der Gesellschaft und jenen des Gesellschafter-Geschäftsführers und des Fremdgeschäftsführers zu unterscheiden. Da sich die Rechtsfolgen im französischen Gesellschaftsrecht denen des französischen Arbeitsrechtes im Wesentlichen gleichen, werden die nachfolgenden Abschnitte kurz gehalten.

a. Rechtsfolgen bei Verstößen des Gesellschafter-Geschäftsführers

Sollte der Gesellschafter-Geschäftsführer gegen das nachvertragliche Wettbewerbsverbot verstoßen, verfügt die Gesellschaft über die nachfolgenden

---

[456] Bei der Möglichkeit der außerordentlichen Kündigung durch den Geschäftsführer scheint allerdings fraglich, wann ein solcher wichtiger Grund gegeben ist. Für die Gesellschaft liegt der immer dann vor, wenn der Geschäftsführer besonders nachhaltig gegen das nachvertragliche Wettbewerbsverbot verstößt. Im Fall der Gesellschaft ist der einzige Verstoß aber die Nichtzahlung der Karenzentschädigung, die grundsätzlich eine Nacherfüllung verlangt und damit allein zur ordentlichen Kündigung berechtigt, s. *Bauer/Diller*, Wettbewerbsverbote, Rechtliche und taktische Hinweise für Arbeitgeber, Arbeitnehmer und Organmitglieder, S. 403 ff.

[457] In diesem Zusammenhang sei gesagt, dass Musterverträge die Anwendung des § 75 Abs. 2 HGB explizit ausschließen sollen, wie *Bauer* und *Diller* erklären, s. *Bauer/Diller*, Wettbewerbsverbote, Rechtliche und taktische Hinweise für Arbeitgeber, Arbeitnehmer und Organmitglieder, S. 409.

verschiedenen Ansprüche.[458] Zunächst kann eine Vertragsstrafe geltend gemacht werden, soweit diese vereinbart wurde.[459] Überdies hat die Gesellschaft einen Anspruch auf Ersatz des Schadens gegen den Gesellschafter-Geschäftsführer, den Erstere aufgrund des Verstoßes gegen das nachvertragliche Wettbewerbsverbot erlitten hat.[460] Des Weiteren hat die Gesellschaft diesen Anspruch auch gegen etwaige Dritte, die dem Gesellschafter-Geschäftsführer bei dem Verstoß geholfen haben.[461] In die Berechnung des Schadens fließt dabei insbesondere der Verlust der Kundschaft der Gesellschaft aufgrund des Verstoßes gegen das nachvertragliche Wettbewerbsverbot ein.[462] Weiterhin entschied die Cour de cassation zuletzt, dass auch ein Dritter deliktisch gegen den Gesellschafter-Geschäftsführer vorgehen und Schadensersatz aufgrund der vertraglichen Pflichtverletzung des Gesellschafter-Geschäftsführers verlangen kann.[463] Eine Gesellschaft, die bei ihrer Neugründung einen Gesellschafter-Geschäftsführer bestellt, der durch ein nachvertragliches Wettbewerbsverbot noch an seine ehemalige Gesellschaft gebunden ist, kann von Letzterer deliktisch in Anspruch genommen werden.[464] In einer solchen Konstellation verfügt nicht nur die Gesellschaft gegen die neue Gesellschaft über einen Anspruch auf Schadensersatz, sondern auch gegen den Gesellschafter-Geschäftsführer selbst.[465] Schließlich kann die Gesellschaft vom Gesellschafter-Geschäftsführer, der eine eigene Gesellschaft gegründet hat, die Schließung dieser verlangen.[466]

---

[458] Für einen umfassenden Überblick über das kompetente Gericht und die möglichen Ansprüche, die verfolgt werden können, s. *Blaise/Desgorces*, Droit des affaires, Rn. 630 ff.

[459] *Blaise/Desgorces*, Droit des affaires, Rn. 630 ff.

[460] *Blaise/Desgorces*, Droit des affaires, Rn. 633.

[461] *Blaise/Desgorces*, Droit des affaires, Rn. 633; *Dekeuwer-Défossez/Blary-Clément/Le Goffic*, Droit commercial, Rn. 676.

[462] *Blaise/Desgorces*, Droit des affaires, Rn. 633; *Dekeuwer-Défossez/Blary-Clément/Le Goffic*, Droit commercial, Rn. 676.

[463] Cour de cassation, Plenum, Urteil v. 17.01.2020, Nr. 17-19963.

[464] *Dondero*, Droit des sociétés, Rn. 125 mit Verweis auf Cour de cassation, Kammer für Handelssachen, Urteil v. 07.12.2022, Nr. 21-1986.

[465] *Cordelier*, Droit commercial et droit des affaires, Rn. 394; *Dondero*, Droit des sociétés, Rn. 125 mit Verweis auf Cour de cassation, Kammer für Handelssachen, Urteil v. 07.12.2022, Nr. 21-1986.

[466] *Blaise/Desgorces*, Droit des affaires, Rn. 633.

b. Rechtsfolgen bei Verstößen der Gesellschaft

Im Vergleich zum Arbeitgeber ist die Gesellschaft nicht zur Zahlung einer Karenzentschädigung an den Gesellschafter-Geschäftsführer gebunden. Gleichwohl kann die Gesellschaft gegen das nachvertragliche Wettbewerbsverbot verstoßen. Diese Fälle sind in der französischen Rechtsprechung und Literatur wenig bis kaum diskutiert.[467] Eine Möglichkeit des Verstoßes besteht darin, dass die Gesellschaft dem Gesellschafter-Geschäftsführer z.B. unterstellt, dass dieser eine unerlaubte Tätigkeit ausübt, die vom nachvertraglichen Wettbewerbsverbot gedeckt ist und dafür Schadensersatz geltend macht. Wenn die Tätigkeit nicht verboten ist, kann angenommen werden, dass die Gesellschaft gegen das nachvertragliche Wettbewerbsverbot verstößt. Sollte eine Karenzentschädigung vereinbart worden sein, ist auf die Ausführungen zum arbeitsvertraglichen nachvertraglichen Wettbewerbsverbot zu verweisen.

c. Rechtsfolgen bei Verstößen des Fremdgeschäftsführers und der Gesellschaft gegen das nachvertragliche Wettbewerbsverbot und sich daraus ergebende Ansprüche gegeneinander

Die Ansprüche der Gesellschaft gegen den Fremdgeschäftsführer und *vice versa* sind die gleichen wie jene der Gesellschaft gegen den Gesellschafter-Geschäftsführer oder vielmehr des Gesellschafter-Geschäftsführers gegen die Gesellschaft. Aufgrund der Stellung des Fremdgeschäftsführers als Arbeitnehmer kommen zusätzlich noch die Ansprüche des Arbeitnehmers bei Verstoß des Arbeitgebers gegen das nachvertragliche Wettbewerbsverbot hinzu.

---

467 *Blaise* und *Desgorces* bspw. schreiben nur von Verstößen des Schuldners gegen das nachvertragliche Wettbewerbsverbot, wenn der Geschäftsführer der Schuldner ist, s. *Blaise/Desgorces*, Droit des affaires, Rn. 630. Auch *Dekeuwer-Défossez*, *Blary-Clément* und *Le Goffic* führen im Textabschnitt „Sanktionen" allein auf, dass der Vertragspartner, der unter dem Verstoß leidet, Schadensersatz verlangen kann, und der Vertragspartner, der den Verstoß begeht, diesen nicht nur allein begehen kann, sondern auch durch Eröffnung einer Gesellschaft und damit auch durch die neue Gesellschaft, s. *Dekeuwer-Défossez/Blary-Clément/Le Goffic*, Droit commercial, Rn. 676. Verstöße der Gesellschaft werden in der Literatur im französischen Recht somit nicht aufgeführt.

4. Lösungsmöglichkeiten für Gesellschafter-Geschäftsführer, Fremdgeschäftsführer und die Gesellschaft vom nachvertraglichen Wettbewerbsverbot im französischen Recht

Das französische materielle Recht räumt der Gesellschaft und dem Geschäftsführer[468] ein, sich vom nachvertraglichen Wettbewerbsverbot zu lösen.

a. Verzicht auf das nachvertragliche Wettbewerbsverbot

Üblicherweise lösen sich die Vertragsparteien vom nachvertraglichen Wettbewerbsverbot, indem sie einen beidseitigen, übereinkommenden Verzicht erklären.[469] Grundsätzlich bedingt das nachvertragliche Wettbewerbsverbot im französischen Gesellschaftsrecht weniger Nachteile für die Gesellschaft als für den Gesellschafter-Geschäftsführer, da die Notwendigkeit der Zahlung einer Karenzentschädigung an diesen nicht einmal diskutiert wird. Außerdem schützt das nachvertragliche Wettbewerbsverbot, das keine Karenzentschädigung enthält, vorrangig die Interessen der Gesellschaft, was ebenfalls dafür spricht, dass auch nur diese auf die Klausel verzichten kann.

b. Kündigung des nachvertraglichen Wettbewerbsverbotes

Auch das französische materielle Recht auf das nachvertragliche Wettbewerbsverbot im Geschäftsführeranstellungsvertrag kennt keine Regelung zur Kündigung. Mithin ist der Verzicht ebenso bei der Frage nach den Lösungsmöglichkeiten vom nachvertraglichen Wettbewerbsverbot im Verhältnis einer französischen Gesellschaft und eines Geschäftsführers der übliche Weg.

---

468 An dieser Stelle werden wie bereits an vorheriger Stelle, um Dopplungen zu vermeiden, Gesellschafter-Geschäftsführer und Fremdgeschäftsführer zusammen behandelt, sodass der Text von „Geschäftsführer" spricht und damit beide Organe meint. Auch für die kommenden Abschnitte der Dissertation steht „Geschäftsführer" für den Gesellschafter-Geschäftsführer und den Fremdgeschäftsführer gemeinsam. Sobald dies nicht mehr der Fall ist, steht im Text wieder „Gesellschafter-Geschäftsführer" und „Fremdgeschäftsführer".

469 Vertragsparteien könnten ihrem Willen nach grundsätzlich alles vereinbaren. Das Prinzip der Vertragsfreiheit findet auch im französischen Recht Anwendung, s. anstelle vieler: *Rochfeld*, Les grandes notions du droit privé, S. 525 ff.

5. Unterschiede und Gemeinsamkeiten der Rechtsfolgen bei Verstoß gegen das nachvertragliche Wettbewerbsverbot im Geschäftsführeranstellungsvertrag im deutschen und französischen materiellen Recht

Die Rechtsfolgen bei einem Verstoß gegen das nachvertragliche Wettbewerbsverbot zwischen der Gesellschaft und ihrem Geschäftsführer weisen sowohl im deutschen als auch im französischen materiellen Recht vorrangig Gemeinsamkeiten auf. Zum Beispiel kann im deutschen und französischen Recht eine Vertragsstrafe vereinbart werden, die im Falle eines Verstoßes seitens des Geschäftsführers von der Gesellschaft eingefordert werden kann. Sowohl nach deutschem als auch nach französischem Gesellschaftsrecht hat die Gesellschaft Anspruch auf Schadensersatz, das Unterlassen der verstoßenden Tätigkeit und die zukünftige Einhaltung des nachvertraglichen Wettbewerbsverbotes, wenn ein Gesellschafter-Geschäftsführer gegen ebendieses verstößt. Indes sind die Rechtsfolgen im Falle eines Verstoßes der Gesellschaft im deutschen und französischen Gesellschaftsrecht weniger diskutiert, vornehmlich weil der Gesellschaft im Allgemeinen keine Pflicht zur Zahlung einer Karenzentschädigung obliegt. Damit entfällt die im Arbeitsrecht geltende Hauptleistungspflicht des Arbeitgebers, der spiegelbildlich zur Gesellschaft steht. Sollte die Gesellschaft auf andere Weise gegen das nachvertragliche Wettbewerbsverbot verstoßen, hat der Gesellschafter-Geschäftsführer einen Anspruch gegen die Gesellschaft, wobei hier für Details auf das deutsche und französische Recht und die arbeitsrechtlichen Ausführungen verwiesen wird. Des Weiteren bestehen zusätzliche Unterschiede zwischen den beiden Rechtsordnungen. Zum Beispiel ist im französischen Recht die Kündigung nicht als Lösungsmöglichkeit vorgesehen, während sie im deutschen Gesellschaftsrecht als eine Möglichkeit gilt, da dort das zivilrechtliche Kündigungsrecht angewendet wird. Ferner ist das Regime des Verzichtes auf das nachvertragliche Wettbewerbsverbot im deutschen Recht detaillierter als im französischen Gesellschaftsrecht ausgearbeitet.

6. Zusammenfassung des Vergleiches der Rechtsfolgen bei Verstoß gegen das nachvertragliche Wettbewerbsverbot im Arbeitsvertrag im deutschen und französischen materiellen Recht

Zusammenfassend resultiert aus dem Vergleich, dass sich die Rechtsfolgen bei Verstoß gegen das nachvertragliche Wettbewerbsverbot und Lösungsmöglichkeiten vom nachvertraglichen Wettbewerbsverbot im Verhältnis zwischen der Gesellschaft und dem Geschäftsführer im deutschen und französischen materiellen Recht in hohem Maße ähneln. Unterschiedlich ist, dass die Lösungsmöglichkeiten im deutschen Recht von der Rechtsprechung und Literatur detaillierter thematisiert werden als im französischen Recht.

D. Zusammenfassung der Ergebnisse

Die Darstellung des auf das nachvertragliche Wettbewerbsverbot anwendbaren deutschen und französischen Sachrechtes lässt erkennen, dass sich die materiell-rechtlichen Wirksamkeitsvoraussetzungen mehr ähneln als unterscheiden. Insbesondere seit der Verpflichtung des Arbeitgebers zur Zahlung einer Karenzentschädigung im französischen Recht sind die Wirksamkeitsvoraussetzungen grundsätzlich die gleichen. Gleichwohl unterscheiden sie sich in ihrer Ausführung wie z.B. den Mindestanforderungen an die Karenzentschädigung oder der sachlichen Beschränkung. Das deutsche und das französische Gesellschaftsrecht differieren in dieser Hinsicht mehr als das Arbeitsrecht. Ebenfalls unterschiedlich sind einige Rechtsfolgen, die allein das auf nachvertragliche Wettbewerbsverbote anwendbare deutsche Sachrecht kennt. Auffällig ist schließlich, dass das auf das nachvertragliche Wettbewerbsverbot anwendbare französische Sachrecht Richterrecht ist. Das auf nachvertragliche Wettbewerbsverbote deutsche anwendbare materielle Recht beruht auf den §§ 74 ff. HGB, die durch die anfängliche Darstellung des auf den Anstellungsvertrag des Handlungsgehilfen anwendbaren materiellen Rechtes zu Beginn dieses Kapitels erklärt werden.

Die Bestimmung des auf das nachvertragliche Wettbewerbsverbot in Deutschland und in Frankreich bei grenzübergreifenden Sachverhalten anzuwendenden materiellen Rechtes und dessen Inhalt

Bisher ging die vorliegende Dissertation vom auf das nachvertragliche Wettbewerbsverbot anwendbaren materiellen Recht in einem rein inländischen Sachverhalt aus. Während in den Kapiteln 1[470] bis 2[471] daher allein das materielle Recht erläutert wurde, adressiert dieses Kapitel grenzübergreifende Sachverhalte, sodass neben dem materiellen Recht auch das IPR relevant wird.[472] Nach der Darlegung der wesentlichen Normen des IPR im ersten Teil dieses dritten Kapitels[473] widmet sich der zweite Teil des Kapitels[474] der Frage, ob sich das materielle Recht desselben Staates inhaltlich je nach nationalem oder grenzübergreifendem Sachverhalt unterscheidet. Dabei ergeben sich folgende Fragestellungen: Was ist der Anknüpfungspunkt für das nachvertragliche Wettbewerbsverbot der vorliegend beleuchteten Dienstverträge? Gibt es unterschiedliche Anknüpfungspunkte für das nachvertragliche Wettbewerbsverbot im Arbeitsvertrag und im Geschäftsführeranstellungsvertrag? Beim

---

470 Kapitel 1: „Das Wettbewerbsverbot und die Treuepflicht im Arbeitsvertrag und im Geschäftsführeranstellungsvertrag".

471 Kapitel 2: „Das materielle Recht des nachvertraglichen Wettbewerbsverbotes in Deutschland und in Frankreich bei rein inländischen Sachverhalten".

472 Einen Überblick über das IPR, einschließlich des internationalen Arbeitsrechtes, Europarechtes und vergleichenden Arbeitsrechtes aus französischer Perspektive bietet u.a. *Laborde*, s. *Laborde*, Droit international privé, droit international du travail, droit européen du travail, droit comparé du travail, droit générique du travail, Quelques observations en variations libres, FS Verkindt, 2022, S. 247 ff.

473 IPR.

474 Materielles Recht.

IPR handelt es sich gemäß Art. 3 Halbsatz 2 EGBGB um Fragestellungen, die der Frage nach dem Inhalt der materiell-rechtlichen Rechtsgrundlage vorgelagert sind. In diesem Sinne thematisiert dieses Kapitel zunächst das IPR und im Anschluss das auf nachvertragliche Wettbewerbsverbote anwendbare materielle Recht in grenzübergreifenden Sachverhalten.

A. IPR

Bei Sachverhalten mit Auslandsbezug, d. h. Bezug zu mindestens zwei Staaten, sogenannten grenzübergreifenden Sachverhalten, stellt sich stets zuerst die Frage, ob das Sachrecht des einen oder des anderen Staates oder sogar eines Drittstaates anwendbar ist.

Diese Frage wird durch Kollisionsnormen beantwortet, die in grenzübergreifenden Sachverhalten die Anwendung des Sachrechtes eines Staates festlegen.[475] Im Umkehrschluss erfordert das IPR gemäß Art. 3 letzter Halbsatz EGBGB einen Sachverhalt mit Auslandsberührung.[476]

I. Europäische Rechtsquellen des IPR

Aufgrund des Bedürfnisses nach einheitlichen Kollisionsnormen für eine reibungslose (wirtschaftliche) Zusammenarbeit im Binnenmarkt kannte bereits die EWG verschiedene europäische Kollisionsnormen.[477] Seitdem wurden stetig mehr Bereiche des IPR durch die EU vereinheitlicht.[478] Gemäß

---

475 *Mansel*, Privatrechtsdogmatik und Internationales Privatrecht, FS Canaris, 2017, S. 739 (741 ff.).

476 Diskutiert wird die Frage nach der Notwendigkeit eines Sachverhaltes mit Auslandsberührung u.a. von *Hausmann*, s. *Hausmann*, in: Hausmann/Odersky, Internationales Privatrecht in der Notar- und Gestaltungspraxis, § 1, Rn. 6 ff.

477 In der EWG wurden 1980 im sogenannten „Römische[n] EG-Schuldvertragsübereinkommen" (in dieser Dissertation mit „EVÜ" abgekürzt) Kollisionsregeln für grenzübergreifende Vertragsverhältnisse aufgestellt, die anschließend in das EGBGB inkorporiert wurden, s. *Mansel*, Europäisches Gemeinschaftsrecht und IPR, IPRax 1990, 344 (344). *Mansel* schreibt außerdem zum damaligen Meinungsstreit hinsichtlich der Frage, ob das EVÜ in das EGBGB inkorporiert werden sollte.

478 *Leible/Unberath*, in: Leible/Unberath, Brauchen wir eine Rom 0-Verordnung?, Überlegungen zu einem Allgemeinen Teil des europäischen IPR, Studien zum Internationalen Privat- und Verfahrensrecht, S. 5 f.

Art. 288 S. 2 AEUV geht das europäische IPR in den EU-Verordnungen den nationalen Verordnungen des deutschen oder französischen IPR vor.[479] Das Ziel dieser Vereinheitlichung ist neben der bereits genannten Stärkung der (wirtschaftlichen) Zusammenarbeit der Mitgliedstaaten die Verbesserung der Mobilität der Bürger.[480]

Ohne Mobilität von Arbeitnehmern und Geschäftsführern wären grenzübergreifende Arbeitsverträge und Geschäftsführeranstellungsverträge mit darin aufgenommenen nachvertraglichen Wettbewerbsverboten nicht möglich. Überdies begrenzt ein einheitliches europäisches Kollisionsrecht gerade auch mit seinen Regelungen zur Durchsetzbarkeit von Gerichtsentscheidungen[481] die Phänomene *forum* und *law shopping*.[482] Die umfassende Gesetzgebungskompetenz der EU im IPR ergibt sich aus Art. 81 Abs. 2 Lit. c) AEUV. Der von der EU bisher verabschiedete Rechtsakt zu vertraglichen Schuldverhältnissen, der für die vorliegende Dissertation relevant ist, ist die Rom I-VO. Das deutsche autonome Kollisionsrecht verweist auf diese Verordnung in

---

479 *Mansel*, in: Leible/Unberath, Brauchen wir eine Rom 0-Verordnung? – Überlegungen zu einem Allgemeinen Teil des europäischen IPR, Parteiautonomie, Rechtsgeschäftslehre der Rechtswahl und Allgemeinen Teil des europäischen Kollisionsrechts, S. 243 (248).

480 Anstelle vieler s.: *Mansel*, in: Leible/Unberath, Brauchen wir eine Rom 0-Verordnung? – Überlegungen zu einem Allgemeinen Teil des europäischen IPR, Parteiautonomie, Rechtsgeschäftslehre der Rechtswahl und Allgemeinen Teil des europäischen Kollisionsrechts, S. 243 (250); *Kreuzer/Wagner/Reder*, in: Dauses/Ludwigs, Handbuch des EU-Wirtschaftsrechts, R. Europäisches Internationales Privatrecht, Rn. 4 ff. zur Vereinheitlichung der europäischen Kollisionsnormen. An dieser Stelle wird mit „Mobilität der Bürger" gemeint, dass diese grenzüberschreitend als Arbeitnehmer oder im Rahmen ihrer sonstigen europäischen Grundfreiheiten tätig werden dürften. Zu den europäischen Grundfreiheiten s.: „Das Zusammenspiel von europäischen Grundfreiheiten und grenzübergreifenden nachvertraglichen Wettbewerbsverboten".

481 Die Regelungen des IPR des angerufenen Gerichtes, die die Anerkennung und Vollstreckung von Gerichtsentscheidungen betreffen, sind nicht Teil der vorliegenden Dissertation. Weitergehende Informationen dazu finden sich bspw. in *Brendel*, Nachvertragliche grenzüberschreitende Wettbewerbsverbote, 2009, S. 108 f.

482 *Mansel*, in: Leible/Unberath, Brauchen wir eine Rom 0-Verordnung? – Überlegungen zu einem Allgemeinen Teil des europäischen IPR, Parteiautonomie, Rechtsgeschäftslehre der Rechtswahl und Allgemeinen Teil des europäischen Kollisionsrechts, S. 243 (250) mit weiteren Nachweisen.

Art. 3 Nr. 1 EGBGB.[483] Da im vorliegenden Rahmen das anwendbare Recht auf das nachvertragliche Wettbewerbsverbot im Arbeitsvertrag und im Geschäftsführeranstellungsvertrag behandelt wird, befasst sich dieses Kapitel mit der Rom I-VO. Die Rom I-VO gilt gemäß Art. 29 Abs. 2 Rom I-VO seit dem 17. Dezember 2009. Sie zielt auf einen europäischen äußeren Entscheidungseinklang im Binnenmarkt ab.[484] Weitere Charakteristika sind (1) Rechtssicherheit zwischen den Vertragsparteien zu schaffen[485] sowie (2) der bewusst normierte Schutz der schwächeren Vertragspartei.[486] Durch einerseits starre, klare und andererseits flexible Anknüpfungsmöglichkeiten erlaubt es die Rom I-VO den Parteien, die Besonderheiten des vertraglichen Einzelfalls zu berücksichtigen. Der Schutz der schwächeren Vertragspartei wie des Arbeitnehmers oder des Verbrauchers[487] wird u. a. dadurch ermöglicht, dass auf Verträge und Vereinbarungen, für die die Parteien das Recht selbst gewählt haben, regelmäßig das für die schwächere Vertragspartei günstigere Sachrecht anzuwenden ist.

Dieser Gedanke spiegelt sich z.B. im „Günstigkeitsvergleich“[488] bei grenzübergreifenden Arbeitsverträgen i.S.d. Art. 8 Rom I-VO wider.[489] Die Rom I-VO ermittelt das auf vertragliche Schuldverhältnisse und die aus diesen erwachsenden (nachvertraglichen) Pflichten anzuwendende materielle Recht. Dabei ist der Begriff des vertraglichen Schuldverhältnisses europäisch-autonom auszulegen und inkludiert der Literatur zufolge grundsätzlich

---

483 *Freitag*, in: NK-BGB, Art. 3 EGBGB, Rn. 1.

484 Im Idealfall des europäischen äußeren Entscheidungseinklangs wird ein Sachverhalt in allen Gerichten innerhalb der EU-Mitgliedstaaten nach derselben Rechtsordnung und damit identisch beurteilt, s. u.a. *Freitag*, in: NK-BGB, Art. 3 EGBGB, Rn. 18.

485 Siehe Erwägungsgrund Nr. 16 der Rom I-VO.

486 Siehe Erwägungsgrund Nr. 23 der Rom I-VO.

487 Siehe Art. 5-8 Rom I-VO. Die Art. normieren die speziellen Anknüpfungspunkte für die Bestimmung des aus asymmetrische Vertragstypen anwendbaren Sachrechtes wie den Verbrauchervertrag oder den Arbeitsvertrag.

488 *Martiny*, in: MüKo/BGB, Art. 8 Rom I-VO, Rn. 42.

489 In der französischen Literatur wird in diesem Zusammenhang auch von *„contrat de travail international“* (auf Französisch; frei übersetzt auf Deutsch: internationaler Arbeitsvertrag) geschrieben, s. anstelle vieler: *Hennion/Le Barbier/Del Sol/Lhernhould*, Droit social européen et international, S. 278.

jedwede schuldvertragliche Vereinbarung, ohne dass eine Definition darüber existiert.[490] Der Dienstvertrag wie der Arbeitsvertrag und der Geschäftsführeranstellungsvertrag, die jeweils eine Vereinbarung über das nachvertragliche Wettbewerbsverbot enthalten, oder die Vereinbarung des nachvertraglichen Wettbewerbsverbotes als eigenständiger Vertrag zwischen den Vertragsparteien,[491] stellen als Verträge vertragliche Schuldverhältnisse i.S.d. Rom I-VO dar. In der Literatur und Rechtsprechung wird überwiegend davon ausgegangen, dass das nachvertragliche Wettbewerbsverbot Teil des Arbeitsvertragsstatuts i.S.d. Art. 8 Rom I-VO ist.[492] Mithin ist die Rom I-VO anwendbar. Somit bestimmt sich anhand der Rom I-VO das auf das nachvertragliche Wettbewerbsverbot anzuwendende materielle Recht eines Staates. Für jeden Vertragstyp bestimmt die Rom I-VO gesondert das Vertragsstatut.[493] Die genaue Vorgehensweise wird in den nachfolgenden Abschnitten dargestellt.

II. Das Vertragsstatut nach der Rom I-VO

Die Rom I-VO überlässt es grundsätzlich den Vertragsparteien, das auf ihren Vertrag anzuwendende materielle Recht eines Staates selbst zu wählen. Darüber hinaus normiert die Rom I-VO Anknüpfungspunkte zur Ermittlung des anzuwendenden Sachrechtes eines Staates. Die Rom I-VO gilt gemäß Art. 288 Abs. 2 AEUV auch im französischen Recht.[494]

Nachfolgend werden die Anknüpfungspunkte anhand eines deutsch-französischen Beispielsfalles dargestellt.

---

[490] Anstelle vieler: *Leible*, in: NK-BGB, Art. 8 Rom-I VO, Rn. 5; *Martiny*, in: MüKo/BGB, Art. 1 Rom I-VO, Rn. 7 ff. *Martiny* thematisiert außerdem Abgrenzungsschwierigkeiten bei Einzelfragen, die für diese Dissertation nicht relevant sind.

[491] Wie bereits an vorheriger Stelle dargelegt wurde, ist das nachvertragliche Wettbewerbsverbot grundsätzlich im Arbeitsvertrag und Geschäftsführeranstellungsvertrag enthalten, es kann aber auch separat als eigenständiger Vertrag vereinbart werden, was eine Ausnahme darstellt.

[492] *Martiny*, in: MüKo/BGB, Art. 8 Rom I-VO, Rn. 121 mit Verweis auf OLG Celle, Urteil v. 13.09.2000 – 9 U 110/00, NZG 2001, 131.

[493] *Martiny*, in: MüKo/BGB, Vorbemerkung (Vor Art. 1 Rom I-VO), Rn. 9.

[494] Zu Art. 4 Rom I-VO im internationalen Rechtsverkehr, s. *Bureau/Muir Watt*, Droit international privé, Tome 1, S. 433, 444 f. sowie zur Anwendung dieser Konfliktregel, s. *Bureau/Muir Watt*, Droit international privé, Tome 1, S. 510.

1. Bestimmung des Arbeitsvertragsstatuts durch subjektive Anknüpfung: Die Rechtswahlfreiheit der Vertragsparteien

Gemäß Art. 3 Abs. 1 S. 2 Alternative 1 Rom I-VO können die Vertragsparteien das anzuwendende materielle Recht eines Staates ausdrücklich und gemäß Art. 3 Abs. 1 S. 2 Alternative 2 Rom I-VO ebenso konkludent selbst wählen.[495] Die Rechtswahlfreiheit im IPR i.S.d. Art. 3 Abs. 1 S. 2 Alternative 1, 2 Rom I-VO ist ein Grundprinzip, das durch die Rom I-VO normiert wird.[496] Dies erklärt der Literatur zufolge die grundsätzlich[497] kaum eingeschränkte Wirkung der Rechtswahlfreiheit[498]: Es muss zum Beispiel keine Beziehung der Parteien zur gewählten Rechtsordnung vorliegen.[499] Folglich können die Parteien i.S.d. Art. 2 Rom I-VO ein Sachrecht zur Anwendung bestimmen, das keine materiell-rechtliche Rechtsordnung der Mitgliedstaaten sein muss. Den Vertragsparteien steht überdies offen, die Anwendung

---

[495] Vor dem Inkrafttreten der Rom I-VO zum 17.12.2009 normierten die Art. 27 ff. EGBGB den Grundsatz der Rechtswahlfreiheit der Vertragsparteien. Der Inhalt glich dem aus Art. 3 Abs. 1 Rom I-VO, s. detaillierter *Bauer/Diller*, Wettbewerbsverbote, Rechtliche und taktische Hinweise für Arbeitgeber, Arbeitnehmer und Organmitglieder, S. 38. Die Rechtsprechung entschied bereits 1955, dass eine stillschweigende konkludente Rechtswahl möglich ist, s. BGH, Urteil v. 22.11.1955 – I ZR 218/53, NJW 1956, 377.

[496] *Mansel*, in: Jauernig BGB mit Rom I-VO, Rom II-VO, Rom I-VO, I. Vorbemerkungen, Rn. 14; *Mansel*, in: Leible/Unberath, Brauchen wir eine Rom 0-Verordnung? – Überlegungen zu einem Allgemeinen Teil des europäischen IPR, Parteiautonomie, Rechtsgeschäftslehre der Rechtswahl und Allgemeinen Teil des europäischen Kollisionsrechts, S. 243 (245).

[497] Die Wirkung der Rechtswahlfreiheit wird in vielerlei Hinsicht durch gesetzliche Vorgaben, wie bspw. Art. 8 Abs. 1 S. 2 Rom I-VO eingeschränkt.

[498] Im Unterschied zum internationalen Familien- und Erbrecht sei die Rechtswahlfreiheit der Parteien im Vertrags- und Deliktsrecht der Rom I-VO und der Rom II-VO grundsätzlich uneingeschränkt, wie *Mansel* schreibt, s. *Mansel*, in: Leible/Unberath, Brauchen wir eine Rom 0-Verordnung? – Überlegungen zu einem Allgemeinen Teil des europäischen IPR, Parteiautonomie, Rechtsgeschäftslehre der Rechtswahl und Allgemeinen Teil des europäischen Kollisionsrechts, S. 243 (268).

[499] *Hausmann*, in: Hausmann/Odersky, Internationales Privatrecht in Notar- und Gestaltungspraxis, § 2 Funktionsweise des IPR, Rn. 69 mit Verweis auf *Mansel*, Parteiautonomie, Rechtsgeschäftslehre der Rechtswahl und Allgemeiner Teil des europäischen Kollisionsrechts, in: Leible/Unberath, Brauchen wir eine Rom 0-Verordnung?, Parteiautonomie, Rechtsgeschäftslehre der Rechtswahl und Allgemeinen Teil des europäischen Kollisionsrechts, S. 243 ff.

des Sachrechtes einer oder mehrerer Rechtsordnungen auszuschließen. Eine solche sogenannte negative Rechtswahl ist zulässig.[500]

Gemäß Art. 3 Abs. 1 S. 3 Rom I-VO ist es den Parteien möglich, den Vertrag nicht nur einer einzigen Rechtsordnung zu unterstellen, sondern eine Rechtswahl nur für einen Teil des Vertrags, die sogenannte *dépeçage*[501], zu treffen.[502] Dies umschließt auch die Möglichkeit, für unterschiedliche Teile eines Vertrags die Anwendung unterschiedlicher Rechtsordnungen zu vereinbaren. Damit können die Vertragsparteien beispielsweise für das nachvertragliche Wettbewerbsverbot eine andere Rechtsordnung bestimmen als für den Arbeitsvertrag bzw. den Geschäftsführeranstellungsvertrag.

2. Die Rechtswahlfreiheit und ihre Grenzen – das Verhältnis von Art. 3 und Art. 8 Abs. 1 S. 1 Rom I-VO und die (individualarbeitsrechtlichen) Einschränkungen gemäß Art. 8 Abs. 1 S. 2 Rom I-VO

Die Parteien des Individualarbeitsvertrags können das anzuwendende materielle Recht gemäß Art. 3 Abs. 1, Art. 8 Abs. 1 S. 1 Rom I-VO frei wählen. Art. 3 Rom I-VO und Art. 8 Abs. 1 S. 1 Rom I-VO wirken zusammen, damit die Individualarbeitsvertragsparteien ihre Rechtswahlfreiheit bestmöglich ausüben können.[503] Generell bestimmen sich die Modalitäten der Rechtswahl der Individualarbeitsvertragsparteien i.S.d. Art. 8 Rom- I-VO nach den allgemeinen Regelungen des Art. 3 Rom -IVO. Die Parteien können ihre Rechtswahl auch im Arbeitsvertrag gemäß Art. 3 Abs. 1 S. 2 Rom I-VO explizit oder konkludent tätigen[504] und auch die Möglichkeit einer Teilrechtswahl

[500] Bei negativer Rechtswahl entscheidet das Gericht, welches Recht anwendbar ist, s. *Schäuble*, in: Hausmann/Odersky, Internationales Privatrecht in Notar- und Gestaltungspraxis, § 16 Schuldvertragsrecht, Rn. 42.

[501] *Martiny*, in: MüKo/BGB, Vorbemerkung (Vor Art. 1 Rom I-VO), Rn. 9; detaillierter zur Teilrechtswahl, der sogenannten „*dépeçage*", s. anstelle vieler: *von Bar/Mankowski*, IPR 2: Besonderer Teil, § 5, Rn. 208.

[502] *Ferrari*, in: Ferrari/Kieniger/Mankowski/Otte/Saenger/Schulze/Staudinger, Internationales Vertragsrecht, Rom I-VO, Art. 3, Rn. 36.

[503] *Knöfel*, in: BeckOGK BGB/Rom I-VO, Art. 8, Rn. 33; *Martiny*, in: MüKO/BGB, Art. 8 Rom I-VO, Rn. 29.

[504] *Knöfel*, in: BeckOGK BGB/Rom I-VO, Art. 8, Rn. 33, 36; *Martiny*, in: MüKO/BGB, Art. 8 Rom I-VO, Rn. 31.

gemäß Art. 3 Abs. 1 S. 3 Rom I-VO steht den Parteien offen.[505] Auch die Verwendung vorformulierter Rechtswahlklauseln durch den Arbeitgeber und die Zustimmung derer durch den Arbeitnehmer fällt unter die freie Rechtswahl gemäß Art. 3 Rom I-VO.[506] Überdies können die Parteien auch ein Recht zur Anwendung bestimmen, das mit dem Individualarbeitsvertrag in keiner Beziehung steht, was dazu führt, dass die Parteien selbst bei reinen Inlandssachverhalten die Anwendung ausländischen Rechtes bestimmen können.[507] Eine Grenze dazu findet sich in Art. 3 Abs. 3 Rom I-VO: Ein Abweichen von den einfach zwingenden Normen des Staates, zu dem der Vertrag die alleinige Verbindung aufweist, ist ausgeschlossen.[508] Die praktische Bedeutung des Art. 3 Abs. 3 Rom I-VO ist gleichwohl gering; zwingende arbeitsrechtliche Vorschriften des Inlands bleiben zu berücksichtigen – in gleicher Weise wie Art. 8 Abs. 1 S. 2 Rom I-VO eine Rechtswahl der Vertragsparteien beschränkt.[509]

Gemäß Art. 8 Abs. 1 S. 2 Rom I-VO wird national zwingendes Recht durchgesetzt, wenn es sich bei dem Sachverhalt ohne Rechtswahl um einen rein nationalen Sachverhalt handeln würde und wenn nach objektiver Anknüpfung eine andere Rechtsordnung anzuwenden wäre.[510] Handelt es sich bei den verdrängten Normen des gewählten Rechts um solche, die nach Art. 8 Rom I-VO günstiger sind als die des nach Art. 3 Abs. 3 Rom I-VO vorgehenden Rechts, geht Art. 8 Abs. 1 Rom I-VO als speziellere Schutznorm vor.[511] Überdies schützt Art. 8 Abs. 1 S. 2 Rom I-VO die als schwächer angesehene

505 *Knöfel*, in: BeckOGK BGB/Rom I-VO, Art. 8, Rn. 38; *Martiny*, in: MüKO/BGB, Art. 8 Rom I-VO, Rn. 33.

506 *Knöfel*, in: BeckOGK BGB/Rom I-VO, Art. 8, Rn. 39 mit Verweis auf EuGH, Urteil v. 15.07.2021, Rs. C-152/20, C-218/20, ECLI:EU:C:2021:600 – *DG, EH/SC Gruber Logistics SRL* (Rs. C-152/20) und *Sindicatul Lucrătorilor din Transporturi, TD/SC Samidani Trans SRL* (Rs. C-218/20), Entscheidungsbesprechung in der NZA 2021, 1357.

507 *Herfs-Röttgen*, Beschäftigung von Arbeitnehmern im Ausland, NZA 2017, 873 (874).

508 *Herfs-Röttgen*, Beschäftigung von Arbeitnehmern im Ausland, NZA 2017, 873 (874); *Schlachter*, in: ErfK, Art. 9 Rom I-VO, Rn. 5.

509 *Knöfel*, in: BeckOGK BGB/Rom I-VO, Art. 8, Rn. 41.

510 *Schönborn*, in: BeckOK Arbeitsrecht, Art. 8 Rom-I VO, Rn. 13 mit Verweis auf EuGH, Urteil v. 15.07.2021, Rs. C-152/20, C-218/20, ECLI:EU:C:2021:600 – *DG, EH/SC Gruber Logistics SRL* (Rs. C-152/20) und *Sindicatul Lucrătorilor din Transporturi, TD/SC Samidani Trans SRL* (Rs. C-218/20), Entscheidungsbesprechung in der NZA 2021, 1357.

511 *Schönborn*, in: BeckOK Arbeitsrecht, Art. 8 Rom-I VO, Rn. 13f.

Vertragspartei durch das kollisionsrechtliche Günstigkeitsprinzip, das auch als „rechtswahlergänzende Sonderanknüpfung“[512] bezeichnet wird.[513] Damit gilt für den Arbeitsvertrag Folgendes: Sollten die Arbeitsvertragsparteien eine Rechtswahl i.S.d. Art. 3 Abs. 1 S. 2, 8 Abs. 1 S. 1 Rom-I VO getroffen haben, darf diese gemäß Art. 3 Abs. 1 S. 2, 8 Abs. 1 S. 1 Rom-I VO nicht dazu führen, dass die Rechtswahl dem Arbeitnehmer den Schutz günstigerer zwingender Bestimmungen entzieht, die nach der gesetzlichen Bestimmung des Sachrechtes durch die Anknüpfungspunkte in Art. 8 Abs. 2 bis 4 Rom I-VO anzuwenden gewesen wären.[514] Art. 8 Abs 1 S. 2 Rom I-VO führt dazu, dass der Arbeitnehmer schlechter gestellt werde, als er es nach dem Recht wäre, das bei fehlender Rechtswahl Anwendung fände. Diese Regelung gewährleistet einen Mindeststandard an Schutz des Arbeitnehmers. Dieser Schutz wäre dem Arbeitnehmer durch eine uneingeschränkte Rechtswahlfreiheit entzogen worden.[515] In diesem Fall werden nur die gewählten Regelungen, die weniger günstig sind, nicht angewendet. Hinsichtlich der restlichen Vertragsklauseln ergeben sich dann keine Änderungen, sodass der Vertrag insgesamt verschiedenen Rechtsordnungen unterliegt.[516]

Schließlich begründet Art. 3 Abs. 4 Rom I-VO eine weitere Schranke, die aber nicht nur den Individualarbeitsvertrag betrifft: Die Norm soll einer Umgehung des zwingenden Gemeinschaftsrechts entgegenwirken, indem sie klarstellt, dass in rein innergemeinschaftlichen Sachverhalten die Anwendung zwingender Bestimmungen des Gemeinschafts- bzw. Unionsrechts – sowie gegebenenfalls entsprechender nationaler Umsetzungsakte – durch die Wahl des Rechts eines Drittstaats (Nichtmitgliedstaats) unberührt bleibt.[517]

---

512 *Knöfel*, in: BeckOGK BGB/Rom I-VO, Art. 8, Rn. 42.

513 BAG, Urteil v. 31.03.2022 – 8 AZR 207/21, NZA 2022, 1288 (1289).

514 *Stoffels*, in: Sprachrisiko bei Abschluss von Arbeitsverträgen mit ausländischen Arbeitnehmern, FS Kronke, 2020, S. 1847 (1848). Eine ausführliche Darstellung des Günstigkeitsprinzips findet sich bspw. bei *Schröder*, s. *Schröder*, Das Günstigkeitsprinzip im internationalen Privatrecht, 1996.

515 *Mansel*, in: Leible/Unberath, Brauchen wir eine Rom 0-Verordnung? – Überlegungen zu einem Allgemeinen Teil des europäischen IPR, Parteiautonomie, Rechtsgeschäftslehre der Rechtswahl und Allgemeinen Teil des europäischen Kollisionsrechts, S. 243 (256).

516 Mit einem ähnlichen Beispiel: *Herfs-Röttgen*, Beschäftigung von Arbeitnehmern im Ausland, NZA 2017, 873 (874).

517 *Herfs-Röttgen*, Beschäftigung von Arbeitnehmern im Ausland, NZA 2017, 873 (874); *Knöfel*, in: BeckOGK BGB/Rom I-VO, Art. 8, Rn. 53.

Im Beispielfall eines deutsch-französischen Arbeitsvertrages, der ein nachvertragliches Wettbewerbsverbot enthält, könnte entweder deutsches oder französisches materielles Recht angewendet werden. Dies gilt es herauszufinden. Nur, wenn die Parteien keine (wirksame) Rechtswahl getroffen haben, wird das anzuwendende materielle Recht nach den objektiven Anknüpfungspunkten gemäß Art. 8 Abs. 2 bis 4 Rom I-VO bestimmt.[518]

3. Bestimmung des Arbeitsvertragsstatuts durch objektive Anknüpfung

Sollten die Vertragsparteien nicht durch subjektive Anknüpfung die Anwendung eines materiellen Rechtes gewählt haben, wird das anzuwendende Sachrecht eines Staates im IPR durch die sogenannte objektive Anknüpfung bestimmt.[519] Die Bestimmung des Sachrechtes fordert zunächst die Beantwortung der Frage, ob eine Sonderanknüpfung i.S.d. Art. 5 bis 8 Rom I-VO, wie den Arbeitsvertrag oder die Generalklausel des Art. 4 Rom I-VO einschlägig ist. Folglich richten sich die Anknüpfungspunkte für die Bestimmung des Sachrechtes nach der Vertragsart.

a. Die Kollisionsnorm des Art. 8 Abs. 2 bis 4 Rom I-VO zur Bestimmung des auf den Arbeitsvertrag im grenzübergreifenden Sachverhalt anzuwendenden materiellen Rechtes eines Staates

Sofern die Vertragsparteien keine Rechtswahl getroffen haben, sieht die Rom I-VO für den Arbeitsvertrag[520] eine eigene Sonderanknüpfung in Art. 8 Abs. 2 bis 4 Rom I-VO.[521]

---

518 *Schlachter*, in: ErfK, Art. 9 Rom I-VO, Rn. 8.

519 Eine Kurzusammenfassung der Bestimmung des anzuwendenden Rechtes auf den Arbeitsvertrag ohne Rechtswahl findet sich u.a. in *Bayer*, Home-Office im EU-Ausland – eine arbeitsrechtliche Betrachtung, ArbRAktuell 2022, 165 (165).

520 Die Begriffe des Arbeitsvertrages und des Arbeitnehmers i.S.d. Art. 8 Rom I-VO sind einheitlich europäisch autonom auszulegen, s. *Mansel*, in: Jauernig BGB mit Rom I-VO, Rom II-VO, Rom I-VO, I. Vorbemerkungen, Rn. 33; die Auslegung läuft im Wesentlichen mit der des deutschen und französischen Rechtes gleich, s. Voraussetzungen in *Martiny*, in: MüKo/BGB, Rom I-VO Art. 8 Individualarbeitsverträge, Rn. 21 ff.

521 *Mansel*, in: Jauernig BGB mit Rom I-VO, Rom II-VO, Rom I-VO, I. Vorbemerkungen, Rn. 31.

Die Bestimmung des anwendbaren Rechts nach Art. 8 Abs. 2 bis 4 Rom I-VO erfolgt in dieser Reihenfolge: Gemäß Art. 8 Abs. 2 S. 1 Rom I-VO unterliegt der Arbeitsvertrag grundsätzlich dem Recht des Staates, in dem oder andernfalls von dem aus der Arbeitnehmer in Erfüllung des Vertrags gewöhnlich seine Arbeit verrichtet. Gemäß Art. 8 Abs. 2 S. 2 Rom I-VO wechselt der Staat, in dem die Arbeit gewöhnlich verrichtet wird nicht, wenn der Arbeitnehmer seine Arbeit vorübergehend in einem anderen Staat verrichtet. Wenn das anzuwendende Recht nicht nach Art. 8 Abs. 2 Rom I-VO bestimmt werden kann, unterliegt der Vertrag gemäß Art. 8 Abs. 3 Rom I-VO dem Recht des Staates, in dem sich die Niederlassung befindet, die den Arbeitnehmer eingestellt hat. Sollte sich allerdings aus der Gesamtheit der Umstände ergeben, dass der Vertrag eine engere Verbindung zu einem anderen als dem in Art. 8 Abs. 2, 3 Rom I-VO bezeichneten Staat aufweist, ist gemäß Art. 8 Abs. 4 Rom I-VO das Recht dieses andern Staates anzuwenden.

Begründet werden die Sonderanknüpfungen mit dem diesen Vertragstypen immanenten Ungleichgewicht zwischen den Vertragsparteien, dem Arbeitgeber und dem Arbeitnehmer.

(1) Verordnungsautonome Auslegung des Individualarbeitsvertrages

In grenzüberschreitenden Sachverhalten stellt sich die Frage nach der anzuwendenden Rechtsordnung. Die arbeitsrechtlichen Regelungen des nachvertraglichen Wettbewerbsverbots der in Deutschland und Frankreich unterscheiden sich in einigen wesentlichen Punkten. Seit dem 17. Dezember 2009 richtet sich das auf individualarbeitsrechtliche Schuldverhältnisse anwendbare Kollisionsrecht, soweit nicht vorrangiges zwischenstaatliches Recht oder primäres bzw. sekundäres Unionsrecht greift, nach der Rom I-VO. Die Rom I-VO ist einheitliches Kollisionsrecht, welches den Begriff des Arbeitsvertrags unter Zugrundelegung der Rechtsprechung des EuGH zu Art. 45 AEUV[522] verordnungsautonom auslegt. Mithin stellt sich die Frage, ob die hier untersuchten Dienstverträge – der Arbeitsvertrag und der Geschäftsführeranstellungsvertrag – nach verordnungsautonomer Auslegung[523]

---

522 *Schönborn*, in: BeckOK Arbeitsrecht, Art. 8 Rom-I VO, Rn. 4.

523 Die verordnungsautonome Auslegung ist maßgeblich; eine Auslegung nach dem Recht der lex fori findet nicht statt, s. *Martiny*, in: MüKo/BGB, Art. 8 Rom I-VO, Rn. 22.

als Individualarbeitsvertrag i.S.d. Art. 8 Rom I-VO qualifiziert werden. Der Begriff des Individualarbeitsvertrags wird verordnungsautonom nicht weiter eingeschränkt; der des Arbeitnehmers ist mithin weit auszulegen.[524] Erfasst wird jede Person, die einer echten Beschäftigung nachgeht.

Lediglich Tätigkeiten mit nur sehr geringem Umfang, die als unbedeutend und nebensächlich einzustufen sind, bleiben dabei außer Betracht.[525] Aus dem Schutzbereich des Art. 8 Abs. 2-4 Rom I-VO findet mithin keine Anwendung auf Menschen, die nur in sehr geringem Umfang weisungsgebunden abhängig beschäftigt sind. Wesentlich ist, dass Arbeitnehmer seiner Beschäftigung weisungsgebunden, in einem Unterordnungsverhältnis, gegen Entgelt und vom Arbeitgeber abhängig nachgeht.[526] Zur Beantwortung der Frage, ob der Geschäftsführeranstellungsvertrag nach verordnungsautonomer Auslegung als Individualarbeitsvertrag i.S.d. Art. 8 Rom I-VO qualifiziert werden kann, ist ebenfalls auf die Weisungsgebundenheit abzustellen.[527] Während die Bestellung sowie die Abberufung des Geschäftsführers dem Gesellschaftsstatut unterliegt, wird das Anstellungsverhältnis des Fremdgeschäftsführers einer GmbH nach europäischer, verordnungsautonomer Auslegung, dem Arbeitsvertragsstatut.[528] Fremdgeschäftsführer einer GmbH, wie sie in der vorliegenden Arbeit behandelt werden, fallen nach verordnungsautonomer Auslegung in Art. 8 Rom I-VO; nicht weisungsgebundene Geschäftsführer, beispielsweise solche einer AG, hingegen nicht.[529]

---

[524] *Martiny*, in: MüKo/BGB, Art. 8 Rom I-VO, Rn. 22.

[525] *Martiny*, in: MüKo/BGB, Art. 8 Rom I-VO, Rn. 22; *Staudinger*, in: Ferrari/Kieniger/Mankowski/Otte/Saenger/Schulze/Staudinger, Internationales Vertragsrecht, Rom I-VO, Art. 8, Rn. 9 ff.

[526] *Martiny*, in: MüKo/BGB, Art. 8 Rom I-VO, Rn. 22; EuGH, Urteil v. 03.07.1968, Rs. C-66/85, ECLI:EU:C:1986:284 – *Lawrie Blum/Land Baden-Württemberg*, NJW 1987, 1138 (1138).

[527] *Martiny*, in: MüKo/BGB, Art. 8 Rom I-VO, Rn. 24; *Oetker*, in: MHdB ArbR, § 13, Rn. 11.

[528] *Martiny*, in: MüKo/BGB, Art. 8 Rom I-VO, Rn. 24 mit Verweis auf OLG Düsseldorf, Urteil v. 04.03.2003 – 1 I-6 U 147/02 (nichts rechtskräftig), NZG 2004, 869 (869 ff.).

[529] *Martiny*, in: MüKo/BGB, Art. 8 Rom I-VO, Rn. 24; *Oetker*, in: MHdB ArbR, § 13, Rn. 11.

(a) Bestimmung des Arbeitsvertragsstatuts nach dem *Lex-loci-laboris*-Prinzip gemäß Art. 8 Abs. 2 Rom I-VO bei fehlender subjektiver Anknüpfung

Gemäß Art. 8 Abs. 2 S. 1 Rom I-VO ist das auf den Arbeitsvertrag und Anstellungsvertrag des Fremdgeschäftsführers anzuwendende Sachrecht das Recht des Staates, in dem der Arbeitnehmer respektive der Fremdgeschäftsführer gewöhnlich seine Arbeit verrichtet. Dies ist das sogenannte *Lex-loci-laboris*-Prinzip. Gemäß Art. 8 Abs. 2 S. 2 Rom I-VO ist das auch dann der Fall, wenn der Arbeitnehmer seine Arbeit vorübergehend in einem anderen Staat verrichtet.

Der EuGH entschied im wegweisenden *Koelzsch*-Urteil, dass der Ort der gewöhnlichen Arbeitsverrichtung weit[530] zu definieren ist. Die europäische Rechtsprechung versteht darunter nicht nur den Ort, an dem der Arbeitnehmer gewöhnlich seine Arbeit verrichtet, sondern auch den Ort, von dem aus der Arbeitnehmer seine Arbeit verrichtet.[531] Gemäß Art. 8 Abs. 2 S. 2 Rom I-VO ändert auch die vorübergehende Arbeitsverrichtung im Ausland wie z.B. bei einer Arbeitnehmerentsendung[532] grundsätzlich nichts am Ort der gewöhnlichen Arbeitsverrichtung. Im Beispiel eines deutschen Arbeitnehmers, der für gewöhnlich in Deutschland für einen französischen Arbeitgeber tätig ist,

---

530 Ein Beispiel für das weite Verständnis dieses gesetzlichen Anknüpfungspunktes: *Benecke* erklärt, dass nach dem *Lex-loci-laboris*-Prinzip auch das Arbeitsvertragsstatut des sogenannten fliegenden Personals wie Piloten bestimmt wird. Ihre Referenznorm ist dabei der bis 2009 geltende Art. 30 Abs. 2 S. 1 EGBGB, der heute im Wesentlichen Art. 8 Abs. 2 Rom I-VO entspricht, s. *Benecke*, Anknüpfung und Sonderanknüpfung im Internationalen Arbeitsrecht, IPRax 2001, 449 (449).

531 Der EuGH entschied dies im Falle eines Arbeitnehmers, der als LKW-Fahrer in verschiedenen Ländern arbeitete und dessen Arbeitgeber in Luxemburg saß. Da der Arbeitgeber in der Vergangenheit und auch zum Entscheidungszeitpunkt regelmäßig in Deutschland arbeitete, entschied der EuGH, dass nicht luxemburgisches Recht gemäß Art. 8 Abs. 3 Rom I-VO, sondern deutsches Recht gemäß Art. 8 Abs. 2 S. 1 Rom I-VO anwendbar ist, EuGH, Urteil v. 15.03.2011 – Rs. C-29/10, ECLI:EU:C:2011:151 – *Koelzsch*, NJW 2011, 1578/EuZW 2011, 302.

532 Zur Bestimmung des auf den Arbeitsvertrag und das nachvertragliche Wettbewerbsverbot anwendbaren Rechtes durch die RL/96/71/EG(-neu), s. instruktiv: *Eichenhofer*, Arbeitsbedingungen bei Entsendung von Arbeitnehmern, ZIAS 1996, 55; *Franzen*, Arbeitskollisionsrecht und sekundäres Gemeinschaftsrecht: Die EG-Entsende-Richtlinie, ZEuP 1997, 1055; *Franzen*, Die geänderte Arbeitnehmer-Entsenderichtlinie, EuZA 2019, 3; *Philipp*, Entsende-Richtlinie besser umsetzen, EuZW 2006, 708.

ist das Arbeitsvertragsstatut gemäß Art. 8 Abs. 2 S. 1 Rom I-VO deutsches Sachrecht. Mithin ist auch das Sachrecht des im Arbeitsvertrag enthaltenen nachvertraglichen Wettbewerbsverbotes deutsches Recht.

(b) Bestimmung des Arbeitsvertragsstatuts nach dem Recht des Staates der einstellenden Unternehmensniederlassung gemäß Art. 8 Abs. 3 Rom I-VO

Im Gegensatz zum gewöhnlichen Ort der Arbeitsverrichtung i.S.d. Art. 8 Abs. 2 S. 1 Rom I-VO wird der Anknüpfungspunkt der Unternehmensniederlassung gemäß Art. 8 Abs. 3 Rom I-VO eng ausgelegt.[533] Der EuGH entschied im *Voogsgeerd*-Urteil, dass Art. 8 Abs. 3 Rom I-VO allein als Auffanganknüpfungspunkt gegenüber dem Anknüpfungspunkt aus Art. 8 Abs. 2 S. 1 Rom I-VO verstanden werden soll.[534]

Demzufolge ist Art. 8 Abs. 3 Rom I-VO zu prüfen, wenn sich aus dem Sachverhalt Anhaltspunkte dafür ergeben, dass der Arbeitnehmer an verschiedenen Standorten des Unternehmens in unterschiedlichen Staaten tätig ist und somit keinen gewöhnlichen Arbeitsort hat. In einer solchen Konstellation liegt es näher, das auf das nachvertragliche Wettbewerbsverbot anwendbare materielle Recht gemäß Art. 8 Abs. 3 Rom I-VO nach dem Recht des Staates der den Arbeitnehmer einstellenden Unternehmensniederlassung zu bestimmen als nach Art. 8 Abs. 2 S. 1 Rom I-VO. Im Beispielfall eines deutschen Arbeitnehmers, der in Deutschland für einen französischen Arbeitgeber mit einigen Unternehmensstandorten in Deutschland, aber dem Verwaltungssitz in Frankreich tätig ist und der an diesem Verwaltungssitz eingestellt wurde, ist es bei der Bestimmung des anwendbaren Sachrechtes nicht notwendig, auf Art. 8 Abs. 3 Rom I-VO zurückzugreifen. Der Arbeitnehmer ist nicht an verschiedenen Standorten in unterschiedlichen Staaten tätig. Mithin bleibt es gemäß Art. 8 Abs. 2 S. 1 Rom I-VO bei der Anwendbarkeit des deutschen Sachrechtes.

---

533 Siehe Rechtsprechung des EuGH: EuGH, Urteil v. 15.12.2011 – Rs. C-384/10, ECLI:EU:C:2011:842 – *Voogsgeerd*, NJW 2012, 597/EuZW 2012, 61.

534 Das Zusammenspiel zwischen den beiden Anknüpfungspunkten hat der EuGH im *Voogsgeerd*-Urteil dargestellt, s. EuGH, Urteil v. 15.12.2011 – Rs. C-384/10, ECLI:EU:C:2011:842 – *Voogsgeerd*, NJW 2012, 597/EuZW 2012, 61.

(c) Bestimmung des anzuwendenden Sachrechtes nach dem Recht der engeren Verbindung mit einem anderen Staat gemäß Art. 8 Abs. 4 Rom I-VO

Neben den Anknüpfungspunkten des *Lex-loci-laboris*-Prinzips und der einstellenden Unternehmensniederlassung beinhaltet Art. 8 Rom I-VO einen weiteren Anknüpfungspunkt in Art. 8 Abs. 4 Rom I-VO: die engere Verbindung mit einem anderen Staat. Dem *Schlecker*-Urteil des EuGH zufolge ist ein anderes als das sich aus den Absätzen 2 oder 3 ergebende Sachrecht anwendbar, wenn sich aus der Gesamtheit der Umstände herausstellt, dass ein Sachverhalt eine engere Verbindung zu einem anderen Staat aufweist.[535] Dies gibt inhaltlich den Wortlaut der Ausweichklausel des Art. 8 Abs. 4 Rom I-VO wieder. In diesem Fall gilt das Sachrecht dieses Staates. Der Rückgriff auf den Anknüpfungspunkt der engeren Verbindung mit einem anderen Staat gemäß Art. 8 Abs. 4 Rom I-VO ist nur nach vorheriger Prüfung der Absätze 2 und 3 möglich. Er bildet eine Ausnahme im System der Anknüpfungspunkte des Art. 8 Rom I-VO. Nur wenn die Prüfung der Absätze 2 und 3 zu keinem sachgerechten Ergebnis führt, kann das Gericht auf die Ausweichklausel des Art. 8 Abs. 4 Rom I-VO zurückgreifen.[536]

Da der voranstehende Beispielfall allein in Deutschland und Frankreich stattfindet, ist es fernliegend, dass der Sachverhalt die engste Verbindung zu einem anderen Staat als Deutschland oder Frankreich haben könnte. Damit bleibt es gemäß Art. 8 Abs. 2 S. 1 Rom I-VO bei der Anwendbarkeit deutschen Sachrechtes auf den Arbeitsvertrag und das nachvertragliche Wettbewerbsverbot.

---

[535] EuGH, Urteil v. 12.09.2013 – Rs. C-64/12, ECLI:EU:C:2013:551 – *Schlecker*, NJW 2014, 1363/EuZW 2013, 825.

[536] Der EuGH hat Art. 8 Abs. 4 Rom I-VO zum ersten Mal im *Schlecker*-Urteil angewendet. Bei der Prüfung des Sachrechtes führten Art. 8 Abs. 2 S. 1 Rom I-VO und Art. 8 Abs. 3 Rom I-VO zu einem nicht sachgerechten Ergebnis, sodass die Richter sich auf Art. 8 Abs. 4 Rom I-VO beriefen, s. EuGH, Urteil v. 12.09.2013 – Rs. C-64/12, ECLI:EU:C:2013:551 – *Schlecker*, NJW 2014, 1363/EuZW 2013, 825.

(d) Das Verhältnis zwischen Art. 8 Rom I-VO und Art. 9 Rom I-VO bei der Bestimmung des auf das nachvertragliche Wettbewerbsverbot im Arbeitsvertrag anzuwendenden Sachrechtes

Gemäß Art. 9 Abs. 1 Rom I-VO finden Eingriffsnormen unabhängig vom Arbeitsvertragsstatut i.S.d. Art. 8 Abs. 1 bis 4 Rom I-VO auf das Rechtsverhältnis zwischen dem Arbeitnehmer und Arbeitgeber Anwendung. Eingriffsnomen i.S.d. Art. 9 Abs. 1 Rom I-VO sind „zwingende Vorschriften, deren Einhaltung von einem Staat als so entscheidend für die Wahrnehmung seines öffentlichen Interesses, insbesondere seiner politischen, sozialen oder wirtschaftlichen Organisation, angesehen werden, dass sie auf alle in Betracht kommenden Sachverhalte angewendet werden müssen“[537]. Mithin kann es zu einer Kumulation von Nomen kommen. Das nach Art. 8 Abs. 1 bis 4 Rom I-VO von den Parteien gewählte bzw objektiv bestimmte Sachrecht wird durch die Eingriffsnorm i.S.d. Art. 9 Abs. 1 Rom I-VO verdrängt, wenn diese sich um zwingende Vorschriften handelt, die der Bestimmung des anwendbaren Rechtes nach Art. 8 Rom I-VO widersprechen. Dabei sind nicht sämtliche nach inländischem Recht zwingenden Bestimmungen Eingriffsnormen i.S.d. Art. 9 Abs. 1 Rom I-VO. Ansonsten wäre Art. 8 Abs. 2 bis 4 Rom I-VO „überflüssig“.[538] Demzufolge sind inländische Normen nur dann Eingriffsnormen, wenn sie entweder ihrem *Telos* nach oder ausdrücklich nach dem inländischen Kollisionsrecht als solche gelten sollen.[539]

Erforderlich ist nach der ständigen Rechtsprechung des BAG für inländisches deutsches Recht, dass die Vorschrift nicht nur auf „den Schutz von Individualinteressen der Arbeitnehmer gerichtet ist, sondern mit ihr zumindest auch öffentliche Gemeinwohlinteressen verfolgt werden“[540].[541]

---

[537] So kürzlich dargelegt vom BAG, s. BAG, Urteil v. 26.04.2022 – 9 AZR 139/21, NZA 2022, 1333 (1339).

[538] Ebenfalls so kürzlich dargelegt vom BAG, s. BAG, Urteil v. 26.04.2022 – 9 AZR 139/21, NZA 2022, 1333 (1339), mit Verweis auf *Junker*, Flugbegleiter aus Indien – Anwendbares Recht und Eingriffsnormen in Bordarbeitsverhältnissen der zivilen Luftfahrt, EuZA 2021, 468 (476).

[539] Ebenfalls so kürzlich dargelegt vom BAG, s. BAG, Urteil v. 26.04.2022 – 9 AZR 139/21, NZA 2022, 1333 (1339).

[540] AG, s. BAG, Urteil v. 26.04.2022 – 9 AZR 139/21, NZA 2022, 1333 (1339).

[541] Ebenfalls so kürzlich dargelegt vom BAG, s. BAG, Urteil v. 26.04.2022 – 9 AZR 139/21, NZA 2022, 1333 (1339) mit Verweis u.a. auf BAG, Urteil v. 24.06.2021 – 5 AZR 505/20, NJW 2022, 415; BAG, Urteil v. 18.04.2012 – 10 AZR 200/11, NZA 2012, 1152.

Die Literatur konstatiert in diesem Zusammenhang, dass das nachvertragliche Wettbewerbsverbot, also die §§ 74 ff. HGB, keine solche Eingriffsnorm sei, da es an einer maßgeblichen Verfolgung von Gemeinwohlinteressen mangelt.[542] Dem ist zuzustimmen. Wenngleich nicht auszuschließen ist, dass mit nachvertraglichen Wettbewerbsverboten auch zwingende Gründe des Allgemeinwohls i.S.d. Rechtfertigung des Beschränkungsverbotes der Arbeitnehmerfreizügigkeit gemäß Art. 45 Abs. 1 AEUV verfolgt werden, wie in Kapitel 4 erörtert,[543] verfolgen sie nicht Gemeinwohlinteressen, wie es Art. 9 Abs. 1 Rom I-VO erfordert. Die zwingenden Gründe des Allgemeinwohls dienen dem Schutz öffentlicher Interessen wie dem „Schutz des Geschäftsgeheimnisses“[544], was eine etwas andere Zielsetzung ist als die Verfolgung von Gemeinwohlinteressen. Folglich wird das nach Art. 8 Abs. 1 bis 4 Rom I-VO von den Parteien gewählte oder vielmehr per Gesetz bestimmte Sachrecht bei der Frage nach der Bestimmung des anzuwendenden materiellen Rechtes auf nachvertragliche Wettbewerbsverbote in grenzübergreifenden Sachverhalten nicht verdrängt.

Nachdem die Anknüpfungspunkte für die Bestimmung des auf das nachvertragliche Wettbewerbsverbot in Arbeitsverträgen in grenzübergreifenden Sachverhalten anzuwendenden materiellen Rechtes dargelegt wurden, befasst sich der nachfolgende Abschnitt mit einem weiteren relevanten Prinzip des IPR – dem *Ordre-public*-Vorbehalt.

(e) Internationalprivatrechtliche Bedenken aufgrund des *Ordre-public*-Vorbehaltes gemäß Art. 21 Rom I-VO bei der Anwendung eines ausländischen materiellen Rechtes auf das nachvertragliche Wettbewerbsverbot bei grenzübergreifenden Sachverhalten in Deutschland

Gemäß Art. 6 S. 1 EGBGB bedeutet der Vorbehalt der öffentlichen Ordnung, der *Ordre public*-Vorbehalt, dass eine Rechtsnorm eines anderen Staates nicht anzuwenden ist, wenn ihre Anwendung zu einem Ergebnis führt, das mit

---

542 *Bauer* und *Diller* erklären dies genauer, s. *Bauer/Diller*, Wettbewerbsverbote, Rechtliche und taktische Hinweise für Arbeitgeber, Arbeitnehmer und Organmitglieder, S. 39.

543 α. Zwingende Gründe des Allgemeinwohls.

544 *Koenig/Steiner*, Die Vereinbarkeit nachvertraglicher Wettbewerbsverbote mit der Arbeitnehmerfreizügigkeit des EG-Vertrags, NJW 2002, 3583 (3586).

wesentlichen Grundsätzen des deutschen Rechtes unvereinbar ist. Gemäß Art. 6 S. 2 EGBGB ist sie insbesondere dann nicht anzuwenden, wenn sie mit den Grundrechten unvereinbar ist. Wenn, wie im voranstehend aufgeführten Beispielsfall, gemäß Art. 8 Abs. 2 Rom I-VO das deutsche materielle Recht als auf das nachvertragliche Wettbewerbsverbot im Arbeitsvertrag anwendbar erklärt wurde, wenden die Vertragsparteien die §§ 74 ff. HGB, mithin deutsches Recht an. Sobald die Parteien die Anwendung ausländischen Rechtes vereinbart haben, ist zu hinterfragen, inwieweit dessen Anwendung die Wirksamkeit eines nachvertraglichen Wettbewerbsverbotes, das sonst – ohne Rechtswahl – nach deutschem Recht geregelt wird, beeinflusst: Ist die Rechtswahl dann überhaupt wirksam? Diese Frage wurde desgleichen in der Literatur diskutiert.[545] Zu prüfen ist der Literatur zufolge jeweils, ob der *Ordre-public*-Vorbehalt einer ausländischen anwendbaren materiellen Rechtsgrundlage, auf der das nachvertragliche Wettbewerbsverbot beruht, entgegenstehe.[546] Der *Ordre-public*-Vorbehalt i.S.d. Art. 21 Rom I_VO findet mithin nur Anwendung, wenn die Anwendung des ausländischen Rechts zu einem Ergebnis führen würde, das mit den grundlegenden Prinzipien der deutschen Rechtsordnung unvereinbar ist. Dies wurde u. a. bejaht für den Fall, dass ein nachvertragliches Wettbewerbsverbot keine Karenzentschädigung enthält.[547] Die Literatur begründet den möglichen Verstoß gegen den *Ordre-public*-Grundsatz damit, dass das nachvertragliche Wettbewerbsverbot mit dem Grundrecht der Berufsfreiheit und der unternehmerischen Freiheit

---

[545] Eine Zusammenfassung geben bspw. *Bauer* und *Diller*, s. *Bauer/Diller*, Wettbewerbsverbote, Rechtliche und taktische Hinweise für Arbeitgeber, Arbeitnehmer und Organmitglieder, S. 39.

[546] *Bauer/Diller*, Wettbewerbsverbote, Rechtliche und taktische Hinweise für Arbeitgeber, Arbeitnehmer und Organmitglieder, S. 39 mit Verweis auf LAG Hessen, Urteil v. 14.08.2000 – 10 Sa 982/99, NJOZ 2001, 45; zum *Ordre-public*-Vorbehalt im französischen nationalen Recht s. bspw.: *Fabre-Magnan*, Droit des obligations 1 – Contrat et engangement unilatéral, S. 87 ff.; in der französischen Literatur zum IPR wird dann von der sogenannten *ordre public international* (auf Französisch; frei übersetzt auf Deutsch: internationaler *Ordre-public*-Vorbehalt) gesprochen, s. anstelle vieler: *Bureau/ Muir Watt*, Droit international privé, Tome 1, S. 341 ff. mit weiteren Nachweisen; *Sinay-Cytermann*, Les tendances actuelles de l'ordre public international, FS Audit, S. 635 ff.

[547] *Driver-Polke/De Beauregard*, Rechtswahl bei Aktienoptionsplänen und damit in Zusammenhang stehenden nachvertraglichen Wettbewerbsverboten, BB 2004, 2350 ff.

i.S.d. Art. 12 Abs. 1 GG oder vielmehr dem Recht am eingerichteten und ausgeübten Gewerbebetrieb i.S.d. Art. 14 Abs. 1 GG vereinbar sein müsse.[548]

Somit muss ein nachvertragliches Wettbewerbsverbot die Grundrechte des Arbeitnehmers und des Arbeitgebers miteinander in praktische Konkordanz bringen.[549] Der Literatur ist zuzustimmen: Die Wirksamkeitsvoraussetzungen der auf das nachvertragliche Wettbewerbsverbot anwendbaren ausländischen materiellen Rechtsgrundlage können sich von denen des (aufgrund der Rechtswahl nicht anzuwendenden) deutschen Sachrechtes unterscheiden. So werden gewisse Unterschiede bereits im Vergleich zwischen dem deutschen und dem französischen anwendbaren materiellen Recht erkennbar.[550] Demnach ist nicht sichergestellt, dass die Wirksamkeitsvoraussetzungen des Sachrechtes eines anderen Staates die Grundrechte der Arbeitsvertragsparteien in gleicher Weise wie im deutschen Recht berücksichtigen und in praktische Konkordanz bringen können. Infolgedessen obliegt es der Rechtsprechung, von Fall zu Fall über die Wirksamkeit des nachvertraglichen Wettbewerbsverbotes durch die Wahl ausländischen Rechtes – in der Hoffnung, dass die sich fortentwickelnde Kasuistik zu klaren Beurteilungsmaßstäben führt – zu entscheiden.[551]

(2) Ergebnis zur Bestimmung des auf das nachvertragliche Wettbewerbsverbot im grenzübergreifenden Arbeitsvertrag anzuwendenden Sachrechtes

Die Rom I-VO ist in den Mitgliedstaaten der EU, in denen sie anwendbar ist (vgl. Art. 1 Abs. 4 S. 1 Rom I-VO), gemäß Art. 288 Abs. 2 AEUV direkt anwendbar. Die Bestimmung des auf den grenzübergreifenden Arbeitsvertrag

---

548 *Bauer/Diller*, Wettbewerbsverbote, Rechtliche und taktische Hinweise für Arbeitgeber, Arbeitnehmer und Organmitglieder, S. 39 mit Verweis auf OLG Celle, Urteil v. 13.09.2000 – 9 U 110/00, NZG 2001, 131.

549 *Bauer/Diller*, Wettbewerbsverbote, Rechtliche und taktische Hinweise für Arbeitgeber, Arbeitnehmer und Organmitglieder, S. 39 mit Verweis auf OLG Celle, Urteil v. 13.09.2000 – 9 U 110/00, NZG 2001, 131.

550 Kapitel 2: „Das materielle Recht des nachvertraglichen Wettbewerbsverbotes in Deutschland und in Frankreich bei rein inländischen Sachverhalten".

551 Für einige Beispiele, in denen nachvertragliche Wettbewerbsverbote, die auf einer ausländischen materiellen Rechtsgrundlage beruhen, nicht als unwirksam beurteilt wurden, s. OLG Celle, Urteil v. 13.09.2000 – 9 U 110/00, NZG 2001, 131; LAG Hessen, Urteil v. 14.08.2000 – 10 Sa 982/99, NJOZ 2001, 45.

respektive Anstellungsvertrag des Fremdgeschäftsführers anwendbaren Sachrechtes erfolgt nach der Sonderanknüpfung aus Art. 8 Rom I-VO in abstufender Reihenfolge der Absätze 1 bis 4. Die unterschiedlichen Anknüpfungspunkte ermöglichen es den Arbeitsvertragsparteien, auf die individuelle vertragliche Situation einzugehen. Grundsätzlich ist in Ermangelung der Geltendmachung der Rechtswahlfreiheit durch die Dienstvertragsparteien aus Art. 3 Abs. 1, Art. 8 Abs. 1 Rom I-VO gemäß Art. 8 Abs. 2 Rom I-VO das Recht des Staates, in dem der Arbeitnehmer seinen gewöhnlichen Ort der Arbeitsverrichtung hat, auf den Arbeitsvertrag und darin regelmäßig enthaltene Vereinbarungen zum nachvertraglichen Wettbewerbsverbot anwendbar. Festgestellt wurde außerdem, dass die §§ 74 ff. HGB keine Eingriffsnormen i.S.d. Art. 9 Abs. 1 Rom I-VO darstellen. Schließlich zeigt der vorangegangene Abschnitt, dass bei der Wahl eines ausländischen materiellen Rechtes auf das nachvertragliche Wettbewerbsverbot ein Verstoß gegen den *Ordre-public*-Vorbehalt in Deutschland nicht ausgeschlossen ist. Nachdem die Bestimmung des auf das nachvertragliche Wettbewerbsverbot im Arbeitsvertrag anwendbaren materiellen Rechtes dargelegt worden ist, widmen sich die folgenden Abschnitte den Anknüpfungspunkten des nachvertraglichen Wettbewerbsverbotes im Geschäftsführeranstellungsvertrag.

a. Die typisierte Regelanknüpfung des Art. 4 Abs. 1 Lit. b) Rom I-VO zur Bestimmung des auf den Geschäftsführeranstellungsvertrag im grenzübergreifenden Sachverhalt anzuwendenden materiellen Rechtes eines Staates

Das auf einen Geschäftsführeranstellungsvertrag anzuwendende Sachrecht eines Staates bestimmt sich, soweit die Parteien nicht von ihrer Rechtswahlfreiheit Gebrauch gemacht haben, nach Art. 4 Abs. 1 Rom I-VO. Art. 4 Rom I-VO ist immer dann anzuwenden, wenn keine der Sonderanknüpfungen der Art. 5 bis 8 Rom I-VO einschlägig ist[552] Der Geschäftsführeranstellungsvertrag ist ein Vertrag zwischen einer Gesellschaft und ihrem Geschäftsführer, der die Rechte und Pflichten beider Parteien bestimmt. Es handelt sich regelmäßig um einen Dienstleistungsvertrag, wie in den folgenden Abschnitten erläutert wird. Gemäß Art. 4 Abs. 1 Lit. b) Rom I-VO unterliegen

---

552 *Martiny*, in: MüKo/BGB, Art. 4 Rom I-VO, Rn. 3.

Dienstleistungsverträge dem Recht des Staates, in dem der Dienstleister seinen gewöhnlichen Aufenthalt hat. Die Generalklausel des Absatzes 4 findet bei Geschäftsführeranstellungsverträgen, die als Dienstverträge gestaltet sind, nur selten Anwendung. Sie ist in erster Linie für Verträge gedacht, bei denen keine speziellen gesetzlichen Regelungen zur Bestimmung des anwendbaren Rechts bestehen.[553]

(1) Die typisierte Regelanknüpfung des Art. 4 Abs. 1 Rom I-VO

Die typisierte Regelanknüpfung des Art. 4 Abs. 1 Rom I-VO bestimmt in den Lit. a) bis h) das anzuwendende Sachrecht eines Staates bei fehlender Rechtswahl der Vertragsparteien im grenzübergreifenden Sachverhalt. Der Anknüpfungspunkt ist die vertragstypische Leistung. Durch die Festlegung des anzuwendenden Sachrechtes eines Staates bewirkt die Rom I-VO Rechtssicherheit, da jedem Vertragstyp stets der gleiche Anknüpfungspunkt zugrunde liegt.

(a) Der Dienstleistungsvertrag i.S.d. Art. 4 Abs. 1 Lit. b) Rom I-VO

Das anzuwendende Sachrecht eines Staates auf einen Dienstleistungsvertrag ist gemäß Art. 4 Abs. 1 Lit. b) Rom I-VO nach dem gewöhnlichen Aufenthaltsort des Dienstleisters zu bestimmen. Die Begriffe der Rom I-VO werden grundsätzlich autonom gemeinschaftsrechtlich ausgelegt, sodass die Begriffe im gesamten Binnenmarkt gleich verwendet werden.[554]

Die Dienstleistung i.S.d. Art. 4 Abs. 1 Lit. b) Rom I-VO umfasst sämtliche auf eine Tätigkeit gegen Zahlung eines Entgelts gerichteten Verträge.[555]

Der vorliegend zugrunde liegende freie Dienstleistungsvertrag in Form des Geschäftsführeranstellungsvertrages des Gesellschafter-Geschäftsführers hat als Tätigkeit die Führung der Geschäfte einer Gesellschaft zum Gegenstand,

---

553 *Uffmann/Beckmann*, in: Braun/Wisskirchen, Konzernarbeitsrecht, Kap. 7, Rn. 836 ff., Fn. 1259 mit Verweis auf *Martiny*, in: MüKo/BGB, Art. 4 Rom I-VO, Rn. 315.

554 Eine Erläuterung zur Auslegung der Begriffe der Rom I-VO findet sich bspw. in *Pfeiffer*, Neues Internationales Vertragsrecht – Zur Rom I-VO, EuZW 2008, 622 (625).

555 Den Begriff der Dienstleistungsfreiheit definierte der EuGH, s. EuGH, Urteil v. 23.04.2009 – Rs. C/533/07, ECLI:EU:C:2009:257 – *Falco Privatstiftung und Rabitsch*, NJW 2009, 1865 (1866).

für die er im Gegenzug ein Entgelt erhält. Mithin unterfällt er der Definition des Dienstleistungsvertrages i.S.d. Art. 4 Abs. 1 Lit. b) Rom I-VO.

(b) Die Bestimmung des auf den grenzübergreifenden Dienstleistungsvertrag anzuwendenden Sachrechtes gemäß Art. 4 Abs. 1 Lit. b) Rom I-VO

Im grenzübergreifenden Dienstvertrag ist gemäß Art. 4 Abs. 1 Lit. b) Rom I-VO das Sachrecht des Staates anzuwenden, in dem der Dienstleister seinen gewöhnlichen Aufenthaltsort hat. Das Geschäftsführeranstellungsvertragsstatut umfasst wie das Arbeitsvertragsstatut regelmäßig das nachvertragliche Wettbewerbsverbot.[556] Der Anknüpfungspunkt „gewöhnlicher Aufenthaltsort" wird für natürliche und juristische Personen, die in Ausübung ihrer Tätigkeit handeln, in Art. 19 Abs. 1 Rom I-VO legaldefiniert: Dieser ist bei juristischen Personen gemäß Art. 19 Abs. 1 S. 1 Rom I-VO der Ort der Hauptverwaltung und bei natürlichen Personen gemäß Art. 19 Abs. 1 S. 2 Rom I-VO der Ort der Hauptniederlassung. Der Dienstleister im Geschäftsführeranstellungsvertrag ist der Geschäftsführer. Wenn es sich z.B. um einen in Deutschland lebenden sowie arbeitenden Geschäftsführer und eine Gesellschaft handelt, die zwar einige Niederlassungen in Deutschland betreibt, aber in Frankreich ihren Verwaltungssitz hat, ist der Ort des gewöhnlichen Aufenthaltes des Geschäftsführers Deutschland. Dieser ist maßgeblich. Mithin findet gemäß Art. 4 Abs. 1 Lit. b) Rom I-VO deutsches Recht auf den Dienstvertrag und damit auf das nachvertragliche Wettbewerbsverbot Anwendung.[557]

---

556 OLG Celle, Urteil v. 13.09.2000 – 9 U 110/00, NZG 2001, 131, mit dem Beispiel eines Geschäftsführeranstellungsvertrages.

557 Der Sitzungs- und der Verwaltungssitz fallen regelmäßig zusammen. Dementsprechend befindet sich der Geschäftsführer regelmäßig im Inland – wenngleich dies rechtlich auch anders möglich sei, wie *Leuering* und *Rubner* im Zusammenhang mit der Darlegung der reformierten Rechtslage des GmbHG durch das Gesetz zur Modernisierung des GmbH-Rechts und zur Bekämpfung von Missbräuchen (abgekürzt: „MoMiG") erläutern, s. *Leuering/Rubner*, Deutsche GmbH mit Verwaltungssitz im Ausland, NJW-Spezial 2011, 463 (463 ff.). Die Frage nach der Bestimmung des anwendbaren Rechtes während eines Auslandsaufenthaltes ist in der vorliegenden Dissertation mangels Relevanz nicht weiter zu nennen.

i) Verträge außerhalb der typisierten Regelanknüpfung

Soweit der Vertrag keinem der Typen des Art. 4 Abs. 1 Rom I-VO zugeordnet werden kann, bestimmt sich das anzuwendende Sachrecht eines Staates anhand der Grundsatzregelung des Art. 4 Abs. 2 Rom I-VO.[558] Abgewichen wird von diesem Grundsatz, sobald aus der Gesamtheit der Umstände eine offensichtlich engere Verbindung zum Sachrecht eines anderen Staates hervorgeht (Art. 4 Abs. 3 Rom I-VO) oder das Sachrecht nicht nach Art. 4 Abs. 1 Rom I-VO oder Art. 4 Abs. 2 Rom I-VO bestimmt werden kann und deshalb auf den Vertrag das Recht des Staates angewendet wird, zu dem dieser die engste Verbindung aufweist (Art. 4 Abs. 4 Rom I-VO). Da der Dienstvertrag unter Art. 4 Abs. 1 Lit. b Rom I-VO fällt, sind diese Anknüpfungspunkte diesbezüglich nicht relevant. Anders wäre es nur, wenn das nachvertragliche Wettbewerbsverbot eine vom Geschäftsführeranstellungsvertrag abtrennbare einzelne Vereinbarung wäre, die nicht Teil des Dienstvertrages wäre, und die Vertragsparteien kein materielles Recht zur Anwendung gewählt hätten. In einem solchen Fall erfolgt die Bestimmung des Sachrechtes nach dem soeben dargestellten Mechanismus. Da dies eine Ausnahme darstellt, wird sie hier der Vollständigkeit halber aufgeführt, aber nicht weiter vertieft.

ii) Ergebnis zu den Verträgen außerhalb der typisierten Regelanknüpfung

Im Falle von Verträgen außerhalb der typisierten Regelanknüpfung ist das anzuwendende Sachrecht eines Staates von Einzelfall zu Einzelfall zu bestimmen.

(2) Ergebnis zur Bestimmung des auf das nachvertragliche Wettbewerbsverbot im grenzübergreifenden Geschäftsführeranstellungsvertrag anzuwendenden Sachrechtes

Im Ergebnis richtet sich das auf den grenzübergreifenden Geschäftsführeranstellungsvertrag und das darin enthaltene nachvertragliche Wettbewerbsverbot anzuwendende Sachrecht eines Staates grundsätzlich nach dem

[558] *Mansel*, in: Jauernig BGB mit Rom I-VO, Rom II-VO, Rom I-VO, I. Vorbemerkungen, Rn. 24.

gewöhnlichen Aufenthaltsort des Dienstleisters i.S.d. typisierten Regelanknüpfung gemäß Art. 4 Abs. 1 Lit. b Rom I-VO. In Ausnahmefällen kann auch einer der anderen Anknüpfungspunkte des Art. 4 Abs. 2 bis 4 Rom I-VO relevant werden. Das in diesem Fall anzuwendende Sachrecht eines Staates bestimmt sich einzelfallbezogen.[559]

4. Kein Renvoi nach Art. 20 Rom I-VO

Sowohl für die soeben dargestellte Kollisionsnorm des Art. 3 Rom I-VO als auch für alle anderen Kollisionsnormen der Rom I-VO, die nachfolgend besprochen werden, gilt, dass deren Anwendung gemäß Art. 20 1. Halbsatz Rom I-VO nicht zu einer sogenannten Gesamtverweisung, sondern allein zu einer Sachnormverweisung führt.[560] Mithin findet kein *Renvoi* statt.[561] Die Rechtsfolge bei der Anwendung dieser Kollisionsnormen ist die alleinige Anwendbarkeit des materiellen Rechtes; das IPR des Staates, dessen materielles Recht für anwendbar bestimmt ist, gilt hingegen nicht.[562] Die Folge für das auf das nachvertragliche Wettbewerbsverbot im Arbeitsvertrag und Geschäftsführeranstellungsvertrag anzuwendende materielle Recht besteht darin, dass allein die Sachnormen des Staates, dessen Recht durch die Dienstvertragsparteien für anwendbar erklärt wurde, für den Dienstvertrag und das nachvertragliche Wettbewerbsverbot gelten. Das IPR des Staates, dessen materielles Recht für anwendbar bestimmt ist, gilt hingegen nicht.

5. Vergleich von Arbeitsvertragsstatut und Geschäftsführeranstellungsvertragsstatut

Sollten die Vertragsparteien von ihrer Rechtswahlfreiheit gemäß Art. 3 Abs. 1 S. 2 Alternative 1 oder 2, Art. 8 Abs. 1 S. 1 Rom I-VO Gebrauch machen, können die Parteien jeweils, um beim Beispielsfall des deutschen Arbeitnehmers, der bei einem in Frankreich ansässigen Arbeitgeber angestellt ist,

---

559 *Mansel*, in: Jauernig BGB mit Rom I-VO, Rom II-VO, Rom I-VO, I. Vorbemerkungen, Rn. 24 ff.

560 *Leible*, in: NK-BGB, Art. 20 Rom-I VO, Rn. 1; *Martiny*, in: MüKo/BGB, Rom I-VO Art. 20 Ausschluss der Rück- und Weiterverweisung, Rn. 3.

561 So auch dargestellt von u.a. *Leible*, in: NK-BGB, BGB, EGBGB, Rom-Verordnungen – EuErbVO – HUP, Art. 20 Rom I-VO, Rn. 1.

562 *Leible*, in: NK-BGB, Art. 20 Rom-I VO, Rn. 2 f.; *Martiny*, in: MüKo/BGB, Rom I-VO Art. 20 Ausschluss der Rück- und Weiterverweisung, Rn. 1.

zu bleiben, die Anwendung des deutschen, französischen oder eines anderen europäischen Sachrechtes bestimmen. Die Rechtswahlfreiheit besteht gemäß Art. 3 Abs. 1 S. 2 Alternative 1 oder 2 Rom I-VO desgleichen für die Parteien des Geschäftsführeranstellungsvertrages. In derartigen Fällen gleichen sich somit das Arbeitsvertragsstatut und das Statut des Geschäftsführeranstellungsvertrages. Die Rechtswahlfreiheit wird beim Arbeitsvertrag lediglich durch das zwingende Schutzrecht des Arbeitnehmers i.S.d. Art. 8 Abs. 1 S. 2 Rom I-VO begrenzt, von dem nicht abgewichen werden darf. Bei fehlender Rechtswahl bestimmt sich das Arbeitsvertragsstatut respektive der Anstellungsvertrag des Fremdgeschäftsführers grundsätzlich[563] nach Art. 8 Abs. 2 S. 1 Rom I-VO. Im Beispielfall eines deutschen Arbeitnehmers, der seine Arbeit in Deutschland für einen in Frankreich ansässigen Arbeitnehmer verrichtet, ist das deutsche Sachrecht maßgeblich. Mithin richtet sich das im Arbeitsvertrag vereinbarte nachvertragliche Wettbewerbsverbot nach deutschem Recht. Das Vertragsstatut für den Anstellungsvertrag des Geschäftsführers bestimmt sich bei fehlender Rechtswahl nach Art. 4 Abs. 1 Lit. b Rom I-VO. Im Falle eines deutschen Geschäftsführers, der in Deutschland ansässig und für eine Gesellschaft tätig ist, die einige Niederlassungen in Deutschland, aber ihren Verwaltungssitz in Frankreich aufweist, ist ebenfalls deutsches Sachrecht für den Geschäftsführeranstellungsvertrag und damit das nachvertragliche Wettbewerbsverbot maßgeblich., denn nach Art. 4 Abs. 1 Lit. b) Rom I-VO unterliegt ein Dienstleistungsvertrag grundsätzlich dem Recht des Staates, in dem der Dienstleister (hier: der Geschäftsführer) seinen gewöhnlichen Aufenthalt hat. Da der Geschäftsführer seinen gewöhnlichen Aufenthalt in Deutschland hat, ist deutsches Recht anwendbar. Somit unterscheidet sich die Bestimmung des anzuwendenden materiellen Rechtes eines Staates auf das nachvertragliche Wettbewerbsverbot nach den Regeln des IPR jedenfalls in diesen Grundkonstellationen kaum.

---

563 Die anderen Konstellationen des Art. 8 Abs. 3, 4 Rom I-VO sind weniger üblich als die des *Lex-loci-laboris*-Prinzips, weshalb hier allein auf diesen grundsätzlichen Fall eingegangen wird. Eine Darstellung aller Konstellationen findet sich weiter voranstehend in dieser Dissertation, s.o. Kapitel 3: „Die Bestimmung des auf das nachvertragliche Wettbewerbsverbot in Deutschland und in Frankreich bei grenzübergreifenden Sachverhalten anzuwendenden materiellen Rechtes und dessen Inhalt".

Es liegt in den beschriebenen Grundkonstellationen insgesamt ein weitgehender Gleichlauf des Arbeitsvertragsstatuts und des freien Dienstvertragsstatuts vor; die Unterschiede zwischen den beiden verschiedenen Dienstvertragstypen bestehen mithin in vorrangig hinsichtlich des zuvor diskutierten jeweils anzuwendenden materiellen deutschen oder französischen Rechtes.[564] Diese Fragen sind dann aber nicht mehr solche des IPR.

6. Zusammenfassung zur Bestimmung des auf ein Vertragsverhältnis in einem grenzübergreifenden Sachverhalt anzuwendenden Sachrechtes eines Staates nach der Rom I-VO

Die Rom I-VO dient der Bestimmung des auf vertragliche Schuldverhältnisse wie den Arbeitsvertrag und den Geschäftsführeranstellungsvertrag in grenzübergreifenden Sachverhalten anzuwendenden Sachrechtes eines Staates. Der Grundsatz der Bestimmung ist die Rechtswahlfreiheit gemäß Art. 3 Abs. 1 Rom I-VO. Sollten die Parteien von der Rechtswahlfreiheit keinen Gebrauch gemacht haben, normiert die Rom I-VO für verschiedene Vertragsarten (hier: Arbeitsvertrag oder Geschäftsführeranstellungsvertrag) unterschiedliche Anknüpfungspunkte. Das anzuwendende materielle Recht eines Staates auf einen Arbeitsvertrag in einem grenzübergreifenden Sachverhalt wird nach den unterschiedlichen Anknüpfungspunkten des Art. 8 Abs. 1 bis 4 Rom I-VO bestimmt. Der Geschäftsführeranstellungsvertrag wird europäisch-autonom als Dienstleistungsvertrag qualifiziert und folgt damit der typisierten Regelanknüpfung aus Art. 4 Abs. 1 Lit. b) Rom I-VO. Demgemäß findet das materielle Recht des Staates Anwendung, in dem der Geschäftsführer seinen gewöhnlichen Aufenthaltsort hat. Das nachvertragliche Wettbewerbsverbot fällt regelmäßig unter das Arbeitsvertragsstatut oder vielmehr das Geschäftsführeranstellungsvertragsstatut. Wenngleich sich die Anknüpfungspunkte für beide Vertragstypen unterscheiden, zeigt sich im Ergebnis dennoch, dass das europäische IPR regelmäßig dasselbe Recht zum Statut des Arbeits- bzw Geschäftsführeranstellungsvertrag bestimmt.

---

[564] Kapitel 2: „Das materielle Recht des nachvertraglichen Wettbewerbsverbotes in Deutschland und in Frankreich bei rein inländischen Sachverhalten".

III. Zusammenfassung der Ergebnisse zum IPR

In grenzübergreifenden Sachverhalten ist das auf das nachvertragliche Wettbewerbsverbot als Teil des Arbeitsvertragsstatuts oder des Geschäftsführeranstellungsvertragsstatuts anzuwendende Sachrecht eines Staates anhand der Anknüpfungspunkte der Art. 4, 8 Rom I-VO zu bestimmen. Dargestellt wurde, dass das auf nachvertragliche Wettbewerbsverbote im Arbeitsvertrag anzuwendende Sachrecht eines Staates in grenzübergreifenden Sachverhalten gemäß Art. 8 Abs. 2 Rom I-VO regelmäßig das Recht des Staates der gewöhnlichen Arbeitsverrichtung ist. Bei dem Beispiel eines deutschen Arbeitnehmers, der für gewöhnlich in Deutschland für einen französischen Arbeitgeber tätig ist, hat dieser seinen gewöhnlichen Ort der Arbeitsverrichtung in Deutschland. Mithin ist das anzuwendende Sachrecht dasjenige des Staates Deutschland. Spiegelbildlich ist dies das Ergebnis für die Anwendung des französischen materiellen Rechtes, wenn der Arbeitnehmer im Beispielfall in Frankreich seinen gewöhnlichen Ort der Arbeitsverrichtung hätte.

Der voranstehende Abschnitt zeigt, dass die Rom I-VO, insbesondere Art. 8, einen klaren und arbeitnehmerfreundlichen Rahmen für die Bestimmung des anwendbaren Rechts auf nachvertragliche Wettbewerbsverbote in internationalen Arbeitsverhältnissen bietet. Durch die Begrenzung der Rechtswahl und die Berücksichtigung zwingender Vorschriften des gewöhnlichen Arbeitsortes wird ein Mindestschutz für Arbeitnehmer sichergestellt.

Ebenfalls wurde dargelegt, dass das auf das nachvertragliche Wettbewerbsverbot im Geschäftsführeranstellungsvertrag anzuwendende Sachrecht eines Staates in grenzübergreifenden Sachverhalten gemäß Art. 4 Abs. 1 Lit. b Rom I-VO regelmäßig das Recht des gewöhnlichen Aufenthaltsortes des Dienstleisters ist. Wenn es sich wie im vorher präsentierten Beispiel um einen in Deutschland lebenden Geschäftsführer und eine Gesellschaft handelt, die zwar einige Niederlassungen in Deutschland, aber in Frankreich ihren Verwaltungssitz hat, findet gemäß Art. 4 Abs. 1 Lit. b) Rom I-VO auf den Geschäftsführeranstellungsvertrag als freien Dienstvertrag und das darin vereinbarte nachvertragliche Wettbewerbsverbot deutsches Recht Anwendung. Ebenso wäre spiegelbildlich hier französisches Recht anwendbar, wenn sich der Ort des gewöhnlichen Aufenthaltes des Geschäftsführers in Frankreich befände.

B. Materielles Recht

In den vorherigen Abschnitten zum IPR wurde aufgezeigt, nach welchen Kollisionsnormen der Rom I-VO sich das anzuwendende Sachrecht eines Staates auf das nachvertragliche Wettbewerbsverbot im Arbeitsvertrag und im Geschäftsführeranstellungsvertrag in grenzübergreifenden Sachverhalten bestimmt. Die an dieser Stelle zu beantwortende (Folge-)Frage adressiert das materielle Recht und damit die Frage, ob das materielle Recht Sondertatbestände für Sachverhalte mit Auslandsbezug vorsieht.

I. Das auf das nachvertragliche Wettbewerbsverbot bei Sachverhalten mit Auslandsbezug anwendbare deutsche und französische materielle Recht

Das auf das nachvertragliche Wettbewerbsverbot anwendbare deutsche materielle Recht findet seine Rechtsgrundlage in den §§ 74 ff. HGB.[565] Die §§ 74 ff. HGB sind in rein inländischen und auch in Sachverhalten mit Auslandsbezug anwendbar, sofern deutsches materielles Recht zur Anwendung bestimmt wurde, sodass das Gericht auch in grenzübergreifenden Sachverhalten die §§ 74 ff. HGB anwenden muss. Somit herrscht kein Unterschied zwischen dem auf das nachvertragliche Wettbewerbsverbot anwendbaren materiellen Recht in inländischen Sachverhalten und solchen mit Auslandsbezug vor. Die Identität des deutschen materiellen Rechtes bei inländischen Sachverhalten und solchen mit Auslandsbezug trifft auch im französischen Recht zu. Das deutsche materielle Recht des nachvertraglichen Wettbewerbsverbotes findet seine Rechtsgrundlage auch für den Geschäftsführeranstellungsvertrag in den §§ 74 ff. HGB, sofern diese durch die Parteien des Geschäftsführeranstellungsvertrages in ebendiesen einbezogen wurden. Das deutsche materielle Recht wird, sobald es vom IPR in grenzübergreifenden Sachverhalten als anwendbar bestimmt wurde, dann sowohl in inländischen Sachverhalten als auch in Sachverhalten mit Auslandsbezug angewendet. Sobald französisches materielles

565 Die Grundlagen zum materiellen Recht, auf die sich dieser Abschnitt bezieht, wurden in Kapitel 2: „Das materielle Recht des nachvertraglichen Wettbewerbsverbotes in Deutschland und in Frankreich bei rein inländischen Sachverhalten" dargelegt.

Recht zur Anwendbarkeit bestimmt wurde, besteht auch hier zwischen inländischen Sachverhalten und Sachverhalten mit Auslandsbezug im französischen Recht kein Unterschied bezüglich des auf das nachvertragliche Wettbewerbsverbot im Geschäftsführeranstellungsvertrag anwendbaren materiellen Rechtes. Demzufolge finden die richterrechtlich bestimmten Wirksamkeitsvoraussetzungen für das nachvertragliche Wettbewerbsverbot im Arbeits- und im Geschäftsführeranstellungsvertrag auch auf grenzübergreifende Sachverhalte Anwendung.

II. Ergebnis zum auf das nachvertragliche Wettbewerbsverbot im Sachverhalt mit Auslandsbezug anwendbaren materiellen deutschen und französischen Recht

Insgesamt besteht hinsichtlich des auf das nachvertragliche Wettbewerbsverbot anwendbaren materiellen Rechtes in inländischen Sachverhalten und Sachverhalten mit Auslandsbezug kein Unterschied.

Wenn das deutsche oder das französische Recht durch das IPR zur Anwendung bestimmt werden, sind die materiell-rechtlichen Normen wie in reinen Inlandsfällen anzuwenden.

C. Zusammenfassung der Ergebnisse

In diesem Kapitel wurde zunächst das IPR und anschließend das materielle Recht erörtert. Das europäische IPR geht dem nationalen IPR vor. Demzufolge ist die Rom I-VO entscheidend für die Bestimmung des auf das nachvertragliche Wettbewerbsverbot im Arbeitsvertrag und Geschäftsführervertrag in grenzübergreifenden Sachverhalten anzuwendenden materiellen Rechtes eines Staates. Insbesondere die Art. 3, 4 und 8 Rom I-VO bestimmen – unter Berücksichtigung der Eingriffsnormen i.S.d. Art. 9 Abs. 1 Rom I-VO – das auf die in diesem Rahmen untersuchten Dienstverträge, in Form des Arbeitsvertrages und Geschäftsführeranstellungsvertrages des Gesellschafter-Geschäftsführers und des Fremdgeschäftsführers, anzuwendende Sachrecht eines Staates.

Bei der Frage nach dem auf das nachvertragliche Wettbewerbsverbot im Arbeitsvertrag und Geschäftsführeranstellungsvertrag in rein inländischen Sachverhalten und Sachverhalten mit Auslandsbezug anwendbaren materiellen Rechtes ist auf das Kapitel 2[566] zu verweisen: Das anwendbare materielle Recht ist – ob nationaler oder grenzübergreifender Sachverhalt – das deutsche oder vielmehr das französische Recht, wenn diese zur Anwendung bestimmt wurden. Nachdem in diesem Kapitel das nachvertragliche Wettbewerbsverbot im grenzübergreifenden Sachverhalt analysiert wurde, widmet sich das folgende Kapitel 4[567] grenzübergreifenden nachvertraglichen Wettbewerbsverboten.

[566] Kapitel 2: „Das materielle Recht des nachvertraglichen Wettbewerbsverbotes in Deutschland und in Frankreich bei rein inländischen Sachverhalten".

[567] Kapitel 4: „Die Analyse des materiellen deutschen und französischen Rechtes des nachvertraglichen Wettbewerbsverbotes bei nationalen und grenzübergreifenden Sachverhalten: grundrechtliche und grundfreiheitliche Auswirkungen".

Die Analyse des materiellen deutschen und französischen Rechtes des nachvertraglichen Wettbewerbsverbotes bei nationalen und grenzübergreifenden Sachverhalten: grundrechtliche und grundfreiheitliche Auswirkungen

Kapitel 4 nutzt die Erkenntnisse aus dem vorangegangenen Vergleich des auf das nachvertragliche Wettbewerbsverbot anwendbaren deutschen und französischen Sachrechtes in nationalen und grenzübergreifenden Sachverhalten unter Berücksichtigung der dem materiellen Recht vorgelagerten Fragen des Kollisionsrechtes. Dabei wird der Blick nicht nur auf nationale nachvertragliche Wettbewerbsverbote ausgerichtet, die an der jeweiligen Staatsgrenze enden: Dieses Kapitel analysiert ebenso die Zulässigkeit und die Auswirkungen grenzübergreifender nachvertraglicher Wettbewerbsverbote sowohl in nationalen als auch in grenzübergreifenden Sachverhalten im Hinblick auf die Verfassungsmäßigkeit der materiell-rechtlichen Rechtsgrundlagen und der Vereinbarungen selbst. Grenzübergreifende nachvertragliche Wettbewerbsverbote sind solche, die über die Grenzen eines Staates hinauswirken.[568] Mithin ist die räumliche Grenze des nachvertraglichen Wettbewerbsverbotes in das Ausland verschoben.[569] Alle weiteren Voraussetzungen der Klausel

---

[568] Mit ähnlicher Definition arbeitet *Reufels*, s. *Reufels*, Grenzüberschreitende, nachvertragliche Wettbewerbsverbote–Vereinbarkeit mit der Arbeitnehmerfreizügigkeit?, ArbRB 2003, 313 (313).

[569] In der Rechtsprechung wurden grenzübergreifende nachvertragliche Wettbewerbsverbote bereits für zulässig erklärt, s. OLG Celle, Urteil v. 13.09.2000 – 9 U 110/00, NZG 2001, 131. In diesem Fall ging es um ein nachvertragliches Wettbewerbsverbot, das grenzübergreifend die Staaten Belgien, Deutschland, Luxemburg und die Niederlande umfasst.

ändern sich im Vergleich zum nationalen Kontext nicht.[570] Im Gegensatz zu Kapitel 3[571] behandelt das vorliegende Kapitel nicht das IPR, sondern allein das materielle deutsche und französische sowie europäische Recht.

A. Grundrechtliche und grundfreiheitliche Auswirkungen auf das auf (grenzübergreifende) nachvertragliche Wettbewerbsverbote anwendbare deutsche und französische Sachrecht

Beantwortet werden die Fragen, ob das deutsche und das französische Sachrecht auf das nachvertragliche Wettbewerbsverbot jeweils mit den nationalen relevanten Grundrechten sowie den europäischen Grundfreiheiten der Vertragsparteien vereinbar ist und inwieweit sich die unterschiedliche Konzeption der Grundrechte auf das auf das nachvertragliche Wettbewerbsverbot jeweilige anwendbare Sachrecht auswirkt.

I. Erkenntnisse aus dem Vergleich des auf das nachvertragliche Wettbewerbsverbot anwendbaren deutschen und französischen materiellen Rechtes

Zunächst werden die Erkenntnisse aus dem Vergleich des auf das nachvertragliche Wettbewerbsverbot im deutschen und französischen Arbeits- und Geschäftsführeranstellungsvertrag anwendbaren materiellen Rechtes aufgeführt. In einem nächsten Schritt ist zu prüfen, inwieweit sich das deutsche und das französische anwendbare Sachrecht auf das nachvertragliche Wettbewerbsverbot und ihre Unterschiede in den durch die nationalen Grundrechte und europäischen Grundfreiheiten vermittelten Inhalten wiederfinden.

---

570 *Reufels*, Grenzüberschreitende, nachvertragliche Wettbewerbsverbote–Vereinbarkeit mit der Arbeitnehmerfreizügigkeit?, ArbRB 2003, 313 (313).

571 Kapitel 3: „Die Bestimmung des auf das nachvertragliche Wettbewerbsverbot in Deutschland und in Frankreich bei grenzübergreifenden Sachverhalten anzuwendenden materiellen Rechtes und dessen Inhalt“.

1. Erkenntnisse aus dem Vergleich des nachvertraglichen Wettbewerbsverbotes im Arbeitsvertrag

Aus dem in Kapitel 2[572] durchgeführten Vergleich ergeben sich folgende Erkenntnisse: Die wesentlichen Unterschiede bestehen in den Pflichten des Arbeitgebers. Namentlich sind dies die (Höhe der) Zahlung der Karenzentschädigung und die sachliche, zeitliche und räumliche Beschränkung des Verbotes. Der Vergleich aus Kapitel 2[573] verdeutlicht, dass das französische anwendbare materielle Recht weniger strenge Pflichten an den Arbeitgeber stellt als das deutsche. Folglich muss der dem französischen Recht unterworfene Arbeitgeber keine gesetzlich festgehaltenen Mindestanforderungen wie eine Mindesthöhe der Karenzentschädigung oder eine Höchstgrenze sachlicher und zeitlicher Beschränkbarkeit des nachvertraglichen Wettbewerbsverbotes berücksichtigen. Gleichwohl scheint die fehlende Regelung zur maximalen zeitlichen Beschränkung kein Faktor für Rechtsunsicherheit der Arbeitsvertragsparteien zu sein, da nachvertragliche Wettbewerbsverbote in Frankreich in der Praxis regelmäßig für eine Dauer von einem Jahr vereinbart werden. Im Gegensatz zum deutschen Recht erfordert das französische Recht vom Arbeitgeber die Berücksichtigung der Situation des Arbeitnehmers, um dessen Arbeitsfreiheit zu schützen.[574] Im deutschen Recht ist die Berücksichtigung der Situation des Arbeitnehmers keine Wirksamkeitsvoraussetzung. Das deutsche Recht kennt lediglich die sachliche Beschränkung des nachvertraglichen Wettbewerbsverbotes. Wie in Kapitel 2[575] expliziert, ist das deutsche Recht weniger streng. Es geht damit weniger auf die Situation des Arbeitnehmers als das französische Recht ein. Das französische Recht gewährt zudem insofern einen größeren Arbeitnehmerschutz, als dass das Gehalt während der Dauer des nachvertraglichen Wettbewerbsverbotes nicht

---

[572] Kapitel 2: „Das materielle Recht des nachvertraglichen Wettbewerbsverbotes in Deutschland und in Frankreich bei rein inländischen Sachverhalten".

[573] Unterschiede und Gemeinsamkeiten zwischen den materiell-rechtlichen Wirksamkeitsvoraussetzungen und Folgen der Nichtbeachtung des nachvertraglichen Wettbewerbsverbotes im Arbeitsvertrag im deutschen und französischen Recht.

[574] Die materiell-rechtlichen Wirksamkeitsvoraussetzungen und Folgen der Nichtbeachtung des nachvertraglichen Wettbewerbsverbotes im Arbeitsvertrag im französischen Recht.

[575] Kapitel 2: „Das materielle Recht des nachvertraglichen Wettbewerbsverbotes in Deutschland und in Frankreich bei rein inländischen Sachverhalten".

auf die Höhe der Karenzentschädigung anzurechnen ist. Dementsprechend scheint das französische materielle Recht dem Arbeitgeber einerseits mehr Freiheit und dem Arbeitnehmer andererseits stärkeren Schutz seiner Grundrechtspositionen zu gewähren, wohingegen das deutsche materielle Recht den Arbeitsvertragsparteien größere Rechtssicherheit durch detaillierte, gesetzlich niedergeschriebene Wirksamkeitsvoraussetzungen ermöglicht. Hinsichtlich der Rechtsfolgen von Verstößen einer der Arbeitsvertragsparteien divergieren die materiell-rechtlichen Rechtsgrundlagen im deutschen und französischen Recht kaum: Allein bei der Frage nach den Verzichts- und Kündigungsmöglichkeiten treten Differenzen auf.[576]

2. Erkenntnisse aus dem Vergleich des nachvertraglichen Wettbewerbsverbotes im Geschäftsführeranstellungsvertrag

Auch im auf das nachvertragliche Wettbewerbsverbot im Geschäftsführeranstellungsvertrag anwendbaren materiellen Recht sind in Deutschland und Frankreich Gemeinsamkeiten und Unterschiede zu benennen. Der Vergleich in Kapitel 2[577] zeigt auf, dass die Anstellung des Gesellschafter-Geschäftsführers und des Fremdgeschäftsführers bei der Gesellschaft im französischen Recht einer anderen vertraglichen Struktur unterliegt als im deutschen Recht. Der Fremdgeschäftsführer nach französischem Recht erhält regelmäßig den Arbeitnehmerstatus. Ebendies bietet ihm gerade auch im Hinblick auf ein nachvertragliches Wettbewerbsverbot mehr Schutz als dem deutschen Fremdgeschäftsführer. Zum Beispiel besteht nach französischem Recht für die Gesellschaft die Pflicht, eine Karenzentschädigung an den Fremdgeschäftsführer zu zahlen. Diese Pflicht besteht für die Gesellschaft nach deutschem Recht nicht. Mithin sind die Wirksamkeitsvoraussetzungen des nachvertraglichen Wettbewerbsverbotes im deutschen Recht in ihrer Anzahl geringer. Somit überlässt das deutsche Recht den Vertragsparteien mehr Freiheiten in ihren Gestaltungsmöglichkeiten der Vereinbarung des nachvertraglichen Wettbewerbsverbotes als das französische Recht. Es stellt sich auch insofern als

---

[576] Unterschiede und Gemeinsamkeiten zwischen den materiell-rechtlichen Wirksamkeitsvoraussetzungen und Folgen der Nichtbeachtung des nachvertraglichen Wettbewerbsverbotes im Arbeitsvertrag im deutschen und französischen Recht.

[577] Kapitel 2: „Das materielle Recht des nachvertraglichen Wettbewerbsverbotes in Deutschland und in Frankreich bei rein inländischen Sachverhalten".

liberaler heraus, da es den Parteien mehr Möglichkeiten gewährt, sich vom nachvertraglichen Wettbewerbsverbot zu lösen: Während das französische materielle Recht den Verzicht und die Kündigung grundsätzlich nicht diskutiert, bietet das deutsche Recht dafür verschiedene Rechtsgrundlagen.[578]

II. Die Auswirkungen der deutschen und französischen Grundrechte der Vertragsparteien auf das nachvertragliche Wettbewerbsverbot in Deutschland und Frankreich

Um die Auswirkungen der deutschen und französischen Grundrechte der Vertragsparteien auf das auf das nachvertragliche Wettbewerbsverbot anwendbare deutsche und französische materielle Recht zu erläutern, stellt dieser Abschnitt zunächst die relevanten deutschen und französischen Grundrechte[579] heraus und setzt diese im Anschluss ins Verhältnis zum auf das nachvertragliche Wettbewerbsverbot im Arbeits- und Geschäftsführeranstellungsvertrag anwendbaren materiellen Recht.

1. Der Vergleich der Auswirkungen der deutschen und französischen Grundrechte der Vertragsparteien auf das nachvertragliche Wettbewerbsverbot

Es werden zunächst die deutschen und im Anschluss die französischen Grundrechte erläutert. In jedem Abschnitt wird geprüft, ob eine der Parteien durch ein nachvertragliches Wettbewerbsverbot in ihren Grundrechten (in unzulässiger Weise) verletzt wird.

---

578 Unterschiede und Gemeinsamkeiten der Rechtsfolgen bei Verstoß gegen das nachvertragliche Wettbewerbsverbot im Geschäftsführeranstellungsvertrag im deutschen und französischen materiellen Recht.

579 Die relevanten Grundrechte der Parteien im Dienstverhältnis umfassten gerade nicht die Vertragsfreiheit (auf Französisch frei übersetzt lautet diese „*liberté contractuelle*“), die natürlich auch in die Gestaltung der Vereinbarung nachvertraglicher Wettbewerbsverbote hineinspiele, aber eben auch in zivilrechtliche Verträge im Allgemeinen. Die vorliegende Dissertation befasst sich mit den für das nachvertragliche Wettbewerbsverbot relevanten Grundrechten. Damit wird die Vertragsfreiheit in dieser Dissertation nicht betrachtet. Einen Überblick über den Einfluss der Vertragsfreiheit auf das nachvertragliche Wettbewerbsverbot bietet der Autor *Charaf*, s. *Charaf*, La clause de non-concurrence au carrefour du droit des contrats et du droit de la concurrence, 2013, S. 9 ff.

a. *Die durch das nachvertragliche Wettbewerbsverbot betroffenen Grundrechte der Vertragsparteien im deutschen Recht*

Die nachfolgenden Abschnitte erläutern zunächst die betroffenen Grundrechte des Arbeitnehmers und des Geschäftsführers und im Anschluss die des Arbeitgebers und der Gesellschaft. Namentlich sind dies die Berufsfreiheit gemäß Art. 12 Abs. 1 S. 1 GG, die unternehmerische Freiheit gemäß Art. 12 Abs. 1 S. 1 GG und das Recht am eingerichteten und ausgeübten Gewerbebetrieb gemäß § 823 Abs. 1 BGB/Art. 14 Abs. 1 S. 1 GG.

(1) Die Berufsfreiheit

Art. 12 Abs. 1 S. 1 GG garantiert allen Deutschen[580] das Recht, Beruf, Arbeitsplatz und Ausbildungsstätte frei zu wählen. Beruf wird von der bundesverfassungsgerichtlichen Rechtsprechung und Literatur definiert als die auf Gewinnung des Lebensunterhaltes (und auf Dauer angelegte)[581] dienende Beschäftigung, auch wenn sie einem traditionell oder rechtlich festgelegten (und erlaubten)[582] Berufsbild nicht

[580] Weitergehend zum persönlichen Schutzbereich und Grundrechtsschutz ausländischer natürlicher Personen sowie inländischer juristischer Personen: EU-ausländische juristische Personen des Privatrechtes werden aufgrund des Anwendungsvorranges der Grundfreiheiten im Binnenmarkt gemäß Art. 26 Abs. 2 AEUV und des allgemeinen Diskriminierungsverbotes aus Gründen der Staatsangehörigkeit gemäß Art. 18 AEUV wie inländische juristische Personen des Privatrechtes behandelt. Mithin ist Art. 12 Abs. 1 S. 1 GG auch auf EU-ausländische juristische Personen anwendbar. Die Ausführung des Streites und der Streitentscheid, ob der Grundrechtsschutz über Art. 12 oder Art. 2 Abs. 1 GG hergeleitet wird, kann in dieser Dissertation dahinstehen, da sie die Situation der EU-Inländer betrachtet. In den Fällen der Ausweitung der sogenannten Deutschengrundrechte auf EU-Ausländer aufgrund des allgemeinen Diskriminierungsverbotes aus Gründen der Staatsangehörigkeit gemäß Art. 18 AEUV tritt, der Rechtsprechung des BVerfG zufolge, für die Ausweitung der Berufsfreiheit auf Unionsbürger Art. 2 Abs. 1 GG nicht im Wege der Subsidiarität zurück, s. anstelle vieler BVerfG, Urteil v. 15.01.2002 – 1 BvR 1783/99, NJW 2002, 663 (664 ff.).

[581] Die Tätigkeit muss nicht auf Dauer angelegt sein, um unter die Definition des Berufes zu fallen, s. *Schmidt*, in: ErfK, Art. 12 GG, Rn. 6.

[582] Zum Streitstand hinsichtlich der Frage, ob nur erlaubte Berufe von Art. 12 Abs. 1 S. 1 GG umfasst seien, s. bspw. *Manssen*, Staatsrecht II, Art. 12, Rn. 653; *Schmidt* argumentiert bspw. dafür, dass die Frage nach der Legalität eines Berufes erst bei der Rechtfertigung eines Eingriffes in die Berufsfreiheit relevant sei, s. *Schmidt*, in: ErfK, Art. 12 GG, Rn. 6.

entspricht.[583] Damit ist nicht ausgeschlossen, dass ein nachvertragliches Wettbewerbsverbot in die Berufsfreiheit gemäß Art. 12 Abs. 1 S. 1 GG (in ungerechtfertigter Weise) eingreift. Die Beantwortung der Frage erfordert zunächst, dass das nachvertragliche Wettbewerbsverbot als Berufsausübungs- oder Berufswahlregelung qualifiziert wird. Das nachvertragliche Wettbewerbsverbot verbietet,[584] dass eine Tätigkeit bei einem Konkurrenzunternehmen oder in Selbstständigkeit aufgenommen wird. Da das nachvertragliche Wettbewerbsverbot ab dem Zeitpunkt der Beendigung der vorherigen Tätigkeit bis zum Zeitpunkt der Aufnahme einer neuen Tätigkeit den vom Verbot umfassten Bereich beeinflusst, handelt es sich eher nicht um eine Berufsausübungsregelung. Vielmehr wirkt das nachvertragliche Wettbewerbsverbot subjektiv berufsregelnd[585] durch das Verbot in spezifischer Weise auf die berufliche

---

[583] Diese Definition entwickelte das BVerfG in st. Rspr. angefangen mit dem sogenannten „Apotheken-Urteil" BVerfG, Urteil v. 11.06.1958 – 1 BvR 596/56, NJW 1958, 1035 (1036), auch u.a. BVerfG, Urteil v. 17.02.1998 – 1 BvF 1-91, NJW 1998, 1627 (1628), BVerfG, Beschluss v. 12.01.2016 – 1 BvR 3102/12, NJW 2016, 930 (931). So auch aufgenommen in der Literatur, s. bspw. *Epping*, Grundrechte, Art. 12, Rn. 378.

[584] Grundrechte entfalteten sich nicht nur zwischen dem Staat und Bürger, sondern auch zwischen natürlichen Personen des Privatrechtes, wie in der Literatur u.a. von *Wollenschläger* dargelegt wird, s. *Wollschenläger*, in: Dreier/Brosius-Gersdorf, GG, Art. 12, Rn. 220. Folglich kann ein nachvertragliches Wettbewerbsverbot im Arbeitsvertrag zwischen einem privatrechtlichen Arbeitgeber und einem privatrechtlichen Arbeitnehmer die Berufsfreiheit gemäß Art. 12 Abs. 1 S. 1 GG einschränken.

[585] Der ständigen Rechtsprechung des BVerfG folgend, stellt nicht jedwede Beeinträchtigung der Berufstätigkeit einen Eingriff dar. Vielmehr muss die Maßnahme in spezifischer Weise auf die berufliche Tätigkeit einwirken. Die berufsregelnde Tendenz fordert das BVerfG traditionell, s. anstelle vieler: BVerfG, Urteil v. 03.11.1982 – 1 BvL 4/78, NJW 1983, 439 (439 ff.). Entsprechend verlangt das BVerfG eine sogenannte „berufsregelnde Tendenz". Diese berufsregelnde Tendenz kann subjektiver oder objektiver Natur sein. Im Gegensatz zur Rechtsprechung des BVerfG fordern einige Stimmen in der Literatur, dass das Vorliegen eines Eingriffes in die Berufsfreiheit auch – wie die in andere Grundrechte – anhand des klassischen, verfassungsrechtlichen Eingriffsbegriffes beurteilt werde, s. anstelle vieler: *Nolte*, in: Stern/Becker, GR-Kommentar, Art. 12, Rn. 81. Es ist überzeugender, der Rechtsprechung zu folgen, da für das Grundrecht eine eigene Prüfung spezieller und damit dem gängigen Eingriffsbegriff vorgeht. Diese berufsregelnde Tendenz kann subjektiver oder objektiver Tendenz sein, *Manssen*, in: von Mangoldt/Klein/Starck, GG, Art. 12, Rn. 74 ff. Eine subjektiv berufsregelnde Tendenz liegt dann vor, wenn die Maßnahme final die Einschränkung der Berufstätigkeit bezweckt, s. *Manssen*, in: von Mangoldt/

Tätigkeit, insbesondere die Berufswahl, des Arbeitnehmers oder vielmehr des Geschäftsführers, aus. Damit greift das nachvertragliche Wettbewerbsverbot in die Berufsfreiheit gemäß Art. 12 Abs. 1 S. 1 GG ein;[586] es handelt sich mithin um eine Berufswahlregelung.[587]

Entscheidend für die Beantwortung der Frage, ob das nachvertragliche Wettbewerbsverbot die Berufsfreiheit in verfassungsrechtlich ungerechtfertigter Weise einschränkt, ist die Frage nach der verfassungsrechtlichen Rechtfertigung des Eingriffs.[588] Die Verfassungsmäßigkeit des nachvertraglichen Wettbewerbsverbotes ist nicht nur anhand der Verfassungsmäßigkeit der materiell-rechtlichen Rechtsgrundlage zu beurteilen, sondern auch anhand der Umstände des Einzelfalles wie u. a. der Formulierung der Klausel.[589] Eine

---

Klein/Starck, GG, Art. 12, Rn. 74 ff.; eine objektiv berufsregelnde Tendenz hingegen liegt dann vor, wenn die Maßnahme ein Ziel verfolgt, das berufsneutral ist, aber das Grundrecht der Berufsfreiheit dennoch einschränkt, s. *Manssen*, in: von Mangoldt/Klein/Starck, GG, Art. 12, Rn. 74 ff. Entsprechend uneindeutig kann es sein festzustellen, wann eine solche objektiv berufsregelnde Tendenz vorliegt. Eine ausführliche Darstellung gibt bspw. *Schmidt*, s. *Schmidt*, Grundrechte, Rn. 793.

586 BAG, Urteil v. 07.09.2004 – 9 AZR 545/03, NZA 2005, 105 (105 f.); so auch in der Literatur vertreten, s. *Commandeur*, Rechtsprobleme bei Abwerbe- und Beschäftigungsverboten, sowie Sperrabreden, RdA 2022, 341 ff.

587 Da das nachvertragliche Wettbewerbsverbot von der Beendigung der vorherigen Tätigkeit bis hin zur Aufnahme einer neuen Tätigkeit wirkt, handelt es sich tendenziell weniger um eine Berufsausübungsregelung als um eine Berufswahlregelung.

Diese berufsregelnde Tendenz könne subjektiver oder objektiver Tendenz sein, *Manssen*, in: von Mangoldt/Klein/Starck, GG, Art. 12, Rn. 74 ff.

588 Art. 12 Abs. 1 S. 2 GG enthält einen einfachen Gesetzesvorbehalt in Form eines Regelungsvorbehaltes, der auf die Berufswahl- und die Berufsausübungsfähigkeit anwendbar sei, s. *Epping*, Grundrechte, Art. 12, Rn. 403. Die verfassungsrechtliche Rechtfertigung von Eingriffen in die Berufsfreiheit wird traditionell anhand der sogenannte „Dreistufentheorie“ beurteilt, die das BVerfG im Rahmen des „Apotheken-Urteils“ (BVerfG, Urteil v. 11.06.1958 – 1 BvR 596/56, NJW 1958, 1035) von 1958 entwickelte. Die Dreistufentheorie wird heutzutage vom BVerfG nicht mehr in aller Strenge angewendet. An ihre Stelle tritt vielmehr eine Verhältnismäßigkeitsprüfung, s. jüngst BVerfG, Beschluss vom 29.12.2004 – 1 BvR 2582/03, 1 BvR 2283/03, 1 BvR 2504/03, NZA 2005, 153.

589 Auf eine ausführliche Darstellung des Grundsatzes der Verhältnismäßigkeit wird an dieser Stelle verzichtet, da die vorliegende Dissertation nicht lehrbuchartig Wissen darzustellen hat.

Einzelfallprüfung kann in der vorliegenden Dissertation nicht erfolgen.[590] Vielmehr wird der Schwerpunkt auf die Verfassungsmäßigkeit des Gesetzes der §§ 74 ff. HGB ausgerichtet. Die Prüfung einer Vereinbarung geht darin auf, wie nachfolgend verdeutlicht wird.

Da ein nachvertragliches Wettbewerbsverbot neben der Berufsfreiheit aus Art. 12 Abs. 1 S. 1 GG ebenfalls das Recht am eingerichteten und ausgeübten Gewerbebetrieb gemäß § 823 Abs. 1 BGB und die unternehmerische Freiheit gemäß Art. 12 Abs. 1 S. 1 GG des Arbeitgebers und des Geschäftsführers berücksichtigen muss, sind die verschiedenen Grundrechte stets in praktische Konkordanz zu bringen. Das Recht am eingerichteten und ausgeübten Gewerbebetrieb ist nicht in Art. 14 Abs. 1 S. 1 GG normiert, wird aber durch die Literatur dort hineingelesen.[591] Praktische Konkordanz ist zwingend notwendig, um die Verfassungsmäßigkeit zu bejahen. Grundsätzlich kann davon ausgegangen werden, dass die sich gegenüberstehenden Grundrechte in praktische Konkordanz gebracht werden, sobald das nachvertragliche Wettbewerbsverbot im Einzelfall dem (analog) anwendbaren materiellen Recht oder vielmehr für anwendbar erklärten materiellen Recht aus §§ 74 ff. HGB entspricht – im gegenteiligen Fall wären die §§ 74 ff. HGB insgesamt für verfassungswidrig erklärt worden. Allerdings wurde allein § 75 Abs. 3 HGB für verfassungswidrig erklärt.[592] Ein weiteres Argument dafür, dass die materiell-rechtliche Rechtsgrundlage des nachvertraglichen Wettbewerbsverbotes die Grundrechte der Vertragsparteien in praktische Konkordanz bringt und damit verfassungsmäßig ist, wird am Beispiel des § 74a Abs. 1 HGB deutlich.[593] Dort steht, dass ein nachvertragliches Wettbewerbsverbot unter gewissen Voraussetzungen nicht komplett, sondern (lediglich) „insoweit“ unverbindlich

---

[590] *Brendel* versucht sich an einer solchen Einzelfallprüfung, endet aber schließlich mit dem Befund, dass die Vereinbarung eines nachvertraglichen Wettbewerbsverbotes grundsätzlich zulässig sei, wenn es sich im Rahmen der gesetzlichen Vorschriften haltehält, s. *Brendel*, Nachvertragliche grenzüberschreitende Wettbewerbsverbote, 2009, S. 121. Somit findet eine klassische Einzelfallprüfung als solche bei ihr nicht statt.

[591] Das Recht am eingerichteten und ausgeübten Gewerbebetrieb.

[592] Ergebnis zur Anwendbarkeit der §§ 74 ff. HGB auf den Arbeitsvertrag.

[593] *Beurskens*, in: Noack/Servatius/Haas, GmbHG, § 37 Rn. 117 mit Verweis auf BAG, Urteil v. 26.03.1984 – II ZR 229/83, NJW 1984, 366.

ist.[594] Das Umgehen der Gesamtnichtigkeit dient der Beachtung der gegenseitigen Interessen der Vertragsparteien.[595] Die §§ 74 ff. HGB verpflichteten und schützten den Arbeitnehmer und den Geschäftsführer, wenn sie in den Geschäftsführeranstellungsvertrag einbezogen wurden, sodass diese in ihrer Berufsfreiheit nicht unzulässig eingeschränkt werden.[596]

Insgesamt zeigt der vorangegangene Abschnitt, dass nachvertragliche Wettbewerbsverbote, die die Wirksamkeitsvoraussetzungen der §§ 74 ff. HGB erfüllen, die gemäß Art. 12 Abs. 1 S. 1 GG garantierte Berufsfreiheit nicht in verfassungsrechtlich ungerechtfertigter Weise einschränken. Die Rechtsgrundlage der §§ 74 ff. HGB ist mithin mit Art. 12 Abs. 1 GG vereinbar und ebenso sind es generell Vereinbarungen, die auf dieser Rechtsgrundlage beruhen.[597] Kritischer zu betrachten sind grenzübergreifende nachvertragliche Wettbewerbsverbote, die desgleichen auf der Rechtsgrundlage der §§ 74 ff. HGB beruhen. Wie sich aus dem Wort „grenzübergreifend" ergibt, stellt sich die Frage, ob ein nachvertragliches Wettbewerbsverbot, das räumlich die Grenzen des deutschen Bundesgebietes überschreitet, verfassungsgemäß ist. Wie in Kapitel 2[598] dargestellt, bestimmen weder der Gesetzgeber noch die Rechtsprechung klare räumliche Grenzen für das nachvertragliche Wettbewerbsverbot. Demzufolge steht es dem Arbeitgeber oder der Gesellschaft prinzipiell frei, ein nachvertragliches Wettbewerbsverbot zu vereinbaren, das z.B. über die Grenzen des deutschen Bundesgebietes hinausgeht. Ein solches nachvertragliches Wettbewerbsverbot wurde von der zivilgerichtlichen Rechtsprechung im Hinblick auf Art. 12 Abs. 1 GG jedenfalls nicht als unwirksam beurteilt, wenn es die gegenseitigen Interessen der Vertragsparteien berücksichtigt.[599]

---

594 *Beurskens*, in: Noack/Servatius/Haas, GmbHG, § 37 Rn. 117 mit Verweis auf *Manger*, Das nachvertragliche Wettbewerbsverbot des GmbH-Geschäftsführers, GmbHR 2001, 89 (90).

595 *Beurskens*, in: Noack/Servatius/Haas, GmbHG, § 37 Rn. 117.

596 *Beurskens*, in: Noack/Servatius/Haas, GmbHG, § 37 Rn. 117.

597 So auch die rechtwissenschaftliche Literatur und Rechtsprechung, s. anstelle vieler: *Weber*, in: Staub, Handelsgesetzbuch, Vor § 74 HGB, Rn. 3 mit weiteren Nachweisen.

598 Kapitel 2: „Das materielle Recht des nachvertraglichen Wettbewerbsverbotes in Deutschland und in Frankreich bei rein inländischen Sachverhalten".

599 So entschieden für den Gesellschafteranstellungsvertrag zwischen einer Gesellschaft und dem Fremdgeschäftsführer vom OLG Celle, s. OLG Celle, Urteil v. 13.09.2000 – 9 U 110/00, NZG 2001, 131.

Damit dieses grenzübergreifende nachvertragliche Wettbewerbsverbot wirksam ist, muss es die Anforderungen der §§ 74 ff. HGB erfüllen. Insbesondere die Voraussetzung des berechtigten Interesses des Arbeitgebers oder der Gesellschaft am nachvertraglichen Wettbewerbsverbot und die inhaltliche Begrenzung sind zu betrachten. Die Literatur ist diesbezüglich äußerst großzügig: Die einzige Grenze für die inhaltliche Reichweite des nachvertraglichen Wettbewerbsverbotes liege darin, dass ein umfassendes Tätigkeitsverbot des Arbeitnehmers nicht verfassungsmäßig gerechtfertigt werden kann.[600] Ein umfassendes Tätigkeitsverbot als über die maximale inhaltliche Grenze für ein (grenzübergreifendes) nachvertragliches Wettbewerbsverbot hinausgehend zu qualifizieren, ist richtigerweise zu bejahen. Ansonsten würde die Berufsfreiheit des Arbeitnehmers nur noch eine leere Hülle ihrer selbst darstellen. Demnach darf das nachvertragliche grenzübergreifende Wettbewerbsverbot inhaltlich nur den Geschäftsbereich des Vertragspartners oder andere Bereiche, die eine Beeinträchtigung der betrieblichen Tätigkeit des Arbeitgebers oder vielmehr der Gesellschaft bedeuten, betreffen und muss dabei gleichzeitig die Interessen und Rechte des Arbeitnehmers oder vielmehr Geschäftsführers wahren.[601] Das OLG Celle argumentiert in einem solchen Fall, dass die Gesellschaft die Notwendigkeit eines grenzübergreifenden nachvertraglichen Wettbewerbsverbotes damit begründen könne, dass das eigene Unternehmen selbst grenzübergreifend tätig ist und es demnach notwendig ist, um Konkurrenz effektiv zu vermeiden.[602] Dem OLG Celle ist zuzustimmen. In einem grenzübergreifenden Unternehmen ist es nicht untypisch, dass Arbeitnehmer oder Geschäftsführer nicht nur die sprachlichen und interkulturellen Kenntnisse eines Staates, sondern auch jene des anderen Staates beherrschen. Demzufolge kann der Arbeitnehmer oder Geschäftsführer in dem anderen Staat nach einer Tätigkeit suchen, ohne gegen das nachvertragliche Wettbewerbsverbot zu verstoßen und gleichzeitig die Karenzentschädigung zu beziehen. Das berechtigte Interesse an einem grenzübergreifenden nachvertraglichen Wettbewerbsverbot liegt damit in der

---

600 *Beurskens*, in: Noack/Servatius/Haas, GmbHG, § 37, Rn. 115 ff.; *Middendorf*, in: Grobys/Panzer-Heemeier, Stichwortkommentar Arbeitsrecht, Wettbewerbsverbot, Rn. 9 f.

601 *Beurskens*, in: Noack/Servatius/Haas, GmbHG, § 37, Rn. 115 ff.; *Middendorf*, in: Grobys/Panzer-Heemeier, Stichwortkommentar Arbeitsrecht, Wettbewerbsverbot, Rn. 9 f.

602 OLG Celle, Urteil v. 13.09.2000 – 9 U 110/00, NZG 2001, 131 (132).

effektiven Durchsetzung des Verbotes. Diese detaillierte Erläuterung findet sich nur an dieser Stelle. Die Darstellungen zur unternehmerischen Freiheit[603] und zum Recht am eingerichteten und ausgeübten Gewerbebetrieb[604] verweisen nachfolgend hierher.

(2) Die unternehmerische Freiheit

Die unternehmerische Freiheit des Arbeitgebers und der Gesellschaft ist in Art. 12 Abs. 1 S. 1 GG normiert.[605] Wie bereits angemerkt, können gleichfalls juristische Personen Grundrechtsträger des Art. 12 Abs. 1 S. 1 GG sein, sodass auch die Gesellschaft in den persönlichen Schutzbereich fällt. Außerdem kann das Grundrecht der unternehmerischen Freiheit stets auch ein Grundrecht des Arbeitnehmers oder vielmehr des Geschäftsführers werden, wenn dieser nach Beendigung des Arbeitsvertrages keinen Arbeitsvertrag mit einem Konkurrenten schließt, sondern sich für die Selbstständigkeit entscheidet.[606] Im sachlichen Schutzbereich verleiht die unternehmerische Freiheit dem Einzelnen das Recht auf die Gründung und die Führung eines Unternehmens, was seine Dispositions-, Investitions- und Produktionsfreiheit im Unternehmen beinhaltet.[607] Im Gegensatz zum Recht am eingerichteten und ausgeübten Gewerbebetrieb i.S.d. Art. 14 Abs. 1 S. 1 GG schützt die unternehmerische Freiheit den Erwerb

---

[603] Die unternehmerische Freiheit.

[604] Das Recht am eingerichteten und ausgeübten Gewerbebetrieb.

[605] Anstelle vieler s. *Di Fabio*, in: Dürig/Herzog/Scholz, GG, Art. 4, Rn. 224.

[606] Wenn der Arbeitnehmer oder vielmehr Geschäftsführer einen Arbeitsvertrag mit einem Konkurrenten des Arbeitgebers oder vielmehr der Gesellschaft schließen will, ist zu prüfen, ob in seine Berufsfreiheit aus Art. 12 Abs. 1 S. 1 GG in unzulässiger Weise eingegriffen wird, wie bereits an vorheriger Stelle in der vorliegenden Dissertation erfolgte, s.o. Kapitel 4: „Die Analyse des materiellen deutschen und französischen Rechtes des nachvertraglichen Wettbewerbsverbotes bei nationalen und grenzübergreifenden Sachverhalten: grundrechtliche und grundfreiheitliche Auswirkungen".

[607] So vom BVerfG in st. Rspr. entschieden, s. BverfG, Urteil v. 01.03.1979 – 1 BvR 532,533/77,419/78, 1 BvL 21/78, NJW 1979, 699 (708), BVerfG, Beschluss v. 16.03.1971 – 1 BvR 52,665,667,754/66, NJW 1971, 1255 (1256); *Jarass*, in: Jarass/Pieroth, GG, Art. 12, Rn. 11 mit Verweis auf BVerfG, Urteil v. 23.03.2022 – 1 BvR 1187/17, NVwZ 2022, 861.

und nicht das Erworbene.[608] Damit wird eine zukunftsgerichtete und keine gegenwärtige Betrachtung vorgenommen.[609]

Arbeitgeber und Gesellschaft führen ein Unternehmen, sodass sie in den sachlichen Schutzbereich fallen. Nachdem der persönliche und der sachliche Schutzbereich erklärt wurden, muss nun erörtert werden, ob das nachvertragliche Wettbewerbsverbot oder vielmehr die gesetzliche Grundlage in den §§ 74 ff. HGB einen (verfassungsrechtlich ungerechtfertigten) Eingriff in die unternehmerische Freiheit darstellen. Hinsichtlich der abstrakten Aufführung der Eingriffsmöglichkeiten und der verfassungsrechtlichen Rechtfertigung kann an dieser Stelle auf das Voranstehende verwiesen werden.[610] Entscheidend für die Frage nach dem Vorliegen eines Eingriffes ist die Pflicht zur Zahlung der Karenzentschädigung. Der Arbeitgeber oder die Gesellschaft kann das Geld, das für die Karenzentschädigung ausgegeben werden muss, nicht mehr für die Zukunftsausrichtung des Unternehmens einplanen. Jede Karenzentschädigung ist eine Ausgabe, die nicht dem Erwerb des Unternehmens dient. Auf diese Weise wird durch die Zahlungsverpflichtung der Karenzentschädigung in die unternehmerische Freiheit eingegriffen. Dass die Karenzentschädigung höher ist, wenn der sachliche Schutzbereich weiter ausgedehnt ist, führt des Weiteren dazu, dass der Eingriff bei grenzübergreifenden nachvertraglichen Wettbewerbsverboten stärker wiegt als bei innerstaatlichen nachvertraglichen Wettbewerbsverboten. Die Rechtfertigung dieses Eingriffes richtet sich nach dem Grundsatz der Verhältnismäßigkeit. Die Grundrechte der Vertragsparteien müssen in praktische Konkordanz miteinander gebracht werden. Auch an dieser Stelle wird auf die vorangegangene Erläuterung verwiesen.[611] Die Rechtsgrundlage der §§ 74 ff. HGB

---

[608] Zur Unterscheidung des jeweiligen sachlichen Schutzbereiches, s. *Ruffert*, in: BeckOK GG, Art. 12, Rn. 40 ff. und *Axer*, in: BeckOK GG, Art. 14, Rn. 42 ff.; s. in diesem Kapitel 4: „Die Analyse des materiellen deutschen und französischen Rechtes des nachvertraglichen Wettbewerbsverbotes bei nationalen und grenzübergreifenden Sachverhalten: grundrechtliche und grundfreiheitliche Auswirkungen"; *Kempny*, in: Dreier/Brosius-Gersdorf, GG, Art. 14, Rn. 71 ff.

[609] Zur Unterscheidung des jeweiligen sachlichen Schutzbereiches, s. *Ruffert*, in: BeckOK GG, Art. 12, Rn. 40 ff. und *Axer*, in: BeckOK GG, Art. 14, Rn. 42 ff.; *Kempny*, in: Dreier/Brosius-Gersdorf, GG, Art. 14, Rn. 71 ff.

[610] Die Berufsfreiheit.

[611] Die Berufsfreiheit.

und darauf basierende Vereinbarungen verstoßen grundsätzlich nicht in verfassungsmäßig ungerechtfertigter Weise gegen die unternehmerische Freiheit gemäß Art. 12 Abs. 1 GG. Dies gilt auch für grenzübergreifende nachvertragliche Wettbewerbsverbote.[612]

(3) Das Recht am eingerichteten und ausgeübten Gewerbebetrieb

Das Recht am eingerichteten und ausgeübten Gewerbebetrieb ist ein sonstiges Recht i.S.d. § 823 Abs. 1 BGB.[613] Nach überwiegender Ansicht in der Literatur gehe das Recht am eingerichteten und ausgeübten Gewerbebetrieb aus dem sachlichen Schutzbereich des Art. 14 Abs. 1 S. 1 GG hervor, wenngleich es dort nicht explizit normiert sei.[614] Das BVerfG nahm eine solche Festlegung – aber eben auch keine Ablehnung – bislang jedoch nicht vor.[615] Da das BVerfG die grundrechtliche Anerkennung des Rechtes am eingerichteten und ausgeübten Gewerbebetrieb gemäß Art. 14 Abs. 1 S. 1 GG jedenfalls nicht verneint, orientiert sich die vorliegende Dissertation an der überwiegenden Meinung der Literatur und dem Schweigen des BVerfG.[616] In den persönlichen Schutzbereich fallen natürliche Personen – In- und Ausländer – und juristische Personen des Inlands (über Art. 19 Abs. 3 GG).[617] Damit sind deutsche sowie ausländische Arbeitgeber und deutsche Gesellschaften erfasst.

Der sachliche Schutzbereich der unternehmerischen Freiheit gemäß Art. 12 Abs. 1 S. 1 GG und des Rechtes am eingerichteten und ausgeübten Gewerbebetrieb gemäß Art. 14 Abs. 1 S. 1 GG unterscheiden sich – wie bereits aufgeführt[618] – in der Form, dass Art. 12 Abs. 1 S. 1 GG den Erwerb und

---

[612] Die Berufsfreiheit.

[613] Wesentlich: BGH, Urteil v. 24.01.2006 – XI ZR 384/03, NJW 2006, 830 (9. Leits.).

[614] *Schmidt*, in: ErfK, Art. 14 GG, Rn. 5; *Wendt*, in: Sachs, GG, Art. 14, Rn. 23.

[615] Siehe u.a. BVerfG, Beschluss v. 09.01.1991 – 1 BvR 929/89, NJW 1991, 18097 (1807); in einem im Jahr 2022 ergangenen Beschluss zur Frage nach der Einschränkung von unternehmerischen Betätigungen sprach das BVerfG den Art. 14 GG gar nicht erst an, s. BVerfG, Beschluss v. 23.02.2022 – 1 BvR 1295/21, NJW 2022, 1672.

[616] Sollte dies anders gesehen werden, könne der Schutz des Unternehmens auch allein über Art. 12 Abs. 1 GG (Die unternehmerische Freiheit) erreicht werden, wie in der Literatur angeführt wird, s. bspw. *Schmidt*, in: ErfK, Art. 14 GG, Rn. 5.

[617] *Axer*, in: BeckOK GG, Art. 14, Rn. 37; *Kempny*, in: Dreier/Brosius-Gersdorf, GG, Art. 14, Rn. 107 f.

[618] Die unternehmerische Freiheit.

Art. 14 Abs. 1 S. 1 GG das Erworbene schützt.[619] Infolgedessen schützt das Recht am eingerichteten und ausgeübten Gewerbebetrieb den Arbeitgeber respektive die Gesellschaft in ihrem aktuellen Bestehen. Art. 14 Abs. 1 S. 1 GG kann gemäß Art. 14 Abs. 1 S. 2 GG durch Inhalts- und Schrankenbestimmungen und gemäß Art. 14 Abs. 3 GG durch Enteignung in Form von enteignenden und enteignungsgleichen Eingriffen beeinträchtigt werden.[620] Unterschieden werden die drei Eingriffsmöglichkeiten anhand ihrer Wirkung: Während Inhalts- und Schrankenbestimmungen in der Regel abstrakt-generell das Eigentum als solches belassen, greifen Enteignungen individuell-konkret eine Eigentumsposition an, sodass sie diese jedenfalls tendenziell entziehen.[621] Enteignende und enteignungsgleiche Eingriffe unterscheiden sich von Enteignungen in der Art, dass sie wie Enteignungen wirken, aber als solche nicht intendiert sind.[622] Der § 74 Abs. 2 S. 1 HGB wirkt als Rechtsnorm abstrakt-generell. Er beschränkt jedweden Arbeitgeber und jedwede Gesellschaft bei der Vereinbarung eines nachvertraglichen Wettbewerbsverbotes. Auch wird durch die Verpflichtung zur Zahlung der Karenzentschädigung[623] und die gesetzlich festgelegte Mindesthöhe ebendieser dem Arbeitgeber oder der Gesellschaft das Eigentum als Recht am eingerichteten und ausgeübten Gewerbebetrieb nicht entzogen, sondern lediglich eingeschränkt. Insofern handelt es sich bei § 74 Abs. 2 S. 1 HGB um eine Inhalts- und Schrankenbestimmung. Diese sind gemäß Art. 14 Abs. 1 S. 2 GG „durch die Gesetze" vorgeschrieben. Verfassungsrechtlich gerechtfertigt werden könnten Inhalts- und Schrankenbestimmungen insbesondere dann, wenn sie dem Grundsatz der Verhältnismäßigkeit entsprechen und die sich entgegenstehende Grundrechte in praktische Konkordanz miteinander bringen.[624] Für die Beurteilung der Frage nach der Verfassungsmäßigkeit der materiellen Rechtsgrundlage des nachvertraglichen Wettbewerbsverbotes und der Vereinbarung eines solchen

---

619 So entschied das BVerfG bereits früh, s. BVerfG, Beschluss v. 16.03.1971 – 1 BvR 52, 665, 667, 754/66, NJW 1971, 1255.

620 *Axer*, in: BeckOK GG, Art. 14, Rn. 69 ff.; *Jarass*, in: Jarass/Pieroth, GG, Art. 14, Rn. 55 ff.

621 *Axer*, in: BeckOK GG, Art. 14, Rn. 69 ff.; *Kempny*, in: Dreier/Brosius-Gersdorf, GG, Art. 14, Rn. 181 ff.

622 *Jarass*, in: Jarass/Pieroth, GG, Art. 14, Rn. 55 ff.

623 Zu den grundrechtlichen Implikationen auch *Weber*, in: Staub, Vor § 74, Rn. 3.

624 Bspw. BVerfG, Beschluss vom 18.07.2019 – 1 BvL 1/18, 1 BvL 4/18, 1 BvR 1595/18, NJW 2019, 3054 (3057 ff.).

sind somit in der Abwägung die sich gegenüberstehenden Rechtspositionen zu berücksichtigen. Hierbei ist auf die Ausführungen unter dem vorherigen Abschnitt zur Berufsfreiheit zu verweisen.[625] Mithin wird durch die Verpflichtung zur Zahlung der Karenzentschädigung gemäß § 74 Abs. 2 S. 1 HGB nicht in verfassungsrechtlich ungerechtfertigter Weise in das Recht am eingerichteten und ausgeübten Gewerbebetrieb gemäß Art. 14 Abs. 1 S. 1 GG eingegriffen. Dies gilt grundsätzlich ebenfalls für Vereinbarungen nachvertraglicher und grenzübergreifender Wettbewerbsverbote, die sich im Rahmen der §§ 74 ff. HGB bewegen.

b. Die durch das nachvertragliche Wettbewerbsverbot betroffenen Grundrechte der Vertragsparteien im französischen Recht

In den nachfolgenden Abschnitten werden zunächst die betroffenen Grundrechte des Arbeitnehmers und des Geschäftsführers und im Anschluss die des Arbeitgebers und der Gesellschaft erläutert.[626] Diese sind namentlich die Arbeitsfreiheit[627] und die unternehmerische Freiheit[628]. Der Vollständigkeit halber wird das Recht auf Arbeit oder vielmehr einen Arbeitsplatz[629] aufgeführt, welches aber kein Grundrecht mit Verfassungsrang ist.[630]

(1) Die Arbeitsfreiheit

Das Grundrecht der Arbeitsfreiheit wurde zum ersten Mal in Art. 7 des Gesetzes vom 2. und 17. März 1791[631] rechtlich verankert.[632] Wenngleich kein

---

625 Die Berufsfreiheit.

626 Das Arbeitsrecht wird von verschiedensten Grundrechten des Arbeitgebers und des Arbeitnehmers flankiert. Eine Übersicht bietet *Héas*, Droit du travail, Rn. 14 an. Eine ausführliche Darstellung des Zusammenspieles zwischen Wettbewerbsbeschränkungen und Grundrechten im französischen Recht bietet außerdem *Serra*, L'obligation de non-concurrence dans le droit des contrats, 1968, S. 19 ff.

627 Auf französisch frei übersetzt: *„la liberté du travail"*.

628 Auf französisch frei übersetzt: *„la liberté d'entreprendre"*.

629 Auf französisch frei übersetzt: „le droit au travail ou le droit à l'emploi".

630 *Dupré de Boulois*, Droit des libertés fondamentales, S. 600 f.

631 Um den Text schneller zu finden, sei an dieser Stelle angemerkt, dass dieses Gesetz im französischen Recht regelmäßig auch als *„Décret d'Allarde"* bezeichnet wird, s. auch *Charaf*, La clause de non-concurrence au carrefour du droit des contrats et du droit de la concurrence, 2013, S. 7.

632 *Dupré de Boulois*, Droit des libertés fondamentales, S. 474; *Lokiec/Verkindt*, in: Cabrillac, Libertés et droits fondamentaux, S. 905.

Artikel der Verfassung[633] die Arbeitsfreiheit ausdrücklich nennt, ist es heute in der Literatur unstreitig, dass die Arbeitsfreiheit ein Recht mit Verfassungsrang ist.[634] Dies hat ebenfalls die Cour de cassation in ständiger Rechtsprechung entschieden.[635] Vom persönlichen Schutzbereich sind natürliche Personen des Privatrechtes – somit Arbeitgeber und Geschäftsführer – umfasst.[636] In den sachlichen Schutzbereich der Arbeitsfreiheit fallen der Schutz vor Diskriminierung bei der Suche nach, der Ausübung von bis hin zur Beendung der Arbeit, um dem Arbeitnehmer oder vielmehr dem Geschäftsführer jederzeit einen schnellen Wechsel zwischen zwei Arbeitsstellen zu ermöglichen.[637] Jeder Arbeitnehmer oder Geschäftsführer soll seine Arbeitsstelle frei wählen und in seiner Arbeit frei sein, was bedeutet, dass er keinem vollständigen Arbeitsverbot unterfallen darf.[638] Gleichfalls ist das Fernbleiben von Arbeit durch die negative Dimension der Arbeitsfreiheit gedeckt.[639] Umfasst sind zudem das Verbot der Zwangsarbeit und Sklaverei[640] und das Recht der Kündigung[641].

Es stellt sich nun die Frage nach einem Eingriff in die Arbeitsfreiheit durch die richterrechtlich festgelegten Wirksamkeitsvoraussetzungen des nachvertraglichen Wettbewerbsverbotes im französischen Recht. Wie bereits

---

633 Der Abs. 5 der Verfassungspräambel von 1946 bspw. nennt allein das Recht auf einen Arbeitsplatz (auf Französisch frei übersetzt: *„le droit d'obtenir un emploi"*).

634 *Dupré de Boulois*, Droit des libertés fondamentales, S. 474.

635 Anstelle vieler: Cour de cassation, Kammer für Sozialsachen, Urteil v. 19.11.1996, Nr. 94-19.404. Dieses Urteil wurde ausgewählt, da es sich exemplarisch mit der Frage beschäftigt, welche Wirksamkeitsvoraussetzungen ein nachvertragliches Wettbewerbsverbot im Arbeitsvertrag erfüllen muss, um nicht gegen die verfassungsrechtlich garantierte Arbeitsfreiheit zu verstoßen.

636 *Lokiec/Verkindt*, in: Cabrillac, Libertés et droits fondamentaux, S. 904 ff.

637 *Dupré de Boulois*, Droit des libertés fondamentales, S. 474.

638 Im Verfassungsrecht stehen sich das Streikrecht und die Arbeitsfreiheit einerseits gegenüber und bedingen einander andererseits. *Héas* bspw. schreibt, dass die Arbeitsfreiheit ihre Grenze im Streikrecht findet, das ebenfalls ein Recht mit Verfassungsrang ist, s. *Héas*, Droit du travail, Rn. 153, 169; *Lokiec/Verkindt*, in: Cabrillac, Libertés et droits fondamentaux, S. 904.

639 Generell zur Bedeutung der Grundrechte des Arbeitnehmers im Arbeitsverhältnis, s. *Antonmattei*, Droit du travail, Rn. 126; *Dupré de Boulois*, Droit des libertés fondamentales, S. 475 f.

640 *Lokiec/Verkindt*, in: Cabrillac, Libertés et droits fondamentaux, S. 909.

641 *Lokiec/Verkindt*, in: Cabrillac, Libertés et droits fondamentaux, S. 910.

für das deutsche Recht festgestellt,[642] ist es auch im französischen Recht nicht möglich, eine Einzelfallprüfung für jede erdenkliche Vereinbarung eines nachvertraglichen Wettbewerbsverbotes im Arbeitsvertrag in der vorliegenden Dissertation abzubilden. Somit wird auch hier wie in der Darstellung zum deutschen Recht die Verfassungsmäßigkeit des Richterrechtes und die von Klauseln, die die richterrechtlichen Voraussetzungen erfüllen, in einem dargestellt. In die Arbeitsfreiheit des Einzelnen wird grundsätzlich bereits immer dann durch einen Vertrag eingegriffen, wenn sich dieser zur Aufnahme einer Arbeitsstelle bei einem Arbeitgeber[643] entschließt.[644] Dann ist der Arbeitnehmer oder Geschäftsführer verpflichtet, seine Arbeitskraft auf die eine Stelle bei dem einen Arbeitgeber zu verwenden.[645] Bei der Vereinbarung eines nachvertraglichen Wettbewerbsverbotes sei der Arbeitnehmer oder vielmehr Geschäftsführer auch nach Beendigung des Arbeitsvertrages weiterhin dem Arbeitgeber verpflichtet.[646] Konsequenterweise stellt das nachvertragliche Wettbewerbsverbot ebenfalls eine vertragliche Einschränkung der Arbeitsfreiheit des Arbeitnehmers oder des Geschäftsführers dar, wie die Literatur betont.[647] Dem ist zuzustimmen. Aus diesem Grund ist es unerlässlich, dass ein nachvertragliches Wettbewerbsverbot die richterrechtlich festgelegten Wirksamkeitsvoraussetzungen des französischen Sachrechtes erfüllt.[648] Sobald dies der Fall ist, ist die Einschränkung gerechtfertigt.[649] Insbesondere die Zahlung der Karenzentschädigung kann seit 2002 nicht umgangen werden, ohne die Arbeitsfreiheit in unrechtmäßiger Weise zu verletzen.[650]

---

642 Die Berufsfreiheit.

643 Zur verfassungsrechtlichen Beziehung zwischen Arbeitnehmer und Arbeitgeber: *Héas*, Droit du travail, Rn. 225 ff.

644 *Lokiec/Verkindt*, in: Cabrillac, Libertés et droits fondamentaux, S. 904.

645 *Dupré de Boulois*, Droit des libertés fondamentales, S. 474. *Dupré de Boulois* ergänzt an dieser Stelle, dass die Einschränkung der Arbeitsfreiheit auf einen Arbeitgeber eines Teilzeitarbeitnehmers weniger schwer wiege als die eines Vollzeitarbeitnehmers.

646 *Charaf*, La clause de non-concurrence au carrefour du droit des contrats et du droit de la concurrence, 2013, S. 8 f. mit der Darlegung des Einflusses der Arbeitsfreiheit auf das nachvertragliche Wettbewerbsverbot und *vice versa*.

647 *Dupré de Boulois*, Droit des libertés fondamentales, S. 475.

648 *Dupré de Boulois*, Droit des libertés fondamentales, S. 475.

649 *Lokiec/Verkindt*, in: Cabrillac, Libertés et droits fondamentaux, S. 917 ff.

650 *Dupré de Boulois*, Droit des libertés fondamentales, S. 475; *Lokiec/Verkindt*, in: Cabrillac, Libertés et droits fondamentaux, S. 918 mit Verweis auf Cour de cassation, Kammer für Sozialsachen, Urteil v. 04.11.2020, Nr. 18-20210.

Damit muss das nachvertragliche Wettbewerbsverbot insgesamt so gestaltet sein, dass es die verschiedenen Interessen des Arbeitgebers aus seiner unternehmerischen Freiheit und des Arbeitnehmers aus seiner Arbeitsfreiheit miteinander in Einklang bringt.[651] In der Frage nach der Verfassungsmäßigkeit von grenzübergreifenden nachvertraglichen Wettbewerbsverboten gilt Folgendes: Die örtliche Begrenzung eines nachvertraglichen Wettbewerbsverbotes auf ganz Frankreich sei laut der Cour de cassation dann zulässig, wenn die Interessen des Arbeitgebers eine solche Ausweitung forderten und es ebenso dem Arbeitnehmer aufgrund seiner Situation nicht unmöglich gemacht wird, eine neue Stelle zu finden.[652] Die Literatur liest daraus, dass diese Begründung auch für ein grenzübergreifendes nachvertragliches Wettbewerbsverbot, eine sogenannte *„clause de non-concurrence internationale*", möglich sei.[653] Diese Lesart ist weitgehend aber in der Praxis zweckmäßig. Damit ist ihr zuzustimmen. Infolgedessen sind die richterrechtlich bestimmten Wirksamkeitsvoraussetzungen und die darauf beruhenden Vereinbarungen im Hinblick auf die Arbeitsfreiheit grundsätzlich verfassungsgemäß.

2. Das Recht auf Arbeit oder auch: das Recht auf einen Arbeitsplatz

Das Recht auf Arbeit hat zwar Verfassungsrang[654], aber ist der Rechtsprechung der Cour de cassation zufolge im Gegensatz zur Arbeitsfreiheit keine

---

[651] *Dupré de Boulois*, Droit des libertés fondamentales, S. 475; *Pagnerre*, in: Jeansen/Pagnerre/Rozec, Guide des clauses du contrat de travail, S. 298.

[652] Cour de cassation, Kammer für Sozialsachen, Urteil v. 15.12.2009, Nr. 08-44847.

[653] *Pagnerre*, in: Jeansen/Pagnerre/Rozec, Guide des clauses du contrat de travail, S. 298.

[654] Cour de cassation, Kammer für Sozialsachen, Urteil v. 21.09.2017, Nr. 16-20460. In der sogenannten *notice explicative* zum Urteil, die eine Erklärung zum Urteil ist, heißt es auf Französisch: *„Le droit à l'emploi, qui résulte de l'alinéa 5 du Préambule de la Constitution de 1946 n'est pas une liberté fondamentale, mais un droit-créance qui doit être concilié avec d'autres droits ou principes constitutionnels, tels que la liberté d'entreprendre qui fonde, pour l'employeur, le droit de recruter librement ou de licencier un salarié. La définition de cet équilibre entre deux droits de nature constitutionnelle relève du législateur, sous le contrôle du Conseil constitutionnel. En revanche, un justiciable ne peut pas se prévaloir directement dans le cadre d'un litige d'une violation du droit à l'emploi, sauf à vider de leur substance les autres droits constitutionnels avec lesquels ce droit doit être concilié*". Auf Deutsch bedeutet dies: „Das Recht auf

Grundfreiheit, auf die sich der Arbeitgeber berufen könne. Vielmehr gehört es zu den sogenannten „Sozialrechten“[655]. Im Wortlaut des Abs. 5 S. 1 der Präambel der Verfassung vom 27. Oktober 1946 steht auf Deutsch übersetzt, dass jeder die Pflicht hat zu arbeiten und das Recht, eine Beschäftigung zu erhalten.[656] Dem *Telos* der französischen Norm nach handelt es sich bei dieser nicht um die Verpflichtung des Staates, jedem Einwohner eine Arbeitsstelle bereitzustellen.[657] Vielmehr bedeutet es, dass der Staat alles daransetzen muss, dass jeder Einwohner die Möglichkeit habe, eine Arbeitsstelle zu finden.[658] Demzufolge handelt es sich nicht um ein genuines Recht auf Arbeit, wie es allein dem Wortlaut nach fälschlicherweise verstanden werden könnte. Das Recht auf Arbeit sei an dieser Stelle nur der Vollständigkeit halber dargestellt, da seine Auswirkungen auf das nachvertragliche Wettbewerbsverbot mangels Qualifikation als Grundrecht nicht Gegenstand der vorliegenden Dissertation sind.

Beschäftigung, das sich aus Abs. 5 der Präambel der Verfassung von 1946 ergibt, ist keine Grundfreiheit, sondern ein Anspruchsrecht, das mit anderen verfassungsmäßigen Rechten oder Grundsätzen in Einklang gebracht werden muss, wie etwa der unternehmerischen Freiheit, die für den Arbeitgeber das Recht begründet, einen Arbeitnehmer frei einzustellen oder zu entlassen. Die Definition dieses Gleichgewichts zwischen zwei Rechten verfassungsrechtlicher Natur obliegt dem Gesetzgeber unter der Kontrolle des Verfassungsrats. Hingegen kann sich ein Einzelner im Rahmen eines Rechtsstreits nicht unmittelbar auf eine Verletzung des Rechtes auf Beschäftigung berufen, es sei denn, er würde die anderen verfassungsmäßigen Rechte, mit denen dieses Recht in Einklang gebracht werden muss, aushöhlen“. Eine weitere Erklärung liefert *Dupré de Boulois*, s. *Dupré de Boulois*, Droit des libertés fondamentales, S. 600 f.

655 Auf Französisch heißt es *„Les droits de solidarité“*. *Dupré de Boulois* ordnet die verschiedenen Sozialrechte in ihren Kontext der französischen Grundrechtsdogmatik ein, s. *Dupré de Boulois*, Droit des libertés fondamentales, S. 587 ff.

656 Auf Französisch ist es „Chacun a le devoir de travailler et le droit d'obtenir un emploi“.

657 *Heás*, Droit du travail, Rn. 226; *Lokiec/Verkindt*, in: Cabrillac, Libertés et droits fondamentaux, S. 912.

658 *Charaf*, La clause de non-concurrence au carrefour du droit des contrats et du droit de la concurrence, 2013, S. 7; *Dupré de Boulois*, Droit des libertés fondamentales, S. 601.

3. Die Unternehmensfreiheit

Die Unternehmensfreiheit[659] findet ihre erstmalige Kodifikation, genau wie die der Arbeitsfreiheit[660], in Art. 7 des Gesetzes vom 2. und 17. März 1791.[661] Lange Zeit[662] galt die Unternehmensfreiheit als weniger wichtige Freizeit, da wenig Normen existierten, die die Unternehmensfreiheit als Grundrecht als solche und nicht z.B. als Teil des Wettbewerbsrechtes schützten.[663] Im französischen Verfassungstext findet die Unternehmensfreiheit keine Niederschrift.[664] Gleichwohl wird sie durch die Rechtsprechung des Conseil constitutionnel[665] als Recht mit Verfassungsrang qualifiziert.[666] Sowohl natürliche als auch juristische Personen des Privatrechtes werden vom persönlichen Schutzbereich umfasst.[667] In den sachlichen Schutzbereich der Unternehmensfreiheit fallen beispielhaft[668] die Geschäftsführung des Unternehmens ohne Zwänge von außen,[669] der freie Zugang auf einen freien Markt[670] und die Ausübung

---

659 Auf Französisch frei übersetzt: *„la liberté d'entreprendre"*; eine sprachliche Gegenüberstellung der französischen Unternehmensfreiheit als *„liberté d'entreprendre"* und der deutschen unternehmerischen Freiheit als *„liberté d'entreprise"* sowie die Gegenüberstellung weiterer Rechtsordnungen findet sich in *Favoreu/Duffy-Meunier/Fassassi/Gaïa/Le Bot/Pech/Pena/Roux/Scoffini*, Droit des libertés fondamentales, Rn. 367.

660 *Dupré de Boulois*, Droit des libertés fondamentales, S. 473.

661 *Blaise/Desgorces*, Droit des affaires, Rn. 608.

662 Eine geschichtliche Herleitung des Grundrechtes der Unternehmensfreiheit gibt *Charaf*, s. *Charaf*, La clause de non-concurrence au carrefour du droit des contrats et du droit de la concurrence, 2013, S. 14 f.

663 *Dupré de Boulois* zeigt die Entwicklung der Normen auf, s. *Dupré de Boulois*, Droit des libertés fondamentales, S. 468 f.

664 *Dupré de Boulois*, Droit des libertés fondamentales, S. 464.

665 Auf Deutsch übersetzt :„Französischer Verfassungsgerichtshof".

666 Conseil constitutionnel, Urteil v. 16.01.1982, Nr. 81-132 DC.

667 *Ferrier/Ferrier*, in: Cabrillac, Libertés et droits fondamentaux, S. 877.

668 Die aufgezählten Dimensionen sind insbesondere in Bezug auf das nachvertragliche Wettbewerbsverbot beispielhaft gewählt – eine abschließende Aufzählung an Dimensionen der unternehmerischen Freiheit kenne das französische Recht nicht, wie in der Literatur argumentiert wird, s. *Ferrier/Ferrier*, in: Cabrillac, Libertés et droits fondamentaux, S. 877.

669 *Dupré de Boulois*, Droit des libertés fondamentales, S. 467.

670 *Ferrier/Ferrier*, in: Cabrillac, Libertés et droits fondamentaux, S. 878 f.; *Dupré de Boulois*, Droit des libertés fondamentales, S. 466.

einer unternehmerischen Tätigkeit (auf diesem)[671]. Im Hinblick auf die Verfassungsmäßigkeit der richterrechtlich festgelegten Wirksamkeitsvoraussetzungen und Vereinbarungen des nachvertraglichen Wettbewerbsverbotes, die im Rahmen dieser zwischen den Parteien geschlossen werden, spiele der rechtwissenschaftlichen Literatur zufolge die Dimension der freiheitlichen Ausübung einer unternehmerischen Tätigkeit eine Rolle.[672] Dies ist ähnlich zum deutschen Recht. Ohne die freiheitliche Ausübung wäre die Unternehmensfreiheit keine Freiheit im eigentlichen Wortsinn, sodass der Ansicht der Literatur zuzustimmen ist. Dabei liegt der Fokus auf dem Schutz vor unverhältnismäßiger Konkurrenztätigkeit.[673] Nicht umsonst hat die Cour de cassation in den wegweisenden Urteilen vom 10. Juli 2002[674] die Unternehmensfreiheit als entscheidungserheblich genannt.[675] Die Unternehmensfreiheit ist in Bezug auf das nachvertragliche Wettbewerbsverbot nicht nur für den Arbeitgeber oder die Gesellschaft relevant; auch der Arbeitnehmer oder vielmehr Geschäftsführer, der die Selbstständigkeit anstrebt, kann durch das nachvertragliche Wettbewerbsverbot in seiner Unternehmensfreiheit beschränkt werden.[676] Damit ist die unternehmerische Freiheit des Arbeitgebers oder vielmehr der Gesellschaft und des Arbeitnehmers oder vielmehr des Geschäftsführers, soweit diese selbstständig tätig werden, immer dann gewahrt, wenn die Wirksamkeitsvoraussetzungen des nachvertraglichen

---

671 *Dupré de Boulois*, Droit des libertés fondamentales, S. 465. *Favoreu/Duffy-Meunier/Fassassi/Gaïa/Le Bot/Pech/Pena/Roux/Scoffini*, Droit des libertés fondamentales, Rn. 370, 372.

672 *Charaf* legt das Zusammenspiel zwischen der Unternehmensfreiheit und dem nachvertraglichen Wettbewerbsverbot dar, s. *Charaf*, La clause de non-concurrence au carrefour du droit des contrats et du droit de la concurrence, 2013, S. 8 f.; außerdem: *Dupré de Boulois*, Droit des libertés fondamentales, S. 465. *Favoreu/Duffy-Meunier/Fassassi/Gaïa/Le Bot/Pech/Pena/Roux/Scoffini*, Droit des libertés fondamentales, Rn. 370, 372.

673 *Ferrier/Ferrier*, in: Cabrillac, Libertés et droits fondamentaux, S. 886 f.

674 Cour de cassation, Kammer für Sozialsachen, Urteil v. 10.07.2002, Nr. 99-43334; Cour de cassation, Kammer für Sozialsachen, Urteil v. 10.07.2002, Nr. Nr. 99-43335; Cour de cassation, Kammer für Sozialsachen, Urteil v. 10.07.2002, Nr. 99-43335.

675 *Dupré de Boulois*, Droit des libertés fondamentales, S. 465 mit Verweis auf die genannten Urteile vom 10.07.2002; *Ferrier/Ferrier*, in: Cabrillac, Libertés et droits fondamentaux, S. 886 f.

676 *Dupré de Boulois*, Droit des libertés fondamentales, S. 470 f.

Wettbewerbsverbotes erfüllt sind.[677] Dies gilt so auch für grenzübergreifende nachvertragliche Wettbewerbsverbote.

c. *Der Vergleich der Unterschiede und Gemeinsamkeiten der Grundrechte der Vertragsparteien und deren Bedeutung auf das auf nachvertragliche Wettbewerbsverbote anwendbare deutsche und französische materielle Recht*

Nachfolgend wird untersucht, inwieweit sich die Unterschiede in der verschiedenen deutsch-französischen Grundrechtsdogmatik im auf das nachvertragliche Wettbewerbsverbot im Arbeitsvertrag und Geschäftsführeranstellungsvertrag anwendbaren deutschen und französischen Sachrecht widerspiegeln.

(1) Vergleich der Grundrechte des Dienstverpflichteten und deren Bedeutung auf das auf nachvertragliche Wettbewerbsverbote anwendbare deutsche und französische materielle Recht

Während die französische Arbeitsfreiheit den Arbeitnehmer oder Geschäftsführer vorrangig vor Diskriminierung in den verschiedenen Phasen der Arbeitssuche, -aufnahme, -ausübung und -beendigung schützt, liegt der Fokus der deutschen Berufsfreiheit darauf, die Freiheit jedes Arbeitnehmers oder Geschäftsführers bei der Wahl und Ausübung seines Berufs zu ermöglichen. Der Inhalt ist folglich etwas unterschiedlich. Dieser Unterschied zeigt sich auch in der Ausgestaltung des jeweiligen auf das nachvertragliche Wettbewerbsverbot anwendbaren Sachrechtes: Der Arbeitgeber im französischen Recht muss die Situation des Arbeitnehmers oder Geschäftsführers bei der Vereinbarung der Klausel berücksichtigen. Somit soll verhindert werden, dass ein Arbeitnehmer oder Geschäftsführer bei der Suche nach einem neuen Arbeitsplatz durch den ehemaligen Arbeitgeber respektive die Gesellschaft diskriminiert wird. Folglich schützt das französische Recht den Arbeitnehmer und Geschäftsführer vor Diskriminierung in den verschiedenen Phasen der Arbeitssuche, -aufnahme, -ausübung und -beendigung. Diese Wirksamkeitsvoraussetzung erfordert das deutsche Recht nicht. Die unternehmerische Freiheit und die Unternehmensfreiheit können im deutschen und französischen Recht auch

---

[677] *Dupré de Boulois*, Droit des libertés fondamentales, S. 471; *Ferrier/Ferrier*, in: Cabrillac, Libertés et droits fondamentaux, S. 886 f.

ein Grundrecht des Dienstverpflichteten darstellen. Da die unternehmerische Freiheit und die Unternehmensfreiheit aber immer ein Grundrecht des Dienstberechtigten darstellen, wird ihre Auswirkung auf das auf das nachvertragliche Wettbewerbsverbot anwendbare Sachrecht an späterer Stelle in diesem Kapitel[678] untersucht. Insgesamt gibt das französische Recht den Arbeitsvertragsparteien mehr Möglichkeiten, sich bei der Vereinbarung des nachvertraglichen Wettbewerbsverbotes am Einzelfall wie der persönlichen Situation und der Höhe der Karenzentschädigung, zu orientieren. Somit können Voraussetzungen geschaffen werden, die es einem Arbeitnehmer ermöglichen, schneller und diskriminierungsfrei eine neue Tätigkeit zu finden. Genau das soll durch das Grundrecht der Arbeitsfreiheit erreicht werden, wie vorrangig beschrieben wurde.[679] Im deutschen Recht hingegen sind die Wirksamkeitsvoraussetzungen des nachvertraglichen Wettbewerbsverbotes umfassender und auch gesetzlich festgeschrieben: Der Arbeitgeber oder die Gesellschaft muss eine Karenzentschädigung zahlen, deren Mindesthöhe im Vergleich zum französischen Recht gesetzlich festgeschrieben ist. Wenngleich die freie Wahl des Berufes durch das nachvertragliche Wettbewerbsverbot eingeschränkt wird, ist diese Einschränkung vor allem durch die Karenzentschädigung gerechtfertigt. Der Arbeitnehmer oder Geschäftsführer kann während der Dauer des nachvertraglichen Wettbewerbsverbotes dank der finanziellen Absicherung durch die Karenzentschädigung die Suche nach einer neuen Tätigkeit unbedenklich angehen. Mithin hat er mehr Freiheiten bei der (Aus-)Wahl einer neuen Beschäftigung als der französische Arbeitnehmer oder Geschäftsführer. Das deutsche Grundrecht der Berufsfreiheit zielt dabei auch mehr auf den Schutz des Arbeitnehmers oder Geschäftsführers ab als auf eine schnelle, diskriminierungsfreie Neubeschäftigung. Infolgedessen spiegelt sich die unterschiedliche Grundrechtsdogmatik in den Unterschieden des auf das nachvertragliche Wettbewerbsverbot anwendbaren deutschen und französischen Sachrechtes wider.

---

678 Vergleich der Grundrechte des Dienstberechtigten und deren Bedeutung auf das auf nachvertragliche Wettbewerbsverbote anwendbare deutsche und französische materielle Recht.

679 Die Arbeitsfreiheit.

(2) Vergleich der Grundrechte des Dienstberechtigten und deren Bedeutung auf das auf nachvertragliche Wettbewerbsverbote anwendbare deutsche und französische materielle Recht

Der sachliche Schutzbereich der unternehmerischen Freiheit und jener der Unternehmensfreiheit unterscheiden sich kaum. Der sachliche Schutzbereich im deutschen und im französischen Recht umfasst die freie Gründung und Führung eines Unternehmens im freien Markt. Dieser Gleichlauf spiegelt sich auch in den Wirksamkeitsvoraussetzungen des nachvertraglichen Wettbewerbsverbotes im Geschäftsführeranstellungsvertrag im deutschen und französischen Recht wider: In beiden Rechtsordnungen ähneln sich die auf das nachvertragliche Wettbewerbsverbot anwendbaren materiell-rechtlichen Wirksamkeitsvoraussetzungen jedenfalls für den Gesellschafter-Geschäftsführer. Ein wesentlicher Unterschied ist das Recht am eingerichteten und ausgeübten Gewerbebetrieb. Dieses zusätzliche Grundrecht des Dienstberechtigten kennt allein das deutsche Recht. Dass aus einem Grundrecht mehr im deutschen Recht zwangsläufig mehr Schutz für die Gesellschaft führt, kann aber nicht automatisch bejaht werden – insbesondere nicht, weil das BVerfG zur Qualifikation des Rechtes am eingerichteten und ausgeübten Gewerbebetrieb als Grundrecht schweigt. Sollte dies verneint werden, könne der Schutz allein über Art. 12 Abs. 1 GG hergestellt werden, wie in der Literatur angeführt wird.[680] Mithin ist das Schutzniveau des Arbeitgebers und der Gesellschaft in beiden Rechtsordnungen ähnlich gut.

(3) Ergebnis zum Vergleich der Grundrechte und deren Bedeutung auf das auf nachvertragliche Wettbewerbsverbote anwendbare deutsche und französische materielle Recht

Im Ergebnis kommt der Inhalt der Grundrechte des Arbeitnehmers und Geschäftsführers sowie des Arbeitgebers und der Gesellschaft im auf das nachvertragliche Wettbewerbsverbot anwendbaren Sachrecht zum Ausdruck. Auf der einen Seite steht die Berufsfreiheit oder vielmehr Arbeitsfreiheit des Dienstverpflichteten. Im deutschen und im französischen Recht ist der sachliche Schutzbereich der Berufsfreiheit und der Arbeitsfreiheit teilweise unterschiedlich. Diese Unterschiede lassen sich auf das jeweilige Sachrecht des arbeitsvertraglichen nachvertraglichen Wettbewerbsverbotes in Deutschland

---

680 *Schmidt*, in: ErfK, Art. 14 GG, Rn. 5.

und Frankreich übertragen. Die Ähnlichkeit der Grundrechte des Arbeitgebers und der Gesellschaft in Form der unternehmerischen Freiheit oder der Unternehmensfreiheit und des Rechtes am eingerichteten und ausgeübten Gewerbebetrieb spiegelt sich in der Ähnlichkeit des auf das (grenzübergreifende) nachvertragliche Wettbewerbsverbot im Geschäftsführeranstellungsvertrag anwendbaren Sachrechtes wider.

4. Zusammenfassung des Vergleiches des Zusammenspiels zwischen dem auf das nachvertragliche Wettbewerbsverbot anwendbaren materiellen deutschen und französischen Recht und den betroffenen Grundrechten der Parteien

Die Darstellung lässt erkennen, dass sich die Unterschiede in der verschiedenen deutsch-französischen Grundrechtsdogmatik im auf das nachvertragliche Wettbewerbsverbot im Arbeitsvertrag und Geschäftsführeranstellungsvertrag anwendbaren deutschen und französischen Sachrecht zeigen.

III. Das Zusammenspiel von europäischen Grundfreiheiten und grenzübergreifenden nachvertraglichen Wettbewerbsverboten

Nachdem im vorherigen Abschnitt die Auswirkungen der deutschen und französischen Grundrechte des Dienstberechtigten und Dienstverpflichteten auf das auf nachvertragliche Wettbewerbsverbote anwendbare materielle Recht untersucht worden sind, betreffen die nachfolgenden Abschnitte die Frage, ob das auf nachvertragliche Wettbewerbsverbote deutsche und französische anwendbare materielle Recht mit den europäischen Grundfreiheiten vereinbar ist. Dafür ist es zunächst erforderlich, die europäischen Grundrechte von den europäischen Grundfreiheiten abzugrenzen und zu erörtern, ob die europäischen Grundfreiheiten und Grundrechte in der vorliegenden Arbeit relevant sind.

1. Das Verhältnis zwischen den europäischen Grundrechten und Grundfreiheiten

Die europäischen Grundrechte und die europäischen Grundfreiheiten sind immer dann relevant, wenn es sich um einen grenzübergreifenden Sachverhalt handelt.[681] Die europäischen Grundfreiheiten unterscheiden sich von

[681] Siehe beispielhaft für die Arbeitnehmerfreizügigkeit in Art. 45 Abs. 1 AEUV: *Steinmeyer*, in: Franzen/Gallner/Oetker, Kommentar zum europäischen Arbeitsrecht, Art. 45 AEUV, Rn. 35 ff.

den europäischen Grundrechten vorrangig hinsichtlich ihrer Zielsetzung: Die europäischen Grundrechte dienen dem Einzelnen als eine Art Schutzschild gegenüber dem Staat oder anderen Privatpersonen, sobald diese in seine Freiheit eindringen wollen. Außerdem bilden sie in ihrer Gesamtschau die Grundordnung der gesellschaftlichen Normen von Nationalstaaten sowie der EU als Ganzer.[682] Die europäischen Grundfreiheiten hingegen zielen darauf ab, zwischen den Mitgliedstaaten freien Handel innerhalb einer freien Wirtschaft im Binnenmarkt zu ermöglichen.[683] Demzufolge gehen die europäischen Grundrechte als Werteordnung über das Ziel der europäischen Grundfreiheiten hinaus. Auch hinsichtlich der Art, wie sie kodifiziert sind, divergieren die europäischen Grundfreiheiten von den europäischen Grundrechten: Die europäischen Grundrechte sind zwar mittlerweile in der GRCh[684] niedergeschrieben, aber waren vor ihrer Geltung seit dem 01.12.2009[685] reines Richterrecht. Die europäischen Grundfreiheiten wurden per Vertrag in den AEUV verschriftlicht, wie in den nachfolgenden Abschnitten[686] aufgezeigt wird. Infolgedessen stellte sich in der Vergangenheit die Frage, wie die europäischen Grundfreiheiten und europäischen Grundrechte miteinander in Beziehung stehen.[687] Gelöst wurde diese Frage mit dem Verweis aus Art. 6 Abs. 1 S. 1 2. Halbsatz EUV, der normiert, dass die GRCh und die EU-Verträge (und damit die Grundfreiheiten) gleichrangig sind. Je nach Fallgestaltung könnten die europäischen Grundrechte und die europäischen Grundfreiheiten beschränkt oder die Durchsetzung dieser gefördert werden.[688] Die europäischen Grundrechte der GRCh sind

[682] Grundrechte würden häufig auch als Abwehrrechte des Einzelnen gegen den Staat bezeichnet, s. *Starck*, in: von Mangoldt/Klein/Starck, GG, Art. 1 Rn. 182 ff. mit Verweis auf *Jellineks* Statuslehre.

[683] *Tietje*, in: Grabitz/Hilf/Nettesheim, AEUV, Art. 114, Rn. 52.

[684] Die „Charta der Grundrechte der Europäischen Union“ wird in dieser Dissertation mit „GRCh“ abgekürzt.

[685] Siehe Präambel der GRCh.

[686] Das Zusammenspiel zwischen den europäischen Grundfreiheiten und dem auf grenzübergreifende nachvertragliche Wettbewerbsverbote anwendbaren Sachrecht.

[687] Einen Überblick zum Zusammenspiel zwischen den europäischen Grundrechten und den europäischen Grundfreiheiten bietet *Skouris*, s. *Skouris*, Das Verhältnis der Grundfreiheiten zu den Gemeinschaftsgrundrechten, RdA-Beil. 2009, 25.

[688] Zum Zusammenspiel zwischen Grundrechten und Grundfreiheiten, s. *Kahl/Schwind*, Europäische Grundrechte und Grundfreiheiten–Grundbausteine einer Interaktionslehre, EuR 2014, 170.

vorliegend nicht zu prüfen, da diese gemäß Art. 51 Abs. 1 S. 1 GRCh für die Organe, Einrichtungen und sonstigen Stellen der Union unter Wahrung des Subsidiaritätsprinzips und für die Mitgliedstaaten ausschließlich bei der Durchführung des Rechtes der Union gelten. Die Mitgliedstaaten Deutschland und Frankreich führen aber gerade kein europäisches Recht aus.[689] Denn es existiert kein europäisches anwendbares materielles Recht auf das nachvertragliche Wettbewerbsverbot im Arbeitsvertrag oder Geschäftsführeranstellungsvertrag, weshalb die Untersuchung notwendig ist, ob es einer solchen bedarf und ob sie wahrscheinlich ist. Diese erfolgt in Kapitel 5.[690]

2. Das Zusammenspiel zwischen den europäischen Grundfreiheiten und dem auf grenzübergreifende nachvertragliche Wettbewerbsverbote anwendbaren Sachrecht

Die europäischen Grundfreiheiten sind immer dann relevant, wenn es sich um einen grenzübergreifenden Sachverhalt innerhalb der EU handelt.[691] Bei der Formulierung grenzübergreifender nachvertraglicher Wettbewerbsverbote sind aufgrund des grenzübergreifenden Sachverhaltes auch die europäischen Grundfreiheiten der Vertragsparteien zu berücksichtigen. Die europäischen Grundfreiheiten verpflichten das Handeln des Staates, der Organe der EU, der juristischen Personen und privatrechtlichen Akteure, soweit relevant.[692] Somit ist zu untersuchen, ob die europäischen Grundfreiheiten durch ein grenzübergreifendes nachvertragliches Wettbewerbsverbot (unzulässig) eingeschränkt werden. Diese Frage wird nachfolgend beantwortet. Da, wie vorrangig festgestellt, das auf das nachvertragliche Wettbewerbsverbot anwendbare deutsche

---

689 Bspw. erklären *Lenaerts* und *Rüth*, was „Ausführen" i.S.d. Art. 51 Abs. 1 S. 1 GRCh meint, s. *Lenaerts/Rüth*, Dogmatik des europäischen Grundrechtsschutzes, RdA 2022, 273 (276 f.); *Kingreen*, in: Calliess/Ruffert, EUV/AEUV, EU-GRCharta, Art. 51, Rn. 14 ff.

690 Kapitel 5: „Die Anwendung der Ergebnisse der bisherigen Untersuchung: die fehlende Notwendigkeit und Unwahrscheinlichkeit der Verabschiedung einer materiell-rechtlichen europäischen Rechtsnorm für das nachvertragliche Wettbewerbsverbot".

691 Grundlegend zur Niederlassungsfreiheit entschied der EuGH im *Cartesio*-Urteil, s. EuGH, Urteil v. 16.12.2008, Rs. C-210/06, ECLI:EU:C:2008:723 – *Cartesio*, NJW 2009, 569. Beispielhaft für die Niederlassungsfreiheit, s. *Kotzur/van de Loo*, in: Geiger/Khan/Kotzur/Kirchmair, EUV/AEUV, AEUV, Art. 49, Rn. 1 f.

692 Beispielhaft für die Niederlassungsfreiheit, s. *Kotzur/van de Loo*, in: Geiger/Khan/Kotzur/Kirchmair, EUV/AEUV, AEUV, Art. 49, Rn. 11.

und das französische Sachrecht jeweils grenzübergreifende nachvertragliche Wettbewerbsverbote erlauben,[693] werden die Voraussetzungen des speziellen Diskriminierungsverbotes für beide Rechte gemeinsam geprüft.

a. Die von grenzübergreifenden nachvertraglichen Wettbewerbsverboten betroffenen europäischen Grundfreiheiten

In diesem Abschnitt werden zunächst die europäischen Grundfreiheiten des Arbeitnehmers und des Geschäftsführers und schließlich die Grundfreiheiten des Arbeitgebers und der Gesellschaft dargestellt. Die relevanten europäischen Grundfreiheiten sind die Arbeitnehmerfreizügigkeit gemäß Art. 45 Abs. 1 AEUV, die Niederlassungsfreiheit gemäß Art. 49 Abs. 1 S. 1 AEUV sowie die Dienstleistungsfreiheit gemäß Art. 56 Abs. 1 AEUV. Untersucht wird, ob grenzübergreifende nachvertragliche Wettbewerbsverbote aufgrund eines Verstoßes gegen die europäischen Grundfreiheiten unzulässig sind. Zudem wird das Zusammenspiel zwischen den europäischen Grundfreiheiten und grenzübergreifenden nachvertraglichen Wettbewerbsverboten beleuchtet.

(1) Das Zusammenspiel zwischen dem auf das grenzübergreifende nachvertragliche Wettbewerbsverbot anwendbaren Sachrecht und der Arbeitnehmerfreizügigkeit gemäß Art. 45 Abs. 1 AEUV

Sobald ein Arbeitsvertrag ein grenzübergreifendes nachvertragliches Wettbewerbsverbot enthält, stellt sich die Frage, ob dadurch die in Art. 45 Abs. 1 AEUV garantierte Arbeitnehmerfreizügigkeit des Arbeitnehmers (unzulässig) eingeschränkt wird.

(a) Die Arbeitnehmerfreizügigkeit gemäß Art. 45 Abs. 1 AEUV

Gemäß Art. 45 Abs. 1 AEUV gewährleistet die Arbeitnehmerfreizügigkeit jedem Unionsbürger Freizügigkeit im gesamten Binnenmarkt. Der Arbeitnehmer oder Geschäftsführer, der nach Beendigung seiner Geschäftsführertätigkeit als Arbeitnehmer tätig werden will, kann sich im Unionsgebiet hinsichtlich der (Aus-)Wahl sowie Ausübung seines Berufes nicht frei bewegen.

---

[693] Grundrechtliche und grundfreiheitliche Auswirkungen auf das auf (grenzübergreifende) nachvertragliche Wettbewerbsverbote anwendbare deutsche und französische Sachrecht.

Durch die Vereinbarung eines grenzübergreifenden nachvertraglichen Wettbewerbsverbotes scheint die Arbeitnehmerfreizügigkeit zunächst eingeschränkt:[694] Ob die Arbeitnehmerfreizügigkeit gemäß Art. 45 Abs. 1 AEUV tatsächlich eingeschränkt ist und wie sich eine eventuelle Einschränkung rechtlich beurteilt und gegebenenfalls zu rechtfertigen sein könnte,[695] wird in den folgenden Abschnitten beleuchtet. Neben Art. 45 Abs. 1 AEUV, der die Arbeitnehmerfreizügigkeit aufstellt, normiert Art. 45 Abs. 2 AEUV die Rechtsfolge bei Verstoß gegen die Arbeitnehmerfreizügigkeit: Kein Unionsbürger darf unmittelbar oder mittelbar aufgrund der Staatsangehörigkeit in seiner Arbeitnehmerfreizügigkeit diskriminiert werden.[696] Außerdem enthält Art. 45 AEUV ein Beschränkungsverbot der Arbeitnehmerfreizügigkeit.[697]

(b) Das spezielle Diskriminierungsverbot gemäß Art. 45 Abs. 2 AEUV

Um die Arbeitnehmerfreizügigkeit effektiv zu garantieren, enthält Art. 45 Abs. 2 AEUV ein Verbot von unmittelbaren und mittelbaren Diskriminierungen aufgrund der Staatsangehörigkeit.[698] Die Frage nach einem Verstoß gegen dieses Diskriminierungsverbot gilt es als *lex specialis* vor dem allgemeinen Diskriminierungsverbot aus Art. 18 Abs. 1 AEUV zuerst zu prüfen.[699]

i) Voraussetzungen des speziellen Diskriminierungsverbotes

Es ist die Frage zu beantworten, ob das auf das grenzübergreifende nachvertragliche Wettbewerbsverbot deutsche und/oder das französische Sachrecht gegen das spezialgesetzliche Diskriminierungsverbot aus Art. 57 Abs. 2 AEUV verstoßen.

---

[694] *Commandeur*, Rechtsprobleme bei Abwerbe- und Beschäftigungsverboten, sowie Sperrabreden, RdA 2022, 341 ff.

[695] Instruktiv zu dieser Frage auch *Reufels*, s. *Reufels*, Grenzüberschreitende, nachvertragliche Wettbewerbsverbote–Vereinbarkeit mit der Arbeitnehmerfreizügigkeit?, ArbRB 2003, 313 (313 ff.).

[696] *Schlachter*, in: ErfK, Art. 45 AEUV, Rn. 42 ff.; *Noch*, in: Schulze/Janssen/Kadelbach, Europarecht, AEUV § 30, Rn. 3.

[697] *Schlachter*, in: ErfK, Art. 45 AEUV, Rn. 53 mit Verweis auf EuGH, Urteil v. 10.10.2019 – Rs. C-703/17, ECLI:EU:C:2019:850 – *Adelheid Krah/Universität Wien*, NZA 2019, 1704.

[698] *Schlachter*, in: ErfK, Art. 45 AEUV, Rn. 42 ff.

[699] *Noch*, in: Schulze/Janssen/Kadelbach, Europarecht, AEUV § 30, Rn. 3; so auch vom EuGH entschieden, s. jüngst EuGH, Urteil v. 18.07.2017, Rs. C-566/15, ECLI:EU:C:2017:562 – *Erzberger*, NJW 2017, 2603.

α. Sachverhalt mit Auslandsbezug

Das grenzübergreifende nachvertragliche Wettbewerbsverbot im Arbeitsvertrag müsste zunächst einen Sachverhalt mit Auslandsbezug darstellen.[700] Ein solcher ist stets gegeben, wenn ein Arbeitnehmer von seiner Freizügigkeit Gebrauch macht oder dies jedenfalls plant.[701] Bei der abstrakten Frage nach dem Verstoß gegen die Diskriminierung durch grenzübergreifende nachvertragliche Wettbewerbsverbote kann selbstverständlich nicht davon ausgegangen werden, dass jeder deutsche respektive französische Arbeitnehmer, der sich nach Beendigung seines – typischerweise auf deutschem oder vielmehr französischem Recht beruhenden – Arbeitsvertrages mit einem solchen Wettbewerbsverbot konfrontiert sieht, von seiner Arbeitnehmerfreizügigkeit Gebrauch machen möchte oder gar Gebrauch macht, indem er sich eine Arbeitsstelle in einem anderen europäischen Mitgliedstaat sucht. Die abstrakte Möglichkeit besteht dessen ungeachtet. Da diese nicht pauschal ausgeschlossen werden kann, stützt sich die folgende Analyse auf diese Annahme. Wenn z.B. ein deutscher Arbeitnehmer mit verhandlungssicheren Französischkenntnissen in einem deutsch-französischen Unternehmen tätig ist und sein Arbeitsvertrag auf deutschem Recht beruht, wäre vorstellbar, dass er nach Beendigung des Arbeitsverhältnisses seine Fähigkeiten nutzt und nicht nur in Deutschland, sondern auch in Frankreich[702] auf die Suche nach einem neuen Arbeitsplatz geht. In Konstellationen wie einem deutsch-französischen Unternehmen liegt es nahe, dass ein nachvertragliches Wettbewerbsverbot grenzübergreifend so vereinbart ist, dass es in räumlicher Hinsicht nicht nur Deutschland,

---

700 *Schlachter*, in: ErfK, Art. 45 AEUV, Rn. 16 mit Verweis auf EuGH, Urteil v. 15.11.2011 – Rs. C-256/11, ECLI:EUGH:C:2011:734 – *Murat Dereci u.a./Bundesministerium für Inneres*, NVwZ, 2012, 97; EuGH, Urteil v. 18.07.2017, Rs. C-566/15, ECLI:EU:C:2017:562 – *Erzberger*, NJW 2017, 2603.

701 Anstelle vieler: *Schlachter*, in: ErfK, Art. 45 AEUV, Rn. 16.

702 Der Arbeitgeber im Beispiel kann auch in einem anderen französischsprachigen Mitgliedstaat wie Belgien eine neue Arbeit suchen. Im Beispiel handelt es sich um einen deutsch-französischen Arbeitgeber, sodass Frankreich näher liegt als ein anderer französischsprachiger Mitgliedstaat. Darüber hinausgehend: Eine Ausarbeitung über die Herausforderungen in grenzüberschreitenden Unternehmensstrukturen und die Einwirkung des Europäischen Arbeitsrechtes findet sich bspw. in *Eser*, Das Arbeitsverhältnis im Multinationalen Unternehmen, 2003, S. 89 ff.

sondern auch Frankreich umfasst. Somit könnte der Arbeitnehmer eine Beschäftigung in Frankreich nicht annehmen. Insgesamt liegt ein Sachverhalt mit Auslandsbezug vor.[703]

β. Bindung von Privatrechtssubjekten

Wie eingangs erwähnt, verpflichten die Grundfreiheiten auch Privatrechtssubjekte wie private Arbeitgeber. Hinsichtlich der Arbeitnehmerfreizügigkeit begründet der EuGH in ständiger Rechtsprechung[704] die Bindung der Privatrechtssubjekte dahingehend, dass die effektive Durchsetzung der Arbeitnehmerfreizügigkeit verwirkt wäre, wenn private Arbeitgeber im Gegensatz zu den staatlichen Institutionen die rechtliche Autonomie hätten, gegen Art. 45 Abs. 1 AEUV zu verstoßen. In einem solchen Fall wäre die einheitliche Rechtsanwendung innerhalb der europäischen Union gefährdet, da Arbeitsbedingungen nicht nur durch Gesetze und Verordnungen, sondern auch privatrechtliche Verträge zwischen den Arbeitsvertragsparteien vereinbart würden.[705] Im Beispielfall verpflichtet die Arbeitnehmerfreizügigkeit demzufolge den Arbeitgeber.

---

[703] Siehe Kapitel 4: „Die Analyse des materiellen deutschen und französischen Rechtes des nachvertraglichen Wettbewerbsverbotes bei nationalen und grenzübergreifenden Sachverhalten: grundrechtliche und grundfreiheitliche Auswirkungen". Im Übrigen, falls eine andere Meinung an dieser Stelle vertreten werden sollte, sei eine reine Inländerdiskriminierung nach dem Verfassungsrecht der meisten Mitgliedstaaten als Verstoß gegen den Gleichheitsgrundsatz angreifbar, s. *Dohms*, in: Wiedemann, Kartellrecht, Kapitel 8, § 35, Rn. 215. Das deutsche und das französische Verfassungsrecht kennen beide den Gleichheitsgrundsatz, s. Art. 1 Verfassung Frankreichs vom 04. Oktober 1958, Art. 3 GG.

[704] Im Urteil *Bosman* stellte der EuGH erstmals dezidiert die Bindung von Privatrechtssubjekten an die Arbeitnehmerfreizügigkeit dar, s. EuGH, Urteil v. 15.12.1995 – Rs. C-415/93, ECLI:EU:C:1995:463 – *Bosman*, NJW 1996, 505. Im Anschluss s. auch EuGH, Urteil v. 07.05.1998 – Rs. C-350/96, ECLI:EU:C:1998:205 – *Clean Car Autoservice/Landeshauptmann von Wien*, NZG 1998, 809.

[705] EuGH, Urteil v. 15.12.1995 – Rs. C-415/93, ECLI:EU:C:1995:463 – *Bosman*, NJW 1996, 505. Im Anschluss s. auch EuGH, Urteil v. 07.05.1998 – Rs. C-350/96, ECLI:EU:C:1998:205 – *Clean Car Autoservice/Landeshauptmann von Wien*, NZG 1998, 809.

Γ. Vorliegen einer Diskriminierung

Überdies müsste das grenzübergreifende nachvertragliche Wettbewerbsverbot eine Diskriminierung i.S.d. Art. 45 Abs. 2 AEUV darstellen.[706] Eine Diskriminierung i.S.d. Art. 45 Abs. 2 AEUV kann unmittelbar oder mittelbar sein. Unmittelbar ist sie immer dann, wenn die Staatsangehörigkeit das direkte Diskriminierungsmerkmal und damit den Grund der Ungleichbehandlung zwischen einem Inländer und einem Ausländer darstellt.[707] Mittelbare Diskriminierungen hingegen schließen nicht an die Staatsangehörigkeit als Merkmal für die Ungleichbehandlung an sich an. Der Anschluss an andere Kriterien jedoch führt somit mittelbar aufgrund der Staatsangehörigkeit zur Andersbehandlung von Ausländern gegenüber Inländern oder Inländern gegenüber Ausländern.[708] Das grenzübergreifende nachvertragliche Wettbewerbsverbot beruht typischerweise auf dem Recht des Staates, in dem das Unternehmen seinen Sitz hat. Damit ist zu fragen, ob ein grenzübergreifendes nachvertragliches Wettbewerbsverbot eines deutschen Arbeitnehmers, der in einem deutschen Unternehmen angestellt ist und dessen Arbeitsvertrag auf deutschem Recht beruht, eine Diskriminierung aufgrund der Staatsangehörigkeit respektive aufgrund anderer Merkmale, die faktisch einen anderen, z.B. französischen Arbeitnehmer ob seiner Staatsangehörigkeit anders behandeln, eine Diskriminierung darstellt. Das auf einen Arbeitsvertrag und ein grenzübergreifendes nachvertragliches Wettbewerbsverbot, falls es nicht Teil des Arbeitsvertrages ist, anwendbare materielle Recht ist regelmäßig das Recht des Staates des Sitzes des Arbeitgebers oder der Gesellschaft. Der Sitz des Arbeitgebers und die Staatsangehörigkeit des Arbeitnehmers fallen in der Praxis regelmäßig zusammen, aber nicht immer: Wenn ein französischer Arbeitnehmer mit einem deutschen Arbeitgeber einen Arbeitsvertrag abschließt, ist es demzufolge häufig der Fall, dass der Arbeitsvertrag und das grenzübergreifende nachvertragliche Wettbewerbsverbot nicht nach französischem Recht, sondern nach deutschem Recht geregelt werden. Infolgedessen

---

[706] *Schlachter*, in: ErfK, Art. 45 AEUV, Rn. 42 ff.

[707] *Brechmann*, in: Calliess/Ruffert, EUV/AEUV, Art. 45 AEUV, Rn. 46 ff.; *Schlachter*, in: ErfK, Art. 45 AEUV, Rn. 43.

[708] *Brechmann*, in: Calliess/Ruffert, EUV/AEUV, Art. 45 AEUV, Rn. 46 ff.; *Schlachter*, in: ErfK, Art. 45 AEUV, Rn. 44.

ist dies keine Ungleichbehandlung zwischen einem Inländer und einem Ausländer – weder unmittelbar noch mittelbar. Vielmehr werden Inländer und Ausländer jeweils gleichermaßen durch das grenzübergreifende nachvertragliche Wettbewerbsverbot in ihrer Arbeitnehmerfreizügigkeit eingeschränkt.[709] Da hier keine Diskriminierung vorliegt, ist auch die Frage nach der Rechtfertigung einer Diskriminierung der Arbeitnehmerfreizügigkeit aufgrund der Staatsangehörigkeit i.S.d. Art. 45 Abs. 2 AEUV obsolet.

ii) Ergebnis

Im Ergebnis stellen das auf grenzübergreifende nachvertragliche Wettbewerbsverbote anwendbare deutsche und französische Sachrecht durch die Gleichbehandlung von Inländern und Ausländern keinen Verstoß gegen das Diskriminierungsverbot gemäß Art. 45 Abs. 2 AEUV dar.

(c) Das Beschränkungsverbot der Arbeitnehmerfreizügigkeit

Die Arbeitnehmerfreizügigkeit gemäß Art. 45 AEUV umfasst nicht nur das zuvor analysierte Verbot von Diskriminierungen der Arbeitnehmerfreizügigkeit aufgrund der Staatsangehörigkeit, sondern auch ein Beschränkungsverbot.[710] Ob gegen Letzteres durch grenzübergreifende nachvertragliche Wettbewerbsverbote (unzulässig) verstoßen wird, wird im nachfolgenden Abschnitt erläutert.

i) Voraussetzungen des Beschränkungsverbotes

Wenngleich nicht gesetzlich niedergeschrieben, wird das Beschränkungsverbot der Arbeitnehmerfreizügigkeit aus Art. 45 Abs. 1 AEUV hergeleitet.[711] Das Beschränkungsverbot verlangt für Inländer und Ausländer gleichermaßen den Abbau jeglicher „ungerechtfertigte[r] Hemmnisse“[712], die der Aufnahme

---

[709] Mit einer ähnlichen Argumentation in einem vergleichbaren Kontext bspw. auch: LAG Rheinland-Pfalz, Urteil v. 30.06.2020 – 6 Sa 404/19, juris, Rn. 40, keine Fundstelle in einer (Papier-)Zeitschrift, damit auch keine Fundstelle in der NJW.

[710] *Brechmann*, in: Calliess/Ruffert, EUV/AEUV, Art. 45 AEUV, Rn. 51 ff.; *Schlachter*, in: ErfK, Art. 45 AEUV, Rn. 53.

[711] *Schlachter*, in: ErfK, Art. 45 AEUV, Rn. 53 mit Verweis u.a. auf EuGH, Urteil v. 30.09.2003 – Rs. C-224/01, ECLI:EU:C:2003:513 – *Köbler*, NJW 2003, 3539 (3539 f.).

[712] *Schlachter*, in: ErfK, Art. 45 AEUV, Rn. 53.

einer Beschäftigung in einem anderen Mitgliedstaat entgegenstehen.[713] Dem *Telos* des Beschäftigungsverbotes nach sind Inländer immer dann erfasst, wenn sie die Arbeitnehmerfreizügigkeit gemäß Art. 45 Abs. 1 AEUV nutzen oder nutzen wollen.[714] Folglich ist es den Staaten und den privatrechtlichen Arbeitgebern und Gesellschaften untersagt, Arbeitnehmer daran zu hindern, ihr Herkunftsland zu verlassen, um in einem anderen Mitgliedstaat eine Beschäftigung aufzunehmen. Bereits die Hinderung der Bewerbung für eine solche Beschäftigung fällt unter das Beschränkungsverbot.[715] Erfasst sind überdies Regelungen respektive Maßnahmen im Heimatland des Arbeitnehmers, welche die Suche nach einer bzw. eine Beschäftigung im Ausland verhindern.[716] Ebenso unterfallen dem Beschäftigungsverbot Maßnahmen oder Regelungen des Staates, in dem der Arbeitnehmer seinen Wohnsitz hat, wenn diese die Beschäftigung eines Arbeitnehmers, der diesem Staat nicht angehört, im Heimatstaat oder einem anderen Mitgliedstaat der EU behindern.[717] Nicht vom Beschränkungsverbot gedeckt sind indes Wohnortwechsel aufgrund eines Beschäftigungsangebotes.[718] Unter das Beschränkungsverbot fallende Maßnahmen sind ausschließlich erlaubt,

---

713 Das Beschränkungsverbot stellte der EuGH ebenfalls im Fall *Bosman* heraus, s. EuGH, Urteil v. 15.12.1995 – Rs. C-415/93, ECLI:EU:C:1995:463 – *Bosman*, NJW 1996, 505; überdies dargestellt in: *Schlachter*, in: ErfK, Art. 45 AEUV, Rn. 53 mit Verweis u.a. auf EuGH, Urteil v. 29.04.2015 – Rs. C-51/13, ECLI:EU:C:2015:286 – *Nationale-Nederlanden Levensverzekering Mij*, NJW 2015, 2479.

714 *Brechmann*, in: Calliess/Ruffert, EUV/AEUV, Art. 45 AEUV, Rn. 51 ff.; *Schlachter*, in: ErfK, Art. 45 AEUV, Rn. 55.

715 *Koenig/Steiner*, Die Vereinbarkeit nachvertraglicher Wettbewerbsverbote mit der Arbeitnehmerfreizügigkeit des EG-Vertrags, NJW 2002, 3583 (3584); *Reufels*, Grenzüberschreitende, nachvertragliche Wettbewerbsverbote–Vereinbarkeit mit der Arbeitnehmerfreizügigkeit?, ArbRB 2003, 313 (313 ff.).

716 *Schlachter*, in: ErfK, Art. 45 AEUV, Rn. 53 mit Verweis u.a. auf. EuGH, Urteil v. 18.07.2017, Rs. C-566/15, ECLI:EU:C:2017:562 – *Erzberger*, NJW 2017, 2603.

717 *Brechmann*, in: Calliess/Ruffert, EUV/AEUV, Art. 45 AEUV, Rn. 51 ff.; *Schlachter*, in: ErfK, Art. 45 AEUV, Rn. 53 mit Verweis u.a. auf EuGH, Urteil v. 28.02.2013 – Rs. C-544/11, ECLI:EU:C:2013:124 – *Petersen/FA Ludwigshafen*, IStR 2013, 279.

718 *Brechmann*, in: Calliess/Ruffert, EUV/AEUV, Art. 45 AEUV, Rn. 51 ff.; *Schlachter*, in: ErfK, Art. 45 AEUV, Rn. 53 mit Verweis u.a. auf EuGH, Urteil v. 13.03.2019 – Rs. C-437/17, ECLI: EU:C:2019:193 – *Gemeinsamer Betriebsrat EurothermenResort Bad Schallerbach*, NZA 2019, 608 (608 ff.).

wenn sie gerechtfertigt werden können.[719] Auf die Rechtfertigung wird an späterer Stelle[720] eingegangen.

Wie zuvor erläutert, erlauben die räumlichen Grenzen des deutschen und französischen Sachrechtes grenzübergreifende nachvertragliche Wettbewerbsverbote.[721] Folglich ist Arbeitnehmern, die von der Arbeitnehmerfreizügigkeit Gebrauch machen wollen, diese Möglichkeit genommen. Mithin ist der Anwendungsbereich des Beschränkungsverbotes eröffnet. Dass einem deutschen Arbeitnehmer in Deutschland durch deutsches Recht die Beschäftigung in einem anderen, vom grenzübergreifenden nachvertraglichen Wettbewerbsverbot umfassten Ausland erschwert wird, verdeutlicht, dass eine Beschränkung der Arbeitnehmerfreizügigkeit gemäß Art. 45 Abs. 1 AEUV vorliegt. Dies gilt so ebenfalls für einen Franzosen, der in Frankreich arbeitet und dessen Arbeitsvertrag nach französischem Recht ein grenzübergreifendes nachvertragliches Wettbewerbsverbot enthält. Grenzübergreifende nachvertragliche Wettbewerbsverbote erschweren somit die Beschäftigung eines Arbeitnehmers im Ausland durch die im Inland geltenden Regelungen zum nachvertraglichen Wettbewerbsverbot. In gleicher Weise erschweren das deutsche und französische Sachrecht, die grenzübergreifende nachvertragliche Wettbewerbsverbote erlauben, die Beschäftigungsaufnahme für Ausländer in ihrem Heimatstaat oder einem anderen Mitgliedstaat. Denn, wie zuvor erläutert, ist das auf den Arbeitsvertrag oder vielmehr das nachvertragliche Wettbewerbsverbot anwendbare Recht i.d.R. das Recht des Staates, in dem das Unternehmen seinen Sitz hat. Mithin handelt es sich bei grenzübergreifenden nachvertraglichen Wettbewerbsverboten um einen Verstoß gegen das Beschränkungsverbot der Arbeitnehmerfreizügigkeit für Inländer und Ausländer gemäß

---

719 *Koenig/Steiner*, Die Vereinbarkeit nachvertraglicher Wettbewerbsverbote mit der Arbeitnehmerfreizügigkeit des EG-Vertrags, NJW 2002, 3583 (3584); *Reufels*, Grenzüberschreitende, nachvertragliche Wettbewerbsverbote–Vereinbarkeit mit der Arbeitnehmerfreizügigkeit?, ArbRB 2003, 313 (313 ff.).

720 Rechtfertigung der Beschränkung.

721 Grundrechtliche und grundfreiheitliche Auswirkungen auf das auf (grenzübergreifende) nachvertragliche Wettbewerbsverbote anwendbare deutsche und französische Sachrecht.

Art. 45 Abs. 1 AEUV.[722] Ob dieser Verstoß gerechtfertigt werden kann, ist Gegenstand der nachstehenden Betrachtung.

ii) Rechtfertigung der Beschränkung

Ein nichtdiskriminierender Verstoß gegen das Beschränkungsverbot der Arbeitnehmerfreizügigkeit kann gerechtfertigt werden, wenn dieser auf zwingenden Gründen des Allgemeinwohls beruht und nicht gegen den Grundsatz der Verhältnismäßigkeit verstößt.[723] Wenngleich sich der EuGH bei der Prüfung der Rechtfertigung eines Verstoßes gegen das Beschränkungsverbot der Arbeitnehmerfreizügigkeit nicht ausnahmslos direkt auf die Wortwahl in der *Cassis-de-Dijon*-Rechtsprechung[724] beruft, prüft er dessen ungeachtet die Rechtfertigung aufgrund „sachlicher Erwägungen"[725], sodass er sich jedenfalls an dieser orientiert.

---

[722] Eine Tatbestandsbeschränkung des Beschränkungsverbotes nach der sogenannten *Keck*-Rechtsprechung des EuGH, Urteil v. 24.11.1993 – verbundene Rs.: Rs. C-267/91, Rs. C-268/91, ECLI:EU:C:1993:905 – *Keck und Mithouard*, NJW 1994, 121, kommt nur für die Warenverkehrsfreiheit und nicht für die Arbeitnehmerfreizügigkeit in Betracht. Eine detaillierte Betrachtung findet sich in *Koenig/Steiner*, Die Vereinbarkeit nachvertraglicher Wettbewerbsverbote mit der Arbeitnehmerfreizügigkeit des EG-Vertrags, NJW 2002, 2583 (3585 f.).

[723] Die Kriterien für die Rechtfertigung eines Verstoßes gegen das Beschränkungsverbot der Arbeitnehmerfreizügigkeit wurden vom EuGH im Urteil *Bosman* herausgestellt, s. EuGH, Urteil v. 15.12.1995 – Rs. C-415/93, ECLI:EU:C:1995:463 – *Bosman*, NJW 1996, 505.

[724] Die Kriterien für die Rechtfertigung eines Verstoßes gegen das Beschränkungsverbot der Grundfreiheiten – außer der Arbeitnehmerfreizügigkeit – führte der EuGH grundlegend im sogenannte *Cassis-de-Dijon*-Urteil: EuGH, Urteil v. 20.02.1979 – Rs. C-120/78, ECLI:EU:C:1979:42 – *Cassis de Dijon/Rewe/Bundesmonopolverwaltung für Branntwein*, NJW 1979, 1766 an.

[725] *Koenig/Steiner*, Die Vereinbarkeit nachvertraglicher Wettbewerbsverbote mit der Arbeitnehmerfreizügigkeit des EG-Vertrags, NJW 2002, 3583 (3586) mit Verweis auf EuGH, Urteil v. 06.06.2000 – Rs. C-35/98, ECLI:EU:C:2000:294 – *Verkooijen*, IStR 2000, 432. Der Literatur zufolge ist es möglich, Verstöße gegen das Diskriminierungsverbot der Arbeitnehmerfreizügigkeit mit den geschriebenen Rechtfertigungsgründen des Beschränkungsverbotes, die als Vorbehalt ausgestaltet sind, aus Art. 45 Abs. 3 AEUV zu rechtfertigen. Diese sind gemäß Art. 45 Abs. 3 AEUV Gründe der öffentlichen Ordnung, Sicherheit und Gesundheit. Diese Rechtfertigungsgründe stellen Schranken der Arbeitnehmerfreizügigkeit gemäß Art. 45 Abs. 1 AEUV dar. Diese Rechtfertigungsgründe sind jedoch nicht für die hiesige Frage nach der Rechtfertigung

α. Zwingende Gründe des Allgemeinwohls

Der Arbeitgeber oder die Gesellschaft müsste mit dem grenzübergreifenden nachvertraglichen Wettbewerbsverbot zwingende Gründe des Allgemeinwohls verfolgen.[726] Die Rechtsprechung überprüft das Vorliegen eines zwingenden Grundes des Allgemeinwohls nicht anhand einer abschließenden Liste, sodass vielmehr jedwedes öffentliche Interesse einen zwingenden Grund des Allgemeinwohls darstellen kann.[727] Arbeitgeber und Gesellschaft bezwecken mit einem grenzübergreifenden nachvertraglichen Wettbewerbsverbot die effektive Durchsetzung dieses Verbotes über die Grenzen eines Staats hinaus. Somit streben beide an, die Geschäftsgeheimnisse und die Abwanderung des Kundenstamms durch den Wechsel des Arbeitnehmers oder Geschäftsführers zur Konkurrenz vor dieser zu schützen.[728] Diese Interessen des Arbeitgebers und der Gesellschaft sind aber auch der Allgemeinheit nützlich. Innovative Industrien in Volkswirtschaften würden in ihrer Entwicklung gestoppt, wenn die Arbeitnehmer eines Unternehmens den Kundenstamm und die Abläufe und Betriebsgeheimnisse sprichwörtlich mit zum Konkurrenten nehmen oder selbst in Konkurrenz mit dem vorherigen Arbeitgeber oder vielmehr der Gesellschaft treten würden, wie die Literatur richtigerweise

---

eines Verstoßes gegen das Beschränkungsverbot in Form eines grenzübergreifenden nachvertraglichen Wettbewerbsverbotes relevant, s. *Schneider/Wunderlich*, in: Schwarze/Becker/Hatje/Schoo, EU-Kommentar, AEUV, Art. 45, Rn. 118; bei *Koenig* und *Steiner* findet sich ebenfalls eine detaillierte Darstellung der Rechtfertigungsgründe: *Koenig/Steiner*, Die Vereinbarkeit nachvertraglicher Wettbewerbsverbote mit der Arbeitnehmerfreizügigkeit des EG-Vertrags, NJW 2002, 3583 (3586).

726 *Brechmann*, in: Calliess/Ruffert, EUV/AEUV, Art. 45 AEUV, Rn. 48 mit der Bezeichnung „Allgemeininteresse", was aber das gleiche meint; *Koenig/Steiner*, Die Vereinbarkeit nachvertraglicher Wettbewerbsverbote mit der Arbeitnehmerfreizügigkeit des EG-Vertrags, NJW 2002, 3583 (3586).

727 Dies ist st. Rspr. des EuGH, s. anstelle vieler: EuGH, Urteil v. 28.01.1992 – Rs. C-204/90, ECLI:EU:C:1992:35 – *Hanns-Martin Bachmann/Belgischer Staat*, NJW 1992, 1874/ EuZW 1992, 215; *Brechmann*, in: Calliess/Ruffert, EUV/AEUV, Art. 45 AEUV, Rn. 48; *Koenig/Steiner*, Die Vereinbarkeit nachvertraglicher Wettbewerbsverbote mit der Arbeitnehmerfreizügigkeit des EG-Vertrags, NJW 2002, 3583 (3586).

728 *Koenig/Steiner*, Die Vereinbarkeit nachvertraglicher Wettbewerbsverbote mit der Arbeitnehmerfreizügigkeit des EG-Vertrags, NJW 2002, 3583 (3586); *Reufels*, Grenzüberschreitende, nachvertragliche Wettbewerbsverbote–Vereinbarkeit mit der Arbeitnehmerfreizügigkeit?, ArbRB 2003, 313 (313 ff.).

anführt.[729] Durch ein grenzübergreifendes nachvertragliches Wettbewerbsverbot wird somit die Lauterkeit des Handels im Binnenmarkt gewahrt.[730] Das nachvertragliche Wettbewerbsverbot verbinde somit privatrechtliche und wettbewerbsrechtliche Interessen.[731] Folglich diene ein grenzübergreifendes nachvertragliches Wettbewerbsverbot dem Schutz eines öffentlichen Interesses und bilde dergestalt einen zwingenden Grund des Allgemeinwohls.[732]

β. Wahrung des Grundsatzes der Verhältnismäßigkeit

Ferner muss das grenzübergreifende nachvertragliche Wettbewerbsverbot den Grundsatz der Verhältnismäßigkeit wahren. Ein Verstoß gegen das Beschränkungsverbot der Arbeitnehmerfreizügigkeit ist nach der *Cassis-de-Dijon*-Rechtsprechung des EuGH nur dann verhältnismäßig, wenn er geeignet und erforderlich ist, den legitimen Zweck, also den zwingenden Grund des Allgemeinwohls, zu verwirklichen.[733] Des Weiteren muss bei einer Abwägung der sich entgegenstehenden Güter festgestellt werden, dass

---

[729] *Koenig/Steiner*, Die Vereinbarkeit nachvertraglicher Wettbewerbsverbote mit der Arbeitnehmerfreizügigkeit des EG-Vertrags, NJW 2002, 3583 (3586).

[730] Anstelle vieler: *Glöckner*, in: Schulze/Janssen/Kadelbach, Europarecht, § 18 Europäisches Lauterkeitsrecht, Rn. 231; *Koenig/Steiner*, Die Vereinbarkeit nachvertraglicher Wettbewerbsverbote mit der Arbeitnehmerfreizügigkeit des EG-Vertrags, NJW 2002, 3583 (3586); *Reufels*, Grenzüberschreitende, nachvertragliche Wettbewerbsverbote–Vereinbarkeit mit der Arbeitnehmerfreizügigkeit?, ArbRB 2003, 313 (313).

[731] Das Zusammenspiel zwischen Privatrecht und Wettbewerbsrecht, das sich auch im nachvertraglichen Wettbewerbsverbot zeigt, hat *Charaf* für das französische Recht beschrieben: *Charaf*, La clause de non-concurrence au carrefour du droit des contrats et du droit de la concurrence, 2013. *Charaf* geht sogar so weit zu sagen, dass dieses Zusammenspiel die Originalität („*singularité*“, auf Französisch im Original; hier frei übersetzt) ausmacht: *Charaf*, La clause de non-concurrence au carrefour du droit des contrats et du droit de la concurrence, 2013, Résumé.

[732] *Koenig* und *Steiner* führen in ihrer Argumentation überdies an, dass ein solches öffentliches Interesse erst recht immer dann zu bejahen sei, wenn es mit einem der Rechtfertigungsgründe des *Ordre-public*-Vorbehaltes vergleichbar sei. Beim grenzübergreifenden nachvertraglichen Wettbewerbsverbot handele es sich nicht um ein erforderliches öffentliches Interesse und damit um keinen zwingenden Grund des Allgemeinwohls, *Koenig/Steiner*, Die Vereinbarkeit nachvertraglicher Wettbewerbsverbote mit der Arbeitnehmerfreizügigkeit des EG-Vertrags, NJW 2002, 3583 (3586).

[733] EuGH, Urteil v. 20.02.1979 – Rs. C-120/78, ECLI:EU:C:1979:42 – *Cassis de Dijon/Rewe/Bundesmonopolverwaltung für Branntwein*, NJW 1979, 1766.

das grenzübergreifende nachvertragliche Wettbewerbsverbot als gewähltes Mittel zur Zweckerreichung nicht in einem unangemessenen Verhältnis zu den Rechten und Interessen des Arbeitnehmers oder Geschäftsführers steht.[734] Wie bereits bei der grundrechtlichen Überprüfung nationaler und grenzübergreifender nachvertraglicher Wettbewerbsverbote sei an dieser Stelle angemerkt, dass das grenzübergreifende nachvertragliche Wettbewerbsverbot lediglich abstrakt anhand der Voraussetzungen des deutschen und französischen Sachrechtes geprüft werden kann.[735] Das grenzübergreifende nachvertragliche Wettbewerbsverbot müsste zunächst zur Zweckverfolgung geeignet sein, also jedenfalls die Zielerreichung fördern.[736] Indem der Arbeitnehmer oder vielmehr Geschäftsführer für die vereinbarte Dauer des grenzübergreifenden nachvertraglichen Wettbewerbsverbotes weder in seinem Herkunftsland noch in anderen, vom räumlichen Geltungsbereich des Verbotes erfassten Ländern Betriebsgeheimnisse und den Kundenstamm an einen Konkurrenten weitergeben kann oder selbst zum Konkurrenten werden kann, schützt der Arbeitgeber oder die Gesellschaft den von ihm verfolgten Zweck. Mithin ist das grenzübergreifende nachvertragliche Wettbewerbsverbot ein zur Zweckverfolgung geeignetes Mittel. Sodann müsste das grenzübergreifende nachvertragliche Wettbewerbsverbot zur Zweckerreichung erforderlich sein. Ein Mittel ist stets erforderlich, wenn es kein gleich geeignetes, aber weniger beschränkendes Mittel zur Zweckerreichung gibt.[737] Im Vergleich zu innerstaatlichen grenzübergreifenden nachvertraglichen Wettbewerbsverboten ist hier insbesondere auf die räumliche Beschränkbarkeit

---

[734] *Koenig/Steiner*, Die Vereinbarkeit nachvertraglicher Wettbewerbsverbote mit der Arbeitnehmerfreizügigkeit des EG-Vertrags, NJW 2002, 3583 (3586).

[735] Die Berufsfreiheit.

[736] *Brechmann*, in: Calliess/Ruffert, EUV/AEUV, Art. 45 AEUV, Rn. 48 mit Verweis auf die Rechtsprechung des EuGH, s. bspw. EuGH, Urteil v. 31.03.1992 – Rs. C-19/92, ECLI:EU:C:1993:125 – *Kraus/Land Baden-Württemberg*, NJW 1994, 1465/NVwZ 1993, 661 (662).

[737] Zum Kriterium der Erforderlichkeit eines Mittels entschied der EuGH jüngst, s. EuGH, Urteil v. 07.12.2023 – *UF, AB/Land Hessen*, verbundene Rs.: Rs. C-26/22, Rs. C-64/22, ECLI:EU:C:2023:958, NJW 2024, 417; *Koenig/Steiner*, Die Vereinbarkeit nachvertraglicher Wettbewerbsverbote mit der Arbeitnehmerfreizügigkeit des EG-Vertrags, NJW 2002, 3583 (3587); *Reufels*, Grenzüberschreitende, nachvertragliche Wettbewerbsverbote–Vereinbarkeit mit der Arbeitnehmerfreizügigkeit?, ArbRB 2003, 313 (313 ff.).

abzustellen. Schließlich ist zu beantworten, ob ein anderes, milderes Mittel zur Zweckerreichung existiert, was die Erforderlichkeit des nachvertraglichen Wettbewerbsverbotes ausschließen würde. Die Vereinbarung eines grenzübergreifenden nachvertraglichen Wettbewerbsverbotes könnte für Arbeitgeber immer dann erforderlich sein, wenn es sich um ein grenzübergreifendes Unternehmen handelt und der Arbeitnehmer oder Geschäftsführer in den vom räumlichen Anwendungsbereich umfassten Mitgliedstaaten in wenigstens ähnlich guter Weise für ähnliche Beschäftigungsmöglichkeiten qualifiziert ist. Diese Situation wurde zuvor dargelegt. Dabei ist stets zu beachten, dass die Höhe der Karenzentschädigung an die räumliche Ausdehnung des Wettbewerbsverbotes angepasst werden muss. Den Interessen des Arbeitnehmers wird durch diese Kriterien Rechnung getragen. Werden sie zum Schutz des Arbeitnehmers beachtet, ist ein grenzübergreifendes nachvertragliches Wettbewerbsverbot zur effektiven Zweckverfolgung des Arbeitgebers grundsätzlich erforderlich. Es stellt sich sodann die Frage, ob eine Vereinbarung zur Wahrung der Betriebsgeheimnisse zwischen dem Arbeitgeber und dem Arbeitnehmer ein milderes Mittel mit gleicher Eignung zur Zweckverfolgung darstellt. Ein grenzübergreifendes nachvertragliches Wettbewerbsverbot ist im deutschen und französischen Recht zwangsläufig zeitlich beschränkt. Damit schränkt es den Arbeitnehmer allein temporär in seinem beruflichen, grenzübergreifenden Vorkommen ein.[738] Ein milderes Mittel wäre ein nationales nachvertragliches Wettbewerbsverbot oder eine Vereinbarung zur Wahrung der Betriebsgeheimnisse, die ebenfalls an der Staatsgrenze endet. Diese Vereinbarungen würden gleichermaßen nur temporär gelten, aber der räumliche Anwendungsbereich wäre kleiner. Gleichwohl würden sie den Zweck des Arbeitgebers nicht in gleicher Weise verfolgen. Durch Aufnahme einer Tätigkeit bei einem Konkurrenten oder Eintritt in die Selbstständigkeit als Konkurrent wäre es unvermeidbar, dass der Arbeitnehmer auf seine beim Arbeitgeber gelernten Fähigkeiten, Kenntnisse und

[738] *Koenig/Steiner*, Die Vereinbarkeit nachvertraglicher Wettbewerbsverbote mit der Arbeitnehmerfreizügigkeit des EG-Vertrags, NJW 2002, 3583 (3588); *Reufels*, Grenzüberschreitende, nachvertragliche Wettbewerbsverbote–Vereinbarkeit mit der Arbeitnehmerfreizügigkeit?, ArbRB 2003, 313 (313 ff.).

Kunden zurückgreifen würde.[739] Eine solche Vereinbarung ist somit nur eine Nebelkerze. Mithin handelt es sich bei einer Vereinbarung zur Wahrung der Betriebsgeheimnisse zwischen dem Arbeitgeber und dem Arbeitnehmer nicht um ein milderes Mittel. Insgesamt ist ein auf deutschem und französischem Sachrecht beruhendes grenzübergreifendes nachvertragliches Wettbewerbsverbot erforderlich zur Zweckerreichung. Schließlich ist eine Abwägung der sich entgegenstehenden Güter vorzunehmen.[740] Die sich entgegenstehenden Güter und Interessen sind vorrangig die Grundrechte der Vertragsparteien. Die zuvor getätigte Abwägung ebendieser im ersten Teil des vierten Kapitels[741] zeigte auf, dass das grenzübergreifende nachvertragliche Wettbewerbsverbot als gewähltes Mittel zur Zweckerreichung nicht in einem unangemessenen Verhältnis zu den Rechten und Interessen des Arbeitnehmers oder Geschäftsführers steht. Somit ist der Grundsatz der Verhältnismäßigkeit gewahrt.

iii) Ergebnis

Im Ergebnis stellen das auf das grenzübergreifende nachvertragliche Wettbewerbsverbot anwendbare deutsche und französische Sachrecht keinen Verstoß gegen das Beschränkungsverbot der Arbeitnehmerfreizügigkeit gemäß Art. 45 Abs. 1 AEUV dar. Gleiches gilt für darauf beruhende Vereinbarungen.

(d) Das allgemeine Diskriminierungsverbot gemäß Art. 18 Abs. 1 AEUV

Wie bereits erläutert, sperrt das Vorliegen einer Diskriminierung der Arbeitnehmerfreizügigkeit gemäß Art. 45 Abs. 2 AEUV den Anwendungsbereich des allgemeinen Diskriminierungsverbotes gemäß Art. 18 Abs. 1 AEUV.[742] Da eine solche, wie soeben dargelegt, zu verneinen ist, ist nachfolgend zu

---

[739] *Koenig/Steiner*, Die Vereinbarkeit nachvertraglicher Wettbewerbsverbote mit der Arbeitnehmerfreizügigkeit des EG-Vertrags, NJW 2002, 3583 (3588); *Reufels*, Grenzüberschreitende, nachvertragliche Wettbewerbsverbote–Vereinbarkeit mit der Arbeitnehmerfreizügigkeit?, ArbRB 2003, 313 (313 ff.).

[740] *Brechmann*, in: Calliess/Ruffert, EUV/AEUV, Art. 45 AEUV, Rn. 48.

[741] Die Auswirkungen der deutschen und französischen Grundrechte der Vertragsparteien auf das nachvertragliche Wettbewerbsverbot in Deutschland und Frankreich.

[742] *Schlachter*, in: ErfK, Art. 45 AEUV, Rn. 42; *Noch*, in: Schulze/Janssen/Kadelbach, Europarecht, AEUV § 30, Rn. 3.

prüfen, ob ein Verstoß gegen das allgemeine Diskriminierungsverbot gemäß Art. 18 Abs. 1 AEUV vorliegt.[743]

i) Voraussetzungen des generellen Diskriminierungsverbotes

Ebenso wie die Adressaten der Diskriminierung aufgrund der Staatsangehörigkeit und der Beschränkung der Arbeitnehmerfreizügigkeit seien die Adressaten des allgemeinen Diskriminierungsverbotes Mitgliedstaaten der EU, juristische Personen und die Organe sowie Privatrechtssubjekte, soweit deren Handeln relevant sei.[744]

α. Sachverhalt mit Auslandsbezug

Eine Diskriminierung i.S.d. Art. 18 Abs. 1 AEUV erfordert zunächst einen grenzübergreifenden Sachverhalt, was sich bereits aus dem Wortlaut des Art. 18 Abs. 1 AEUV „im Anwendungsbereich ihrer Verträge" und auch aus dem *Telos* der Norm ergibt.[745] Die sogenannte „Inländerdiskriminierung"[746] ist nicht von Art. 18 Abs. 1 AEUV umfasst, da es eine rein nationale Angelegenheit ist und damit der Anwendungsbereich des AEUV nicht eröffnet ist.[747] Wie bereits geschildert, handelt es sich im Fall von grenzübergreifenden nachvertraglichen Wettbewerbsverboten, die auf deutschem respektive französischem Sachrecht beruhen, um Sachverhalte mit Auslandsbezug.

---

[743] In der vorliegenden Dissertation wird das Diskriminierungsverbot in vertikaler Perspektive betrachtet, d. h. die Frage, ob Inländer im Vergleich zu Ausländern unterschiedlich behandelt werden, ohne dass durch diese Ungleichbehandlung ein legitimer Zweck in verhältnismäßiger Art und Weise verfolgt wird. Für weitere Informationen: Instruktiv zum Diskriminierungsverbot in horizontaler Perspektive schreibt *Ponti*, s. Ponti, Das horizontale Diskriminierungsverbot der Grundfreiheiten, 2023.

[744] *Noch*, in: Schulze/Janssen/Kadelbach, Europarecht, AEUV § 30 Rn. 5, mit Verweis auf EuGH, Urteil v. 15.12.1995, Rs. C-415/93, ECLI:EU:C:1995:463 – *Bosman*, NJW 1996, 505.

[745] Der Literatur zufolge widerspreche eine andere Auslegung dem Sinn und Zweck der Norm, s. *Dohms*, in: Wiedemann, Kartellrecht, Kapitel 8, § 35, Rn. 213.

[746] *Noch*, in: Schulze/Janssen/Kadelbach, Europarecht, AEUV § 30, Rn. 5.

[747] *Noch*, in: Schulze/Janssen/Kadelbach, Europarecht, AEUV § 30, Rn. 5; ob eine Benachteiligung rein inländischer Berufswege gegenüber Berufswegen mit Auslandsbezug (Problem der sogenannten Inländerdiskriminierung) wirksam ist, bestimmt sich allein nach der Rechtsordnung der einzelnen Mitgliedstaaten, s. BAG, Urteil v. 25.01.2018 – 6 AZR 791/16, NZA 2018, 1200 (2. Leits.). Diese Frage ist in der vorliegenden Dissertation nicht relevant.

β. Vorliegen einer Diskriminierung

Überdies erfordert ein Verstoß gegen Art. 18 Abs. 1 AEUV eine unmittelbare oder mittelbare Diskriminierung aufgrund der Staatsangehörigkeit. Ein Unionsbürger darf also gegenüber einem anderen Unionsbürger nicht aufgrund seiner Staatsangehörigkeit – oder aufgrund anderer Kriterien, die typischerweise nur Ausländer oder Inländer erfüllen und damit die gleiche Wirkung wie das Unterscheidungskriterium der Staatsangehörigkeit haben – zu seinen Ungunsten ungleich behandelt werden.[748] Mit den gleichen Argumenten wie die Frage, ob eine Diskriminierung aufgrund der Staatsangehörigkeit i.S.d. Art. 45 Abs. 2 AEUV vorliegt, kann diese Frage auch hier verneint werden. Durch die Bestimmung des auf das grenzübergreifende nachvertragliche Wettbewerbsverbot anwendbaren Sachrechtes des Staates des Unternehmenssitzes werden Inländer und Ausländer gleichbehandelt. Damit liegt keine (un-)mittelbare Diskriminierung aufgrund der Staatsangehörigkeit vor. Die materielle Voraussetzung des Art. 18 Abs. 1 AEUV ist demzufolge nicht gegeben. Weitere Fragen hinsichtlich einer möglichen Rechtfertigung des generellen Diskriminierungsverbotes stellen sich mithin nicht.[749]

ii) Ergebnis

Im Ergebnis stellen das auf das grenzübergreifende nachvertragliche Wettbewerbsverbot anwendbare deutsche und französische Sachrecht aufgrund der Gleichbehandlung von Inländern und Ausländern keinen Verstoß gegen das allgemeine Diskriminierungsverbot gemäß Art. 18 Abs. 2 AEUV dar.

---

[748] *Khan/Schäffer*, in: Geiger/Khan/Kotzur/Kirchmair, EUV/AEUV, Art. 18, Rn. 8 ff., mit Verweis u.a. auf EuGH, Urteil v. 16.01.2003 – Rs. C-388/01, ECLI:EU:C:2003:30 – *Kommission/Italien*, NJW 2003, 1442/EuZW 2003, 186 (186 ff.); EuGH, Urteil v. 11.07.2002 – Rs. C-224/98, ECLI:EU:C:2002:432 – *D'Hoop*, NJW 2003, 575/EuZW 2002, 635.

[749] Eine Zusammenfassung zur Frage, ob eine Diskriminierung i.S.d. Art. 18 Abs. 1 AEUV überhaupt rechtfertigungsfähig sei und wie sich die Antwort hinsichtlich unmittelbarer und mittelbarer Diskriminierungen unterscheide, findet sich anstelle vieler in *Streinz*, in: Streinz, EUV/AEUV, AEUV, Art. 18, Rn. 58 ff.

(2) Das Ergebnis zum Zusammenspiel zwischen dem auf das grenzübergreifende nachvertragliche Wettbewerbsverbot anwendbaren Sachrecht und der Arbeitnehmerfreizügigkeit gemäß Art. 45 Abs. 1 AEUV

Das auf grenzübergreifende nachvertragliche Wettbewerbsverbote anwendbare deutsche und französische materielle Recht verstoßen nicht in ungerechtfertigter Weise gegen das Beschränkungsverbot der Arbeitnehmerfreizügigkeit. Außerdem liegt kein Verstoß weder gegen das allgemeine Diskriminierungsverbot noch gegen das spezielle Diskriminierungsverbot aus Gründen der Staatsangehörigkeit vor. Demzufolge besteht keine unzulässige Einschränkung der Arbeitnehmerfreizügigkeit gemäß Art. 45 Abs. 1 AEUV.

(3) Das Zusammenspiel zwischen dem auf das grenzübergreifende nachvertragliche Wettbewerbsverbot anwendbaren Sachrecht und der Niederlassungsfreiheit gemäß Art. 49 Abs. 1 S. 1 AEUV sowie der Dienstleistungsfreiheit gemäß Art. 56 Abs. 1 AEUV

Neben der Arbeitnehmerfreizügigkeit, die, wie sich aus den voranstehenden Ausführungen ergibt, im persönlichen Anwendungsbereich allein Arbeitnehmern zusteht, kennt das europäische Recht andere Grundfreiheiten, auf die sich der Geschäftsführer und Arbeitnehmer, die sich in einem anderen europäischen Mitgliedstaat selbstständig machen wollen, berufen können. Diese Grundfreiheiten sind die Niederlassungsfreiheit gemäß Art. 49 Abs. 1 S. 1 AEUV und die Dienstleistungsfreiheit gemäß Art. 56 Abs. 1 AEUV. Es stellt sich die Frage, ob diese Grundfreiheiten durch grenzübergreifende nachvertragliche Wettbewerbsverbote (unzulässig) eingeschränkt werden.

(a) Abgrenzung zwischen der Niederlassungsfreiheit und der Dienstleistungsfreiheit

Ob eine der Parteien von ihrer Niederlassungsfreiheit oder ihrer Dienstleistungsfreiheit Gebrauch macht, lässt sich grundsätzlich anhand der Dauer ihres Aufenthaltes in einem anderen EU-Mitgliedstaat beurteilen.[750] Demnach

---

[750] *Holoubek*, in: Schwarze/Becker/Hatje/Schoo, EU-Kommentar, AEUV, Art. 57, Rn. 25, mit Verweis auf u.a. EuGH, Urteil v. 16.07.2009 – Rs. C-208/07, ECLI:EU:C:2009:455 – *von Chamier-Glisczinski*, ZAR 2009, 355; EuGH, Urteil v. 04.05.2017 – Rs. C-339/15, ECLI: EU:C:2017:335 – *Vanderborght*, GRUR 2017, 627.

ist es grundsätzlich[751] so, dass der Berechtigte sich nicht dauerhaft, sondern zeitlich begrenzt auf die Dienstleistungsfreiheit berufen kann, wohingegen die Niederlassungsfreiheit einen dauerhaften Charakter hat.[752] In diesem Zusammenhang beinhaltet das Kriterium der Dauer der Leistungserbringung respektive des Leistungserhalts auch die „Häufigkeit, regelmäßige[..] Wiederkehr oder Kontinuität“[753]. Insofern wird die Vertragspartei Teil der Volkswirtschaft eines anderen Mitgliedstaates.[754] Im Einzelfall sind die Niederlassungs- und die Dienstleistungsfreiheit nicht immer trennscharf voneinander abzugrenzen, sodass die vorgenannten Kriterien allein als Orientierungshilfe dienen.[755]

(b) Die Niederlassungsfreiheit gemäß Art. 49 Abs. 1 S. 1 AEUV

Dem Verweis aus Art. 54 Abs. 1 AEUV folgend, können auch juristische Personen[756] und natürliche Personen, die selbstständig tätig sind,[757] sprich die für die vorliegende Arbeit relevanten Geschäftsführer, von der Niederlassungsfreiheit aus Art. 49 Abs. 1 S. 1 AEUV profitieren. Exkludiert sind gemäß Art. 49 Abs. 2 AEUV Niederlassungen im Kapitalverkehr.[758]

Wie sich aus dem vorherigen Abschnitt ergibt, ist der sachliche Schutzbereich der Niederlassung stets dann eröffnet, wenn ein Niederlassungswilliger

---

751 Dass auch Einschränkungen bestehen, schreibt *Holoubek*, s. *Holoubek*, in: Schwarze/Becker/Hatje/Schoo, EU-Kommentar, AEUV, Art. 57, Rn. 25.

752 *Holoubek*, in: Schwarze/Becker/Hatje/Schoo, EU-Kommentar, AEUV, Art. 57, Rn. 25, mit Verweis auf u.a. EuGH, Urteil v. 11.12.2003 – Rs. C-215/01, ECLI:EU:C:2003:662 – *Schnitzer*, NJW 2004, 435.

753 *Holoubek*, in: Schwarze/Becker/Hatje/Schoo, EU-Kommentar, AEUV, Art. 57, Rn. 26, mit Verweis auf u.a. EuGH, Urteil v. 30.11.1995 – Rs. C-55/94, ECLI:EU:C:1995:411 – *Gebhard/Consiglio dell'Ordine degli Avvocati e Procuratori di Milano*, NJW 1996, 579.

754 *Holoubek*, in: Schwarze/Becker/Hatje/Schoo, EU-Kommentar, AEUV, Art. 57, Rn. 26 ff.; *Kindler*, in: MüKo/BGB, Teil 10. Internationales Handels- und Gesellschaftsrecht, Rn. 111.

755 *Holoubek*, in: Schwarze/Becker/Hatje/Schoo, EU-Kommentar, AEUV, Art. 57, Rn. 26; *Kluth*, in: Calliess/Ruffert, EUV/AEUV, Art. 57 AEUV, Rn. 4 ff.

756 *Forsthoff/Eisendle*, in: Grabitz/Hilf/Nettesheim, AEUV, Art. 45, Rn. 44.

757 *Kotzur/van de Loo*, in: Geiger/Khan/Kotzur/Kirchmair, EUV/AEUV, AEUV, Art. 49, Rn. 1, 7 f.

758 *Kindler*, in: MüKo/BGB, Teil 10. Internationales Handels- und Gesellschaftsrecht, Rn. 111; *Kotzur/van de Loo*, in: Geiger/Khan/Kotzur/Kirchmair, EUV/AEUV, AEUV, Art. 49, Rn. 1 mit Verweis auf Art. 63 bis 66, 75 AEUV.

sich dauerhaft in der Wirtschaft eines anderen Mitgliedstaates integriert.[759] Entscheidend ist, dass seine wirtschaftliche und soziale Integration in der selbstständigen Tätigkeit beschleunigt wird.[760]

(c) Die Dienstleistungsfreiheit gemäß Art. 56 AEUV

Art. 56 Abs. 1 AEUV normiert das Recht auf freie Dienstleistungen innerhalb des EU-Binnenmarkts. Da Art. 57 Abs. 1 AEUV den Begriff der Dienstleistungen legaldefiniert, werden die beiden Normen in der Literatur oftmals gemeinsam erläutert.[761] Die Dienstleistungsfreiheit[762] verpflichtet im sachlichen Anwendungsbereich u. a. die Mitgliedstaaten der EU[763], „freien Personenverkehr zu erwerbswirtschaftlichen Zwecken"[764] zu ermöglichen.[765] Damit ähnelt die Dienstleistungsfreiheit der Arbeitnehmerfreizügigkeit

---

759 *Kotzur/van de Loo*, in: Geiger/Khan/Kotzur/Kirchmair, EUV/AEUV, AEUV, Art. 49, Rn. 2.

760 *Kotzur/van de Loo*, in: Geiger/Khan/Kotzur/Kirchmair, EUV/AEUV, AEUV, Art. 49, Rn. 2 mit Verweis auf EuGH, Urteil v. 30.11.1995 – Rs. C-55/95, ECLI:EU:C:1995:411 – *Gebhard/Consiglio dell'Ordine degli Avvocati e Procuratori di Milano*, NJW 1996, 579.

761 Anstelle vieler s.: *Holoubek*, in: Schwarze/Becker/Hatje/Schoo, EU-Kommentar, AEUV, Art. 56, Art. 57, Rn. 1 ff.; *Randelzhofer/Forsthoff*, in: Grabitz/Hilf/Nettesheim, AEUV, Art. 56, Art. 57, Rn. 1 ff.

762 Wenngleich der AEUV nicht von Dienstleistungsfreiheit, sondern vom freien Dienstleistungsverkehr spricht, hat der EuGH in st. Rspr. entschieden, dass sich der einzelne Unionsbürger auf seine Dienstleistungsfreiheit gegenüber dem Staat berufen kann. Infolgedessen normiert Art. 56 AEUV ebenfalls eine Berechtigung für Private, wie auch in der Literatur vertreten wird, s. *Holoubek*, in: Schwarze/Becker/Hatje/Schoo, EU-Kommentar, AEUV, Art. 56, Art. 57, Rn. 3 mit Verweis auf bereites EuGH, Urteil v. 03.12.74 – Rs. C-33/74, ECLI:EU:C:1974:131 – *Van Binsbergen/Bedrijfsvereniging voor de Metaalnijverheid*, NJW 1975, 1095.

763 Die Grundfreiheiten und damit eingeschlossen auch die Dienstleistungsfreiheit verpflichten nicht nur die Mitgliedstaaten, sondern auch die Organe, juristische Personen und privatrechtliche Akteure, soweit relevant. Hier sind der vereinfachten Lesbarkeit halber nur die Mitgliedstaaten genannt, s.o. Das Zusammenspiel zwischen den europäischen Grundfreiheiten und dem auf grenzübergreifende nachvertragliche Wettbewerbsverbote anwendbaren Sachrecht.

764 *Holoubek*, in: Schwarze/Becker/Hatje/Schoo, EU-Kommentar, AEUV, Art. 56, Art. 57, Rn. 2.

765 Beispielhaft für die Bedeutung des freien Personenverkehrs i.S.d. Dienstleistungsfreiheit s. EuGH, Urteil v. 20.05.1992 – Rs. C-106/91, ECLI:EU:C:1992:230 – *Ramrath/Ministre de la Justice*, NJW 1992, 2407.

und der Niederlassungsfreiheit.[766] Sie grenzt sich von den beiden Letzteren dadurch ab, dass es sich um einen grenzübergreifenden Sachverhalt handeln muss, bei dem die verpflichteten Akteure, die in der „nationale[n] Volkswirtschaft [...] eingegliedert"[767] sind, produktorientierte und personenspezifische Vorschriften zur Erbringung und zum Erwerb von Dienstleistungen i.S.d. Art. 57 AEUV zu verringern.[768] Wenngleich die Dienstleistungsfreiheit in der Literatur früher teilweise als „Auffangtatbestand" bezeichnet wurde,[769] erlangt sie heute als eigenständige Grundfreiheit aufgrund der (fortwährend) vermehrten Relevanz von Dienstleistungen immer mehr Bedeutung.[770] Insbesondere der Handelsverkehr im volkswirtschaftlichen Dienstleistungssektor ist heutzutage durch die Dienstleistungsfreiheit geschützt.[771] Im persönlichen Anwendungsbereich erstreckt sich die Dienstleistungsfreiheit sowohl Dienstleistungserbringer als auch -empfänger, die grenzübergreifend tätig sind; ausgenommen sind sogenannte „Korrespondenzdienstleistungen"[772], bei denen lediglich die Dienstleistung die Landesgrenze überschreitet.[773]

---

766 Zur Abgrenzung zwischen der Dienstleistungsfreiheit und der Niederlassungsfreiheit s.o. Abgrenzung zwischen der Niederlassungsfreiheit und der Dienstleistungsfreiheit.

767 *Forsthoff*, in: Grabitz/Hilf/Nettesheim, AEUV, Art. 49, Rn. 127.

768 *Holoubek*, in: Schwarze/Becker/Hatje/Schoo, EU-Kommentar, AEUV, Art. 56, Art. 57, Rn. 8 f.; *Tiedje*, in: von der Groeben/Schwarze/Hatje, Europäisches Unionsrecht, Art. 57 AEUV, Rn. 30; hierher stammen auch die wörtlichen Zitate.

769 Überblicksartig: *Holoubek*, in: Schwarze/Becker/Hatje/Schoo, EU-Kommentar, AEUV, Art. 56, Art. 57, Rn. 4.

770 Eine Zusammenfassung der Entwicklung der Dienstleistungsfreiheit und des Begriffes der Dienstleistung in den letzten Jahrzehnten findet sich bspw. in *Holoubek*, in: Schwarze/Becker/Hatje/Schoo, EU-Kommentar, AEUV, Art. 56, Art. 57, Rn. 7 ff.; *Tiedje*, in: von der Groeben/Schwarze/Hatje, Europäisches Unionsrecht, Vorbemerkung zu den Art. 56 bis 62 AEUV, Rn. 20 f.

771 *Holoubek*, in: Schwarze/Becker/Hatje/Schoo, EU-Kommentar, AEUV, Art. 56, Art. 57, Rn. 7; *Tiedje*, in: von der Groeben/Schwarze/Hatje, Europäisches Unionsrecht, Vorbemerkung zu den Art. 56 bis 62 AEUV, Rn. 20 f.

772 *Holoubek*, in: Schwarze/Becker/Hatje/Schoo, EU-Kommentar, AEUV, Art. 56, Art. 57, Rn. 2 mit Verweis auf *Tiedje*, in: von der Groeben/Schwarze/Hatje, Europäisches Unionsrecht, Art. 49 AEUV, Rn. 13.

773 *Holoubek*, in: Schwarze/Becker/Hatje/Schoo, EU-Kommentar, AEUV, Art. 56, Art. 57, Rn. 2 mit Verweis auf *Tiedje*, in: von der Groeben/Schwarze/Hatje, Europäisches Unionsrecht, Art. 49 AEUV, Rn. 13.

(d) Das Diskriminierungs- sowie Beschränkungsverbot der Niederlassungsfreiheit und der Dienstleistungsfreiheit

Das Diskriminierungsverbot der Niederlassungsfreiheit ist in Art. 49 Abs. 1 S. 1 AEUV normiert.[774] Das Beschränkungsverbot ergibt sich ebenfalls aus der Niederlassungsfreiheit gemäß Art. 49 Abs. 1 S. 1 AEUV.[775] Das Diskriminierungsverbot[776] und das Beschränkungsverbot[777] der Dienstleistungsfreiheit sind in 56 Abs. 1 AEUV normiert.[778] Die Verbote wirkten wie

---

[774] Ausführlich zum Diskriminierungsverbot der Niederlassungsfreiheit s. bspw.: *Forsthoff*, in: Grabitz/Hilf/Nettesheim/Forsthoff, AEUV, Art. 49, Rn. 75 ff.; *Kotzur/van de Loo*, in: Geiger/Khan/Kotzur/Kirchmair, EUV/AEUV, AEUV, Art. 49, Rn. 10; ein Überblick über Fragen der Inländerdiskriminierung im Rahmen der Frage nach einer Diskriminierung der Niederlassungsfreiheit findet sich u.a. beim Rechtswissenschaftler *Dohms*, s. *Dohms*, in: Wiedemann, Kartellrecht, Kapitel 8, § 35, Rn. 216 f.

[775] Ausführlich zum Beschränkungsverbot der Niederlassungsfreiheit s. bspw.: *Kotzur/van de Loo*, in: Geiger/Khan/Kotzur/Kirchmair, EUV/AEUV, AEUV, Art. 49, Rn. 17; EuGH, Urteil v. 30.11.1995 – Rs. C-55/94, ECLI:EU:C:1995:411 – *Gebhard/Consiglio dell'Ordine degli Avvocati e Procuratori di Milano*, NJW 1996, 579; eine Tatbestandsbeschränkung des Beschränkungsverbotes nach der sogenannten *Keck*-Rechtsprechung des EuGH, Urteil v. 24.11.1993 – Rs. C-267/91, Rs, C-268/91, NJW 1994, 121, kommt nur für die Warenverkehrsfreiheit und nicht für die Niederlassungsfreiheit in Betracht. Eine detaillierte Betrachtung dazu findet sich bspw. in *Ludwigs*, in: Dauses/Ludwigs, Handbuch des EU-Wirtschaftsrechts, E. Niederlassungs- und Dienstleistungsfreiheit, Zielrichtung der Niederlassungsfreiheit, Rn. 85.

[776] Ausführlich zum Diskriminierungsverbot der Dienstleistungsfreiheit s. bspw.: *Holoubek*, in: Schwarze/Becker/Hatje/Schoo, EU-Kommentar, AEUV, Art. 56, Art. 57, Rn. 78; *Kluth*, in: Calliess/Ruffert, EUV/AEUV, Art. 57 AEUV, Rn. 75 ff.; *Eichenhofer*, *Eichenhofer*, Arbeitsbedingungen bei Entsendung von Arbeitnehmern, ZIAS 1996, 55 (61 f.).

[777] Ausführlich zum Beschränkungsverbot der Dienstleistungsfreiheit s. bspw.: *Holoubek*, in: Schwarze/Becker/Hatje/Schoo, EU-Kommentar, AEUV, Art. 56, Art. 57, Rn. 69 mit Verweis auf EuGH, Urteil v. 28.04.1998 – Rs. C-118/96, ECLI:EU:C:1998:170 – *Safir/Skattemyndigheten i Dalarnas län*, EuZW 1998, 542; *Kluth*, in: Calliess/Ruffert, EUV/AEUV, Art. 57 AEUV, Rn. 75 ff.

[778] Gemäß Art. 56 Abs. 1 AEUV sind Beschränkungen des freien Dienstleistungsverkehrs verboten. Demzufolge wirkt die Dienstleistungsfreiheit, genau wie die Arbeitnehmerfreizügigkeit und die Niederlassungsfreiheit wie ein Beschränkungsverbot. Der EuGH fasst dieses Verbot sehr weit, indem er jede nationale Regelung, die gegen Inhalte des Art. 56 AEUV, die die Leistung von Diensten zwischen den Mitgliedstaaten gegenüber von Diensten im Inneren des Staates erschweren, einbezieht. Infolgedessen ist das Beschränkungsverbot durch das Diskriminierungsverbot gefärbt, s. *Holoubek*, in: Schwarze/Becker/Hatje/Schoo, EU-Kommentar, AEUV, Art. 56, Art. 57, Rn. 69 mit Verweis auf EuGH, Urteil v. 28.04.1998 – Rs. C-118/96, ECLI:EU:C:1998:170 – *Safir/Skattemyndigheten i Dalarnas län*, EuZW 1998, 542; *Kluth*, in: Calliess/Ruffert, EUV/AEUV, Art. 57 AEUV, Rn. 75 ff.

die der Arbeitnehmerfreizügigkeit.[779] Infolgedessen ist auch die Frage nach einem Verstoß gegen das Diskriminierungs- und das Beschränkungsverbot der Niederlassungs- und der Dienstleistungsfreiheit sowie einem allgemeinen Diskriminierungsverbot aus Art. 18 Abs. 1 AEUV durch das auf grenzübergreifende nachvertragliche Wettbewerbsverbote deutsche und französische anwendbare materielle Recht und darauf beruhenden Vereinbarungen mit den gleichen Argumenten[780] wie die der Prüfung der Arbeitnehmerfreizügigkeit abzulehnen.[781]

(4) Ergebnis zum Zusammenspiel zwischen dem auf das grenzübergreifende nachvertragliche Wettbewerbsverbot anwendbaren Sachrecht und der Niederlassungsfreiheit gemäß Art. 49 Abs. 1 S. 1 AEUV sowie der Dienstleistungsfreiheit gemäß Art. 56 Abs. 1 AEUV

Das auf grenzübergreifende nachvertragliche Wettbewerbsverbote deutsche und französische anwendbare materielle Recht verstößt nicht in ungerechtfertigter Weise gegen die Beschränkungs- und Diskriminierungsverbote der Niederlassungs- und der Dienstleistungsfreiheit. Somit liegt bei grenzübergreifenden nachvertraglichen Wettbewerbsverboten nach dem deutschen und französischen Sachrecht insgesamt keine unzulässige Einschränkung der Niederlassungsfreiheit gemäß Art. 49 Abs. 1 S. 1 AEUV und der Dienstleistungsfreiheit gemäß Art. 56 Abs. 1 AEUV vor.

---

779 An dieser Stelle verweist diese Dissertation nach oben, um Wiederholungen zu vermeiden: Siehe Kapitel 4: „Die Analyse des materiellen deutschen und französischen Rechtes des nachvertraglichen Wettbewerbsverbotes bei nationalen und grenzübergreifenden Sachverhalten: grundrechtliche und grundfreiheitliche Auswirkungen".

780 Siehe bspw. *Koenig/Steiner*, Die Vereinbarkeit nachvertraglicher Wettbewerbsverbote mit der Arbeitnehmerfreizügigkeit des EG-Vertrags, NJW 2002, 3583 (3586). *Koenig* und *Steiner* schreiben, dass die *Cassis-de-Dijon*-Rechtsprechung auf alle Grundfreiheiten, außer der Arbeitnehmerfreizügigkeit, angewendet werde. Somit sei sie auf die Niederlassungsfreiheit anwendbar.

781 Die Arbeitnehmerfreizügigkeit gemäß Art. 45 Abs. 1 AEUV.

b. Ergebnis zu den durch grenzübergreifende nachvertragliche Wettbewerbsverbote betroffenen europäischen Grundfreiheiten

Summa summarum verstoßen das auf grenzübergreifende nachvertragliche Wettbewerbsverbote deutsche und französische anwendbare materielle Recht nicht gegen das Beschränkungs- und das Diskriminierungsverbot aller drei relevanten europäischen Grundfreiheiten. Das allgemeine Diskriminierungsverbot ist ebenfalls nicht verletzt.

3. Zusammenfassung zum Zusammenspiel zwischen den europäischen Grundfreiheiten und dem auf grenzübergreifende nachvertragliche Wettbewerbsverbote anwendbaren Sachrecht

Das auf nachvertragliche Wettbewerbsverbote anwendbare deutsche und französische Sachrecht ermöglicht grenzübergreifende nachvertragliche Wettbewerbsverbote.[782] Dieses Kapitel zeigt auf, dass auch die europäischen Grundfreiheiten der Vereinbarung grenzübergreifender nachvertraglicher Wettbewerbsverbote nicht im Wege stehen.

IV. Zusammenfassung zu den Auswirkungen der nationalen Grundrechte und europäischen Grundfreiheiten auf das auf nachvertragliche Wettbewerbsverbote anwendbare deutsche und französische materielle Recht

Im deutschen und französischen Recht ist es für die Vertragsparteien zulässig, grenzübergreifende nachvertragliche Wettbewerbsverbote zu vereinbaren. Ein grenzübergreifendes nachvertragliches Wettbewerbsverbot ermöglicht Arbeitgebern und Gesellschaften, die über das Staatsgebiet eines Staates hinaus tätig sind, einen effektiven Schutz ihrer Interessen, ohne dass grenzübergreifende nachvertragliche Wettbewerbsverbote, die auf dem jeweiligen anwendbaren Sachrecht beruhen, gegen die nationalen, deutschen und französischen Grundrechte sowie europäischen Grundfreiheiten verstoßen.

---

[782] Die Auswirkungen der deutschen und französischen Grundrechte der Vertragsparteien auf das nachvertragliche Wettbewerbsverbot in Deutschland und Frankreich.

B. Zusammenfassung der Ergebnisse

Im Resümee verdeutlicht dieses Kapitel, dass die Unterschiede in den deutschen und französischen Grundrechtskonzeptionen in dem auf das nachvertragliche Wettbewerbsverbot anwendbaren deutschen und französischen Sachrecht zum Ausdruck kommen. Die deutsche und die französische Rechtsgrundlage des nachvertraglichen Wettbewerbsverbotes sind jeweils für die Vereinbarung von grenzübergreifenden nachvertraglichen Wettbewerbsverboten im Hinblick auf die jeweiligen Grundrechte verfassungsgemäß. Schließlich verstoßen das auf grenzübergreifende nachvertragliche Wettbewerbsverbote anwendbare deutsche und französische Sachrecht und darauf beruhende Vereinbarungen nicht gegen europäische Grundfreiheiten. Grenzübergreifende nachvertragliche Wettbewerbsverbote sind somit ein legitimes Mittel für Arbeitgeber und Gesellschaften, ohne den Schutz von Arbeitnehmergrundrechten und Grundfreiheiten einzuschränken. Abschließend ist zu klären, ob auf legislativer Ebene Reformbedarf besteht: Ist eine materiell-rechtliche europäische Rechtsgrundlage notwendig und ihre Verabschiedung wahrscheinlich? Diese Frage wird im Kapitel 5[783] erörtert.

783 Kapitel 5: „Die Anwendung der Ergebnisse der bisherigen Untersuchung: die fehlende Notwendigkeit und Unwahrscheinlichkeit der Verabschiedung einer materiell-rechtlichen europäischen Rechtsnorm für das nachvertragliche Wettbewerbsverbot".

Die Anwendung der Ergebnisse der bisherigen Untersuchung: die fehlende Notwendigkeit und Unwahrscheinlichkeit der Verabschiedung einer materiell-rechtlichen europäischen Rechtsnorm für das nachvertragliche Wettbewerbsverbot

Wie bereits einleitend[784] diskutiert, führt der wachsende Dienstleistungssektor im nationalen und internationalen Kontext zu mehr grenzübergreifendem Handel, in dem Wettbewerber national und international miteinander in Konkurrenz treten. Abschließend widmet sich das fünfte Kapitel unter Zugrundelegung der Ergebnisse der Frage, ob eine materiell-rechtliche europäische Rechtsnorm für das nachvertragliche Wettbewerbsverbot in nationalen und grenzübergreifenden Sachverhalten notwendig und ihre Verabschiedung wahrscheinlich ist. In den Kapiteln 1[785], 2[786], 3[787] und 4[788] wurden zunächst die materiell-rechtlichen Rechtsgrundlagen der innerstaatlichen nachvertraglichen Wettbewerbsverbote in Deutschland und Frankreich analysiert. Anschließend wurde hergeleitet, dass das deutsche und das französische nationale Sachrecht die Vereinbarung grenzübergreifender nachvertraglicher Wettbewerbsverbote unter Berücksichtigung ihrer Verfassungsmäßigkeit

[784] Einführung.

[785] Kapitel 1: „Das Wettbewerbsverbot und die Treuepflicht im Arbeitsvertrag und im Geschäftsführeranstellungsvertrag".

[786] Kapitel 2: „Das materielle Recht des nachvertraglichen Wettbewerbsverbotes in Deutschland und in Frankreich bei rein inländischen Sachverhalten".

[787] Kapitel 3: „Die Bestimmung des auf das nachvertragliche Wettbewerbsverbot in Deutschland und in Frankreich bei grenzübergreifenden Sachverhalten anzuwendenden materiellen Rechtes und dessen Inhalt".

[788] Kapitel 5: „Die Anwendung der Ergebnisse der bisherigen Untersuchung: die fehlende Notwendigkeit und Unwahrscheinlichkeit der Verabschiedung einer materiell-rechtlichen europäischen Rechtsnorm für das nachvertragliche Wettbewerbsverbot".

und Vereinbarkeit mit den europäischen Grundfreiheiten gestatten. Neben der Darstellung des materiellen deutschen, französischen und europäischen Rechtes wurde auch die kollisionsrechtliche Frage des anzuwendenden Rechtes als Vorfrage beantwortet. In diesem Zusammenhang wurde deutlich, dass die jeweiligen nationalen, deutschen und französischen materiellen Rechtsgrundlagen das nachvertragliche Wettbewerbsverbot für innerstaatliche und grenzübergreifende Wettbewerbsverbote regeln. Obgleich bereits verschiedene Normvorschläge u. a. 2009[789], also vor 15 Jahren,[790] unterbreitet wurden, ist bis zum heutigen Stand[791] keine europäische materielle Rechtsgrundlage geschaffen worden, die das (grenzübergreifende) nachvertragliche Wettbewerbsverbot in Arbeits- und Geschäftsführeranstellungsverträgen regelt. Um die Frage zu erörtern, ob eine Rechtsgrundlage (notwendigerweise) auf den Weg gebracht werden muss, werden zunächst die Ergebnisse aus den vorangegangenen Kapiteln zusammengefasst und die Argumente für und gegen einen Normvorschlag in Form einer eigenen Darstellung aufgeführt. Das Kapitel endet mit der Zusammenfassung der Ergebnisse.

A. Zusammenfassung der Ergebnisse der Untersuchung

Da die deutsche und die französische Rechtsordnung gesetzliche oder vielmehr richterrechtliche Rechtsgrundlagen für das nachvertragliche Wettbewerbsverbot beinhalten, ist zu beantworten, ob die unterschiedlichen Wirksamkeitsvoraussetzungen bei grenzübergreifenden nachvertraglichen Wettbewerbsverboten einer europäischen Rechtsgrundlage bedürfen.[792] Diese Frage folgt aus der bisherigen Untersuchung. Um sie zu klären, sind die Ergebnisse der vorherigen Kapitel erforderlich. Nur wenn die Unterschiede der

---

789 *Brendel* bspw. verfasste in ihrer Dissertation einen Normvorschlag für grenzübergreifende nachvertragliche Wettbewerbsverbote: *Brendel*, Nachvertragliche grenzüberschreitende Wettbewerbsverbote, 2009, S. 230 f.

790 Dezember 2024.

791 Dezember 2024.

792 Diese Frage beschäftigte bereits *Brendel*, die anhand einer Kurzbetrachtung verschiedener europäischer Rechtsordnungen Rückschlüsse zog, aber eben keinen tiefgehenden Rechtsvergleich zwischen zwei Rechtsordnungen wie den hier getätigten Rechtsvergleich zwischen Deutschland und Frankreich durchführte, s. *Brendel*, Nachvertragliche grenzüberschreitende Wettbewerbsverbote, 2009.

Regelungen in ihrer Anzahl und Gewichtung im grenzübergreifenden europäischen Rechtsverkehr überwiegen, ist eine einheitliche europäische Rechtsgrundlage für das grenzübergreifende nachvertragliche Wettbewerbsverbot zielführend.[793] Insgesamt ergeben sich aus den Kapiteln 1[794], 2[795], 3[796] und 4[797] der vorliegenden Arbeit die nachfolgenden Gemeinsamkeiten und Unterschiede des auf das nachvertragliche Wettbewerbsverbot anwendbaren deutschen und französischen materiellen Rechtes.

Zunächst zur Einordnung des nachvertraglichen Wettbewerbsverbotes in die Systematik von Wettbewerbsverboten und Treuepflichten, welche in Kapitel 1[798] geschaffen wurde: Das nachvertragliche Wettbewerbsverbot unterscheidet sich von (nach-)vertraglichen Treuepflichten insofern, als immer eine schriftliche Vereinbarung Voraussetzung für die Wirksamkeit ist.

In Kapitel 2[799] wurden Gemeinsamkeiten und Unterschiede in dem auf nachvertragliche Wettbewerbsverbote anwendbaren materiellen deutschen und französischen Recht dargelegt. Aus dem Vergleich der materiell-rechtlichen Wirksamkeitsvoraussetzungen resultiert, dass diese sich mehr gleichen als unterscheiden: Die Unterschiede sind zahlenmäßig deutlich geringer und fallen auch insoweit weniger ins Gewicht, als dass es sich zumeist um unerhebliche Verschiedenheiten bei Spannweiten handelt – wie z.B. bei der Höhe der Karenzentschädigung oder der räumlichen Beschränkung. Die wesentlichen

[793] Grundlagen zum europäischen Gesetzgebungsprozess zum nachvertraglichen Wettbewerbsverbot gibt u.a. *Brendel*, s. *Brendel*, Nachvertragliche grenzüberschreitende Wettbewerbsverbote, 2009, S. 225 ff.

[794] Kapitel 1: „Das Wettbewerbsverbot und die Treuepflicht im Arbeitsvertrag und im Geschäftsführeranstellungsvertrag".

[795] Kapitel 2: „Das materielle Recht des nachvertraglichen Wettbewerbsverbotes in Deutschland und in Frankreich bei rein inländischen Sachverhalten".

[796] Kapitel 3: „Die Bestimmung des auf das nachvertragliche Wettbewerbsverbot in Deutschland und in Frankreich bei grenzübergreifenden Sachverhalten anzuwendenden materiellen Rechtes und dessen Inhalt".

[797] Kapitel 4: „Die Analyse des materiellen deutschen und französischen Rechtes des nachvertraglichen Wettbewerbsverbotes bei nationalen und grenzübergreifenden Sachverhalten: grundrechtliche und grundfreiheitliche Auswirkungen".

[798] Kapitel 1: „Das Wettbewerbsverbot und die Treuepflicht im Arbeitsvertrag und im Geschäftsführeranstellungsvertrag".

[799] Kapitel 2: „Das materielle Recht des nachvertraglichen Wettbewerbsverbotes in Deutschland und in Frankreich bei rein inländischen Sachverhalten".

Unterschiede betreffen die Rechtsgrundlage, die im deutschen Recht in den §§ 74 ff. HGB analog zu finden ist. Dagegen beruht das französische Recht auf Richterrecht, das gesetzlich nicht niedergeschrieben ist. Inhaltlich unterscheiden sich das anwendbare materielle deutsche und französische Recht hinsichtlich der Mindestanforderungen an die Karenzentschädigungszahlungspflicht und im Hinblick auf das unterschiedliche Verständnis des Kriteriums der sachlichen Beschränkung des nachvertraglichen Wettbewerbsverbotes oder vielmehr der Berücksichtigung der Situation des Arbeitnehmers. Ebendiese Unterschiede gelten für das nachvertragliche Wettbewerbsverbot im Arbeitsvertrag und im Geschäftsführeranstellungsvertrag nach deutschem und französischem Recht gleichermaßen. Hinsichtlich des nachvertraglichen Wettbewerbsverbotes des Geschäftsführers liegen zwischen dem deutschen und dem französischen Recht einige frappierende Unterschiede vor. Dies beruht darauf, dass der Fremdgeschäftsführer einer GmbH nach deutschem Recht – anders als bei der SARL im französischen Recht – grundsätzlich nicht als Arbeitnehmer qualifiziert wird. Dem deutschen und französischen Recht zufolge ist es für die Arbeitsvertragsparteien zwingend, die Wirksamkeitsvoraussetzungen der jeweiligen (analog anwendbaren) materiell-rechtlichen Rechtsgrundlagen anzuwenden; für das nachvertragliche Wettbewerbsverbot des Geschäftsführers gilt dies nicht, was die Unterschiede erklärt. Ansonsten ähneln sich die materiell-rechtlichen Wirksamkeitsvoraussetzungen im deutschen und französischen Recht, wie bereits eingangs in diesem Abschnitt erwähnt wird: Die kumulativen materiell-rechtlichen Wirksamkeitsvoraussetzungen sind das berechtigte Interesse des Arbeitgebers am nachvertraglichen Wettbewerbsverbot, dessen zeitliche und räumliche Beschränkung, die Pflicht zur Zahlung einer Karenzentschädigung sowie die unerlässliche schriftliche Vereinbarung des Verbotes. Schließlich divergieren das deutsche und das französische anwendbare Sachrecht im Hinblick auf die Rechtsfolgen beim Verstoß einer der Parteien. Das deutsche Recht bietet u. a. mehr Lösungsmöglichkeiten vom nachvertraglichen Wettbewerbsverbot für die Vertragsparteien als das französische Recht.[800]

---

[800] Alles Vorangegangene zu den Rechtsgrundlagen im deutschen und französischen Recht: s.o. Kapitel 2: „Das materielle Recht des nachvertraglichen Wettbewerbsverbotes in Deutschland und in Frankreich bei rein inländischen Sachverhalten".

Aus Kapitel 3[801] geht hervor, dass die Rechtsgrundlage des nachvertraglichen Wettbewerbsverbotes im deutschen und im französischen Recht die gleiche für innerstaatliche und grenzübergreifende Sachverhalte ist. Sobald deutsches oder französisches Recht nach dem Kollisionsrecht zur Anwendung bestimmt wird, gilt das deutsche oder das französische materielle Recht auch für das nachvertragliche Wettbewerbsverbot in Sachverhalten mit Auslandsberührung.

Abschließend zeigt die Dissertation in Kapitel 4[802] auf, dass die auf das nachvertragliche Wettbewerbsverbot anwendbare deutsche und französische materiell-rechtliche Rechtsgrundlage nicht nur für innerstaatliche nachvertragliche Wettbewerbsverbote, sondern auch für grenzübergreifende nachvertragliche Wettbewerbsverbote verfassungsgemäß und im Einklang mit den europäischen Grundfreiheiten stehende Rechtsgrundlagen sind. Davon ausgehend sind einzelvertragliche Vereinbarungen der Vertragsparteien zum innerstaatlichen oder grenzübergreifenden nachvertraglichen Wettbewerbsverbot grundsätzlich gleichfalls mit den nationalen Grundrechten und europäischen Grundfreiheiten vereinbar.

B. Eigene Stellungnahme: Argumente für und gegen eine europäische materielle Rechtsgrundlage für das grenzübergreifende nachvertragliche Wettbewerbsverbot

Die Ergebnisse der Untersuchung und die daraus resultierenden Unterschiede und Gemeinsamkeiten zwischen dem auf das nachvertragliche Wettbewerbsverbot anwendbaren materiellen deutschen und französischen Recht führen zu den nachfolgend zu erörternden Argumenten für und gegen eine auf das grenzübergreifende nachvertragliche Wettbewerbsverbot anwendbare

---

801 Kapitel 3: „Die Bestimmung des auf das nachvertragliche Wettbewerbsverbot in Deutschland und in Frankreich bei grenzübergreifenden Sachverhalten anzuwendenden materiellen Rechtes und dessen Inhalt".

802 Kapitel 4: „Die Analyse des materiellen deutschen und französischen Rechtes des nachvertraglichen Wettbewerbsverbotes bei nationalen und grenzübergreifenden Sachverhalten: grundrechtliche und grundfreiheitliche Auswirkungen".

europäische materielle Rechtsgrundlage. Die nachfolgenden Argumente zielen einerseits auf die Frage ab, ob es notwendig ist, dass eine europäische Rechtsnorm verabschiedet wird, und andererseits, ob es wahrscheinlich ist. Diese beiden Fragestellungen gehören zusammen: Wenn es keine Notwendigkeit gibt, ist es unwahrscheinlich, dass eine Norm verabschiedet wird. Dass ein Normvorschlag rechtlich möglich ist, hat u. a. *Brendel* in ihrer Untersuchung gezeigt.[803] In der vorliegenden Arbeit kann somit auf die Darlegung des Gesetzgebungsprozesses in der EU verzichtet werden. Für die Darstellung der Argumente ist nicht nur maßgeblich, ob die Unterschiede zahlenmäßig überwiegen, sondern auch, ob Unterschiede im materiell anwendbaren Recht dazu führen, dass es für die Vertragsparteien rechtsunsicher ist, Vereinbarungen des nachvertraglichen Wettbewerbsverbotes zu entwerfen.[804]

I. Argumente für eine europäische materielle Rechtsgrundlage

Das sich aus der vorliegenden Dissertation herauskristallisierende wesentliche Argument[805] dafür, dass eine europäische materiell-rechtliche Rechtsnorm notwendig sein könnte, beruht auf der lückenhaften Regelung der gesetzlichen Grundlagen, sodass die Rechtsgrundlagen im deutschen und im französischen Recht jeweils nicht allumfassend sind. Im deutschen Recht ist z.B. der § 75 Abs. 3 HGB nicht auf das Arbeitsverhältnis anwendbar und die Grenzen des räumlichen Anwendungsbereiches sind nicht festgelegt. Eine Novellierung der gesetzlichen Regelungen könnte dann auch die alphabetische Lücke schließen, die durch den Wegfall von § 75 b HGB entstand und nun zwischen § 75a HGB und § 75 c HGB klafft.[806] Im französischen Recht ist u. a. nicht höchstrichterlich geklärt, wie hoch die Mindestsumme einer Karenzentschädigung ausfallen muss. Diese beiden Beispiele veranschaulichen, dass

---

803 *Brendel*, Nachvertragliche grenzüberschreitende Wettbewerbsverbote, 2009.

804 *Brendel* schreibt u.a. von der hohen Anzahl an unterschiedlichen Wirksamkeitsvoraussetzungen zwischen Deutschland und den Niederlanden, die zu Verwirrung beim Arbeitnehmer führten, s. *Brendel*, Nachvertragliche grenzübergreifende Wettbewerbsverbote, 2009, S. 6 f.

805 Weitere Gründe für einen Normvorschlag auf europäischer Ebene gibt *Brendel*, die ihre Begründung insbesondere aus der Konzeption des belgischen Rechtes zum nachvertraglichen Wettbewerbsverbot zieht, s. *Brendel*, Nachvertragliche grenzüberschreitende Wettbewerbsverbote, 2009, S. 221 ff.

806 *Weber*, in: Staub, Handelsgesetzbuch, § 75 b, Rn. 1.

die deutschen und französischen materiell-rechtlichen Rechtsgrundlagen den Vertragsparteien erschweren, rechtssichere Vereinbarungen nachvertraglicher Wettbewerbsverbote zu schließen. Überdies unterscheiden sich das deutsche und das französische Sachrecht in einigen Punkten, was es für Vertragsparteien in grenzübergreifenden Sachverhalten erschweren könnte, nachvertragliche Wettbewerbsverbote zu vereinbaren. Mit Blick auf die Gewährleistung von mehr Rechtssicherheit spricht dies bereits für den Regelungsbedarf in Form einer neuen Norm. Die Unzulänglichkeiten stellen Argumente dafür dar, dass eine neue materiell-rechtliche Rechtsnorm in beiden Rechtsordnungen notwendig sein könnte. Wenn also ein Argument dafür spricht, dass eine neue materiell-rechtliche Rechtsnorm sowohl in Deutschland als auch in Frankreich notwendig ist, liegt der Gedanke nicht fern, die Rechtssetzung direkt auf die europäische Ebene zu verlagern.

Vor dem Hintergrund der voranschreitenden Globalisierung und Europäisierung der letzten Jahrzehnte erscheint eine materiell-rechtliche Rechtsgrundlage auf europäischer Ebene sachdienlicher als auf der jeweiligen nationalen Ebene. Aus dieser Argumentation ergibt sich, dass eine europäische materiell-rechtliche Rechtsnorm notwendig sein könnte. Überdies könnte die Norm dann in einer bereits existierenden Rechtsgrundlage aufgenommen werden: In Art. 20 Handelsvertreter-RL (die „Richtlinie 86/653/EWG des Rates vom 18. Dezember 1986 zur Koordinierung der Rechtsvorschriften der Mitgliedstaaten betreffend die selbständigen Handelsvertreter" wird in dieser Dissertation mit „Handelsvertreter-RL" abgekürzt) ist eine materiell-rechtliche Regelung zum (grenzübergreifenden) nachvertraglichen Wettbewerbsverbot für den Handelsvertretervertrag aufgenommen. Eine materiell-rechtliche Regelung zum (grenzübergreifenden) nachvertraglichen Wettbewerbsverbot könnte z.B. in ähnlicher Form geregelt werden – wird sie gleichwohl bis jetzt[807] nicht.

II. Argumente gegen eine europäische Rechtsgrundlage

Gewichtiger sind gleichwohl die Gründe, die gegen die Notwendigkeit und Wahrscheinlichkeit eines europäischen materiell-rechtlichen Normvorschlags sprechen. Zunächst zur Frage nach der Notwendigkeit. Das deutsche und

[807] Dezember 2024.

französische Sachrecht sind zwar jeweils nicht allumfassend. Gleichwohl sind sie nicht derart lückenhaft, dass die wirksame Vereinbarung (grenzübergreifender) nachvertraglicher Wettbewerbsverbote unmöglich wäre. Ferner sind die Unterschiede zwischen dem deutschen und dem französischen materiellen Recht des nachvertraglichen Wettbewerbsverbotes weder hinsichtlich der Anzahl der Unterschiede noch hinsichtlich ihrer Gewichtung derart bedeutend, dass es einer europäischen Regelung bedarf. Geringfügige Unterschiede führen nicht zu allgemeiner Rechtsunsicherheit bei der Vereinbarung von nachvertraglichen (grenzübergreifenden) Wettbewerbsverboten. Aus dem Rechtsvergleich entspringt somit keine Notwendigkeit zur Schaffung einer europäischen materiell-rechtlichen Rechtsgrundlage. Diese ist erst recht seit 2002 nicht mehr vorhanden. In diesem Jahr entschied die Cour de cassation in drei Grundsatzurteilen, dass die Karenzentschädigung im arbeitsvertraglichen nachvertraglichen Wettbewerbsverbot zwingend zu zahlen ist. Damit gleicht sich das französische Recht an das deutsche Recht an: Die Zahlungsverpflichtung der Karenzentschädigung ist auch im deutschen Recht eine unerlässliche Wirksamkeitsvoraussetzung. Die zuvor dargestellten Unterschiede der materiell-rechtlichen Rechtsgrundlagen im deutschen und französischen Recht hinsichtlich der Wirksamkeitsvoraussetzungen des nachvertraglichen Wettbewerbsverbotes im Geschäftsführeranstellungsvertrag sind dem Verständnis und dem daraus folgenden System des Fremdgeschäftsführers und des Gesellschafter-Geschäftsführers im jeweiligen deutschen und französischen Recht immanent. Die (fehlende) Qualifikation als Arbeitnehmer wird sich nicht durch eine gemeinsame europäische materielle Rechtsgrundlage ändern. Außerdem sind das deutsche und das französische Sachrecht verfassungsgemäß. Die Verfassungswidrigkeit ist somit gleichfalls kein Kriterium für eine europäische materiell-rechtliche Rechtsgrundlage für das nachvertragliche Wettbewerbsverbot im Arbeitsvertrag und im Geschäftsführeranstellungsvertrag. Über diese rein innerstaatlichen Sachverhalte hinaus führen die materiell-rechtlichen deutschen und französischen Rechtsgrundlagen auch in grenzübergreifenden Sachverhalten nicht zu Unsicherheiten: Die gleichen Rechtsgrundlagen wie in rein inländischen Sachverhalten sind anwendbar. Abschließend sind die Regelungen beider Staaten nicht konträr zu den europäischen Grundfreiheiten. Des Weiteren kann nicht allein daraus, dass das auf nachvertragliche Wettbewerbsverbote anwendbare deutsche und französische Sachrecht nicht allumfassend und damit eine Neufassung notwendig sein könnte, davon ausgegangen werden, dass es so auch für die anderen Mitgliedstaaten der EU ist.

Nun zur Frage, ob eine europäische materiell-rechtliche Rechtsnorm wahrscheinlich ist. Der erste offensichtliche und von den Ergebnissen der vorliegenden Dissertation unabhängige Grund besteht darin, dass in der Literatur bereits mindestens ein Normvorschlag für eine europäische materiell-rechtliche Rechtsgrundlage für nachvertragliche arbeitsrechtliche Wettbewerbsverbote angeboten wurde,[808] aber bis heute[809] keine europäische Norm verabschiedet wurde. Demzufolge scheint es entgegen der Argumentation von *Brendel*, die eine „Empfehlung“[810] für eine auf arbeitsvertragliche grenzübergreifende nachvertragliche Wettbewerbsverbote anwendbare europäische materiell-rechtliche Rechtsgrundlage ausspricht, keine faktische tatsächliche Wahrscheinlichkeit dafür zu geben, dass eine europäische materiell-rechtliche Rechtsgrundlage geschaffen wird.

In dieser Arbeit wurden überdies nicht nur die materiell-rechtlichen Rechtsgrundlagen des arbeitsvertraglichen nachvertraglichen Wettbewerbsverbotes erörtert, sondern auch die des nachvertraglichen Wettbewerbsverbotes im Geschäftsführeranstellungsvertrag. Dass selbst für ein nachvertragliches Wettbewerbsverbot für eine der beiden Vertragsarten keine Regelung auf europäischer Ebene verabschiedet wurde, legt den Gedanken nahe, dass eine Norm für zwei verschiedene Vertragsarten erst recht nicht geschaffen wird, da dies ein längeres Suchen nach einer passenden europäischen Kompetenznorm, die für beide Vertragsarten adäquat ist, mit sich bringen würde. Das gesamte europäische Gesetzgebungsverfahren würde verlangsamt werden.[811] Das spricht ebenfalls dafür, dass es unwahrscheinlich ist, dass eine europäische Rechtsgrundlage geschaffen wird.

---

808 *Brendel*, Grenzüberschreitende nachvertragliche Wettbewerbsverbote, 2009, S. 230 f.

809 Dezember 2024.

810 *Brendel*, Grenzüberschreitende nachvertragliche Wettbewerbsverbote, 2009, S. 230.

811 Zu den infrage kommenden europäischen Kompetenznormen und dem sich anschließenden Verfahren, s. exemplarisch: *Brendel*, Grenzüberschreitende nachvertragliche Wettbewerbsverbote, 2009, S. 225 ff.

C. Zusammenfassung der Ergebnisse

Zusammenfassend hat die vorherige Untersuchung ergeben, dass eine europäische materiell-rechtliche Rechtsgrundlage für ein nachvertragliches Wettbewerbsverbot nicht notwendig und nicht wahrscheinlich ist. Die Dissertation zeigt auf, dass die materiell-rechtlichen Rechtsgrundlagen im deutschen und französischen Recht auf das (grenzübergreifende) nachvertragliche Wettbewerbsverbot in Arbeitsverträgen und Geschäftsführeranstellungsverträgen in inländischen Sachverhalten und solchen mit Auslandsbezug ausreichend sind.

Schlussthesen und Gesamtergebnis

Zum Schluss gilt es, die gefundenen Ergebnisse des ersten bis fünften Kapitels in Schlussthesen darzulegen und im zusammenfassenden Gesamtergebnis die zentrale Forschungsfrage, ob die unterschiedlichen Wirksamkeitsvoraussetzungen vor dem Hintergrund der voranschreitenden Harmonisierung des europäischen Rechtes bei grenzübergreifenden nachvertraglichen Wettbewerbsverboten einer europäischen Rechtsgrundlage bedürfen, zu beantworten.

A. Schlussthesen

Die nachfolgenden fünf (Schluss-)Thesen beenden die Untersuchung der vorliegenden Arbeit.

Die unterschiedlichen materiellen Rechtsgrundlagen der vertraglichen und nachvertraglichen Treue- und Wettbewerbsverpflichteten unterscheiden sich hinsichtlich ihrer Zielsetzung, die dem jeweiligen Vertragstyp als vertragliche oder nachvertragliche Pflicht entspricht.[812]

Insbesondere seit 2002 ähneln sich die materiell-rechtlichen Wirksamkeitsvoraussetzungen für das nachvertragliche Wettbewerbsverbot im deutschen und französischen Recht jeweils für den Arbeitsvertrag und für den Geschäftsführeranstellungsvertrag (bis auf den Fall des Fremdgeschäftsführers).

---

[812] Diese These ergibt sich aus Kapitel 1: „Das Wettbewerbsverbot und die Treuepflicht im Arbeitsvertrag und im Geschäftsführeranstellungsvertrag“.

Der Hauptunterschied besteht in der Art der anwendbaren materiellen Rechtsgrundlage. Die Rechtsfolgen eines Verstoßes einer der Parteien gegen das nachvertragliche Wettbewerbsverbot hingegen unterscheiden sich mehr, als dass sie sich ähneln.[813]

In grenzübergreifenden Sachverhalten bestimmen im deutschen und französischen Recht grundsätzlich die Art. 3, 4 und 8 Rom I-VO das auf nachvertragliche Wettbewerbsverbote anzuwendende materielle Recht. Das anwendbare Sachrecht auf das nachvertragliche Wettbewerbsverbot in Arbeitsverträgen und Geschäftsführeranstellungsverträgen im deutschen und im französischen Recht unterscheidet sich nicht zwischen innerstaatlichen und grenzübergreifenden Sachverhalten.[814]

Die deutsche und die französische Rechtsgrundlage für das nachvertragliche Wettbewerbsverbot und darauf beruhende Vereinbarungen sind im Hinblick auf die jeweiligen Grundrechte verfassungsgemäß. Sie verstoßen des Weiteren nicht gegen die europäischen Grundfreiheiten. Insbesondere liegt keine Diskriminierung aufgrund der Staatsangehörigkeit vor.[815]

Der Vergleich des deutschen und französischen Rechtes nachvertraglicher Wettbewerbsverbote lässt nicht darauf schließen, dass für das auf grenzübergreifende nachvertragliche Wettbewerbsverbote anwendbare materielle Recht ein europäischer Normvorschlag erforderlich wäre. Die Verabschiedung ist weder notwendig noch wahrscheinlich.[816]

---

813 Diese These ergibt sich aus Kapitel 2: „Das materielle Recht des nachvertraglichen Wettbewerbsverbotes in Deutschland und in Frankreich bei rein inländischen Sachverhalten“.

814 Diese These ergibt sich aus Kapitel 3: „Die Bestimmung des auf das nachvertragliche Wettbewerbsverbot in Deutschland und in Frankreich bei grenzübergreifenden Sachverhalten anzuwendenden materiellen Rechtes und dessen Inhalt“.

815 Diese These ergibt sich aus Kapitel 4: „Die Analyse des materiellen deutschen und französischen Rechtes des nachvertraglichen Wettbewerbsverbotes bei nationalen und grenzübergreifenden Sachverhalten: grundrechtliche und grundfreiheitliche Auswirkungen“.

816 Kapitel 5: „Die Anwendung der Ergebnisse der bisherigen Untersuchung: die fehlende Notwendigkeit und Unwahrscheinlichkeit der Verabschiedung einer materiell-rechtlichen europäischen Rechtsnorm für das nachvertragliche Wettbewerbsverbot“.

B. Zusammenfassendes Gesamtergebnis

In einer globalisierten Welt ist es für die Parteien des Arbeitsvertrages und des Geschäftsführeranstellungsvertrages notwendig, die inländische und ausländische Konkurrenz zu kennen und sich der eigenen Position im inländischen und grenzübergreifenden Markt bewusst zu werden. In diesem Sinne ist es erforderlich, die materiell-rechtlichen Rechtsgrundlagen, die der Vereinbarung des nachvertraglichen (grenzübergreifenden) Wettbewerbsverbotes zugrunde liegen, zu verstehen.

Die deutschen und die französischen materiell-rechtliche Rechtsgrundlagen wurden in dieser Dissertation ausführlich analysiert und verglichen, um herauszufinden, ob die unterschiedlichen Wirksamkeitsvoraussetzungen vor dem Hintergrund der voranschreitenden Harmonisierung des europäischen Rechtes bei grenzübergreifenden nachvertraglichen Wettbewerbsverboten einer europäischen Rechtsgrundlage bedürften. Diese Arbeit hat herausgestellt, dass es einer solchen Norm nicht bedarf.

Die jeweiligen deutschen und französischen materiell-rechtlichen Rechtsgrundlagen sind zwar nicht allumfassend, gleichwohl ist es insgesamt möglich, wirksame Vereinbarungen zum nachvertraglichen (grenzübergreifenden) Wettbewerbsverbot in inländischen Sachverhalten und solchen mit Auslandsbezug zu schließen. Überdies sind die Unterschiede zwischen dem deutschen und dem französischen Recht im internationalen Rechtsverkehr nicht derart einschränkend, dass die Schaffung einer europäischen Norm notwendig oder gar wahrscheinlich wäre. Vielmehr könnten die Rechtsunsicherheiten hinsichtlich einiger Wirksamkeitsvoraussetzungen der §§ 74 ff. HGB im deutschen Recht und im französischen Richterrecht der Cour de cassation auf der jeweiligen nationalen Ebene gelöst werden. Eine Verlagerung auf die europäische Ebene ist nicht zielführend.

Literaturverzeichnis

Antonmattei, Paul-Henri: Droit du travail, 3. Auflage, Verlag LGDJ, Paris, 2023 (zitiert: *Antonmattei*, Droit du travail, Randnummer).

Ascheid, Reiner (Begr.)/Link, Rüdiger/Preis, Ulrich/Schmidt, Ingrid (Hrsg.): in: Ascheid, Reiner/Preis, Ulrich/Schmidt, Ingrid (Hrsg.): APS, Kündigungsrecht, Großkommentar zum gesamten Recht der Beendigung von Arbeitsverhältnissen, 7. Auflage, Verlag C.H. Beck, München, 2024 (zitiert: *Bearbeiter*, in: APS, Norm, Randnummer).

Bar, Christian von (Begr.)/Mankowski, Peter (Fortf.): Internationales Privatrecht Band 2: Besonderer Teil, 2. Auflage, Verlag C.H. Beck, München, 2019 (zitiert: *v. Bar/Mankowski*, IPR 2: Besonderer Teil, Paragraph, Randnummer).

Bauer, Jobst-Hubertus: Rechtliche und taktische Probleme bei der Beendigung von Vorstandsverhältnissen, DB, Otto Schmidt Verlag, Köln, 1992, S. 1413 ff. (zitiert: *Bauer*, Rechtliche und taktische Probleme bei der Beendigung von Vorstandsverhältnissen, DB 1992, Anfangsseite).

Bauer, Jobst-Hubertus/Diller, Martin: Wettbewerbsverbote, Rechtliche und taktische Hinweise für Arbeitgeber, Arbeitnehmer, und Organmitglieder, 9. Auflage, Verlag C.H. Beck, München, 2022 (zitiert: *Bauer/Diller*, Wettbewerbsverbote, Rechtliche und taktische Hinweise für Arbeitgeber, Arbeitnehmer und Organmitglieder, S.).

Bauer, Jobst-Hubertus/Krieger, Steffen/Arnold, Christian: Arbeitsvertragliche Aufhebungsverträge, Arbeits-, gesellschafts-, steuer- und sozialversicherungsrechtliche Hinweise zur einvernehmlichen Beendigung von Dienst- und Arbeitsverhältnissen, E. Besonderheiten beim Ausscheiden von Vorstandsmitgliedern und Geschäftsführern,

10. Auflage, Verlag C.H. Beck, München, 2023 (zitiert: *Bauer/Krieger/Arnold*, Arbeitsvertragliche Aufhebungsverträge, E. Besonderheiten beim Ausscheiden von Vorstandsmitgliedern und Geschäftsführern, Randnummer).

Bayer, Bastian: Home-Office im EU-Ausland – eine arbeitsrechtliche Betrachtung, ArbRAktuell, Verlag C.H. Beck, München, 2022, S. 165 ff. (zitiert: *Bayer*, Home-Office im EU-Ausland – eine arbeitsrechtliche Betrachtung, ArbRAktuell 2022, Anfangsseite).

Bellstedt, Christoph: Vertragliches Wettbewerbsverbot des GmbH-Geschäftsführers nach seinem Ausscheiden, GmbHR, Otto Schmidt Verlag, Köln, 1976, S. 236 ff. (zitiert: *Bellstedt*, Vertragliches Wettbewerbsverbot des GmbH-Geschäftsführers nach seinem Ausscheiden, GmbHR 1976, Anfangsseite).

Benecke, Martina: Anknüpfung und Sonderanknüpfung im Internationalen Arbeitsrecht (zu Hess. LAG, 16. 11. 1999 - 4 Sa 463/99, unten S. 461, Nr. 42), IPRax, Verlag Ernst und Werner Gieseking, Bielefeld, 2000, S. 449 ff. (zitiert: *Benecke*, Anknüpfung und Sonderanknüpfung im Internationalen Arbeitsrecht, IPRax 2001, Anfangsseite).

Bernardis, Marianede/Dubuy, Élodie: Droit du travail – comment rédiger une clause de non-concurrence? Hebdo édition sociale, Verlag lexbase, Paris, 2020 (zitiert: *Bernardis/Dubuy*: Droit du travail – comment rédiger une clause de non-concurrence?, S.).

Blaise, Jean-Bernard/Desgorces, Richard: Droit des affaires, commerçants, concurrence, distribution, 12. Auflage, Verlag LGDJ, Paris, 2023 (zitiert: *Blaise/Desgorces*, Droit des affaires, Randnummer).

Boecken, Winfried/Düwell, Franz/Diller, Martin/Hanau, Hans (Hrsg.): Nomos Kommentar zum Arbeitsrecht, in: Gesamtes Arbeitsrecht, Band 1–3, 2. Auflage, Nomos Verlagsgesellschaft, Baden-Baden, 2023 (zitiert: *Bearbeiter*, in: NK-ArbR, Norm, Randnummer).

Boemke, Burkhard: Aktuelles zum GmbH-Geschäftsführer aus arbeitsrechtlicher Sicht, RdA, Verlag C.H. Beck, München, 2018, Heft 01, S. 1 ff. (zitiert: *Boemke*, Aktuelles zum GmbH-Geschäftsführer aus arbeitsrechtlicher Sicht, RdA 2018, Anfangsseite).

Braun, Axel/Wisskirchen, Gerlind (Hrsg.): Konzernarbeitsrecht, Verlag C.H. Beck, 2. Auflage, 2024 (zitiert: *Bearbeiter*, in: Braun/Wisskirchen, Konzernarbeitsrecht, Kapitel, Randnummer).

Brendel, Claudia: Nachvertragliche grenzüberschreitende Wettbewerbsverbote, Verlag Dr. Kovac, Hamburg, 2009 (zitiert: *Brendel*, Nachvertragliche grenzüberschreitende Wettbewerbsverbote, 2009).

Bureau, Dominique/Muir Watt, Horatia: Droit international privé, Tome 1 – Partie générale, in: Labrusse-Riou, Catherine/Truchet, Didier/Cadiet, Loïc (Hrsg.): Thémis, Droit, Presses Universitaires de France – P.U.F, 5. Auflage, Verlag LGDJ, Paris, 2021 (zitiert: *Bureau/Muir Watt*, Droit international privé, Tome 1, S.).

Bureau, Dominique/Muir Watt, Horatia: Droit international privé, Tome 1 – Partie spéciale, in: Labrusse-Riou, Catherine/Truchet, Didier/Cadiet, Loïc (Hrsg.): Thémis, Droit, Presses Universitaires de France – P.U.F, 5. Auflage, Verlag LGDJ, Paris, 2021 (zitiert: *Bureau/Muir Watt*, Droit international privé, Tome 1, S.).

Cabrillac, Rémy (Hrsg.): Libertés et droits fondamentaux, Grand Oral, 29. Auflage, Verlag Dalloz, Paris, 2023 (zitiert: *Bearbeiter*, in: Cabrillac, Libertés et droits fondamentaux, S.).

Calliess, Christian/Ruffert, Matthias (Hrsg.): EUV/AEUV mit Europäischer Grundrechtecharta, Kommentar, 6. Auflage, Verlag C.H. Beck, München, 2022 (zitiert: *Bearbeiter*, in: Calliess/Ruffert, EUV/AEUV, Art., Randnummer).

Canaris, Claus-Wilhelm: Handelsrecht, 24. Auflage, Verlag C.H. Beck, München, 2006 (zitiert: *Canaris*, Handelsrecht, Paragraph, Randnummer).

Charaf, Mohammed: La clause de non-concurrence au carrefour du droit des contrats et du droit de la concurrence, Atelier national de reproduction des thèses, Thèse, Droit, ohne Verlag, Université Paris 10, 2013 (zitiert: *Charaf*, La clause de non-concurrence au carrefour du droit des contrats et du droit de la concurrence, 2013).

Cozian, Maurice/Viandier, Alain/Deboissy, Florence: Droit des sociétés, 36. Auflage, Verlag LexisNexis, Paris, 2023 (zitiert: *Cozian/Viandier/Deboissy*, Droit des sociétés, Randnummer).

Commandeur, Gert: Rechtsprobleme beim Abwerbe- und Beschäftigungsverboten sowie Sperrabreden, RdA, Verlag C.H. Beck, München, 2022, Heft 06, S. 342 ff. (zitiert: *Commandeur*, Rechtsprobleme bei Abwerbe- und Beschäftigungsverboten, sowie Sperrabreden, RdA 2022, Anfangsseite).

Cordelier, Emmanuel: Droit commercial et droit des affaires, 5. Auflage, Verlag Lefebvre, Brüssel, 2023 (zitiert: *Cordelier*, Droit commercial et droit des affaires, Randnummer).

Dauner-Lieb, Barbara/Heidel, Thomas/Ring in Verbindung mit dem Deutschen Anwaltverein (Gesamt-Hrsg.)/Heidel, Thomas/Hüßtege, Rainer/Mansel, Heinz-Peter/ Noack, Ulrich (Hrsg.): Nomos Kommentar zum BGB, Band 1, Allgemeiner Teil, EGBGB, 4. Auflage, Baden-Baden, 2021 (zitiert: *Bearbeiter*, in: NK-BGB, Paragraph, Randnummer).

Dauner-Lieb, Barbara/Heidel, Thomas/Ring in Verbindung mit dem Deutschen Anwaltverein (Gesamt-Hrsg.)/Heidel, Thomas/Hüßtege, Rainer/Mansel, Heinz-Peter/ Noack, Ulrich (Hrsg.): Nomos Kommentar zum BGB, Band 6, Rom-Verordnungen - EuGüVO - EuPartVO - HUP - EuErbVO, 4. Auflage, Baden-Baden, 2021 (zitiert: *Bearbeiter*, in: NK-BGB, Artikel, Gesetz, Randnummer).

Dauses, Manfred A. (Begr.)/Ludwigs, Markus (Hrsg.): Handbuch des EU-Wirtschaftsrechts, Loseblattsammlung, Werkstand: 60. Ergänzungslieferung, Verlag C.H. Beck, München, 2024 (zitiert: *Bearbeiter*, in: Dauses/ Ludwigs, Handbuch des EU-Wirtschaftsrechts, Kapitel, Randnummer).

Dekeuwer-Défossez, Francoise/Blary-Clément, Édith/Le Goffic, Caroline: Droit commercial, Actes de commerce, fonds de commerce, commerçants, concurrence, précis Domat, droit privé, Verlag LGDJ, Paris, 2023 (zitiert: *Dekeuwer-Défossez/Blary-Clément/Le Goffic*, Droit commercial, Randnummer).

Dieterich, Thomas/Hanau, Peter/Schaub, Günther (Begr.), Müller-Glöge, Rudi/Preis, Ulrich (Hrsg. u. a.): Erfurter Kommentar zum Arbeitsrecht: Beck'sche Kurz-Kommentare, Band 51, 23./24. Auflage, Verlag C.H. Beck, München, 2023/2024 (zitiert: *Bearbeiter*, in: ErfK, Norm, Randnummer).

Diller, Martin: Gesellschafter und Gesellschaftsorgane als Arbeitnehmer, Otto Schmidt Verlag, Köln, 1994 (zitiert: *Diller*, Gesellschafter und Gesellschaftsorgane als Arbeitnehmer, 1994, S.).

Dombek, Bernhard/Kroiß, Ludwig (Gesamt-Hrsg.)/Müller, Stefan (Hrsg. Arbeitsrecht): FormularBibliothek Vertragsgestaltung, Muster, Erläuterungen, Praxishinweise, Arbeitrecht, Paragraph 4, 4. Auflage, Nomos Verlagsgesellschaft, Baden-Baden, 2023 (zitiert: *Bearbeiter*, in: Müller, FormularBibliothek Vertragsgestaltung–Arbeitsrecht, Paragraph, Randnummer).

Dondero, Bruno: Droit des sociétés, Verlag Dalloz, Paris, 2023 (zitiert: *Dondero*, Droit des sociétés, Randnummer).

Driver, Andreas: Kein nachvertragliches Wettbewerbsverbot nach Amtsniederlegung aus wichtigem Grund, GWR, Verlag C.H. Beck, München, 2014, S. 412 (zitiert: *Driver*, Kein nachvertragliches Wettbewerbsverbot nach Amtsniederlegung aus wichtigem Grund, GWR 2014, Anfangsseite).

Dubois de Luzy, Agnès: Droit des sociétés, in: Ségur, Philippe (Hrsg.): Spécial Droit, Cours et exercices, Verlag Ellipses, Paris, 2020 (zitiert: *Dubois de Luzy*, Droit des sociétés, S.).

Dupré de Boulois, Xavier: Droit des libertés fondamentales, in: Labrusse-Riou, Catherine/Truchet, Didier/Cadiet, Loïc (Hrsg.): Thémis, Droit, Presses Universitaires de France – P.U.F, 4. Auflage, Verlag LGDJ, Paris, 2024 (zitiert: *Dupré de Boulois*, Droit des libertés fondamentales, S.).

Dreier, Horst/Brosius-Gersdorf, Frauke (Hrsg., 3. Auflage/4. Auflage): Grundgesetz-Kommentar, 3./4. Auflage, Verlag J.C.B. Mohr (Paul Siebeck), Tübingen, 2022/2023 (zitiert: *Bearbeiter*, in: Dreier/Brosius-Gersdorf, GG, Art., Randnummer).

Drescher, Ingo (Hrsg., u. a.): Münchener Kommentar zum HGB, Münchener Kommentar zum Handelsgesetzbuch, Band 1, 5. Auflage, Verlag C.H. Beck, München, 2021 (zitiert: *Bearbeiter*, in: MüKo/HGB, Norm, Randnummer).

Driver-Polke, Oliver/De Beauregard, Paul Melot: Rechtswahl bei Aktienoptionsplänen und damit in Zusammenhang stehenden nachvertraglichen Wettbewerbsverboten, BB, Deutscher Fachverlag, Frankfurt am Main, 2004 (zitiert: *Driver-Polke/De Beauregard*, Rechtswahl bei Aktienoptionsplänen und damit in Zusammenhang stehenden nachvertraglichen Wettbewerbsverboten, BB 2004, Anfangsseite).

Dürig, Günter/Maunz, Theodor (Begr.)/Herzog, Roman/Scholz, Rupert (Hrsg.)/Herdegen, Matthias/Klein, Hans (geschf. Hrsg.): Dürig/Herzog/Scholz, Grundgesetz-Kommentar, Loseblattsammlung, Werkstand: 104. Ergänzungslieferung, Verlag C.H. Beck, München, 2024 (zitiert: *Bearbeiter*, in: Dürig/Herzog/Scholz, GG, Art., Randnummer).

Ebenroth, Carsten Thomas/Bujong, Karlheinz/Joost, Detlev (Begr.)/Joost, Detlev/Strohn, Lutz/Poelzig, Dörte/Sander, Volker (Hrsg.): Handelsgesetzbuch: HGB, Gesamtwerk in 2 Bänden, 5. Auflage, Verlag Franz Vahlen in Gemeinschaft mit C.H. Beck, München, 2024 (zitiert: *Bearbeiter*, in: EBJS, Paragraph, Randnummer).

Eckert, Niklas/Köpple, Benjamin: Schicksal nachvertraglicher Wettbewerbsverbote von GmbH-Geschäftsführern nach Abberufung, NZA, Verlag C.H. Beck, München, 2020, S. 1453 ff. (zitiert: *Eckert/Köpple*, Schicksal nachvertraglicher Wettbewerbsverbote von GmbH-Geschäftsführern nach Abberufung, NZA 2020, Anfangsseite).

Eichenhofer, Eberhard: Arbeitsbedingungen bei Entsendung von Arbeitnehmern, ZIAS, Otto Schmidt Verlag, Köln, 1996, S. 55 ff. (zitiert: *Eichenhofer*, Arbeitsbedingungen bei Entsendung von Arbeitnehmern, ZIAS 1996, Anfangsseite).

Eisele, Jean-Paul: Les conditions de la clause de non-concurrence en droit du travail allemand et en droit du travail français, Thèse, Droit, ohne Verlag, Université Nancy 2, 1999 (zitiert: *Eisele*, Les conditions de la clause de non-concurrence en droit du travail allemand et en droit du travail français, 1999).

Epping, Volker: Grundrechte, 9. Auflage, Springer-Verlag, Heidelberg, 2021 (zitiert: *Epping*, Grundrechte, Art., Randnummer).

Epping, Volker/Hillgruber, Christian (Hrsg.): BeckOK GG, Beck'scher Online-Kommentar zum Grundgesetz, 58. Auflage, Verlag C.H. Beck, München, 2024 (zitiert: *Bearbeiter*, in: BeckOK GG, Art., Randnummer).

Eser, Gisbert: Das Arbeitsverhältnis im Multinationalen Unternehmen, Arbeitsrecht, Steuerrecht, Sozialversicherungsrecht, 2. Auflage, Verlag Recht und Wirtschaft, Heidelberg, 2003 (zitiert: *Eser*, Das Arbeitsverhältnis im Multinationalen Unternehmen, 2003, S.).

Fabre-Magnan, Muriel: Droit des obligations 1 – Contrat et engagement unilatéral, in: Labrusse-Riou, Catherine/Truchet, Didier/Cadiet, Loïc (Hrsg.): Thémis, Droit, Presses Universitaires de France – P.U.F, 6. Auflage, Verlag LGDJ, Paris, 2021 (zitiert: *Fabre-Magnan*, Droit des obligations 1 – Contrat et engagement unilatéral, S.).

Fabre-Magnan, Muriel: Droit des obligations 2 – Responsabilité civile et quasi-contrats, in: Labrusse-Riou, Catherine/Truchet, Didier/Cadiet, Loïc (Hrsg.): Thémis, Droit, Presses Universitaires de France – P.U.F, 5. Auflage, Verlag LGDJ, Paris, 2021 (zitiert: *Fabre-Magnan*, Droit des obligations 2 – Responsabilité civile et quasi-contrats, S.).

Favoreu, Louis (Hrsg.)/Duffy-Meunier, Aurélie/Fassassi, Idris/Gaïa, Patrick/ Le Bot, Olivier/Pech, Laurent/Pena, Annabelle/Roux, André/Scoffini, Guy (Hrsg./Bearb.): Droit des libertés fondamentales, 8. Auflage, Verlag Dalloz, Paris, 2021 (zitiert: Favoreu/Duffy-Meunier/Fassassi/Gaïa/ Le Bot/Pech/Pena/Roux/Scoffini, Droit des libertés fondamentales, Randnummer).

Ferrari, Franco/Kieninger, Eva-Maria/Mankowski, Peter/Otte, Karsten/ Saenger, Ingo/Schulze, Götz/Staudinger, Ansger (Hrsg./Bearb.): Internationales Vertragsrecht, Rom I-VO, CISG, CMR, FactÜ, 3. Auflage, Verlag C.H. Beck, München, 2018 (zitiert: *Bearbeiter*, in: Ferrari/Kieninger/Mankowski/Otte/Saenger/Schulze/Staudinger, Internationales Vertragsrecht, Rom I-VO, Art., Rn.)

Fleischer, Holger/Goette, Wulf (Hrsg.): Münchener Kommentar zum GmbHG, Münchener Kommentar zum Gesetz betreffend die

Gesellschaften mit beschränkter Haftung, Band 2, 4. Auflage, Verlag C.H. Beck, München, 2022 (zitiert: *Bearbeiter*, in: MüKo/GmbHG, Paragraph, Randnummer).

Fuhlrott, Michael/Hiéramente, Mayeul (Hrsg.): BeckOK GeschGehG, Beck'scher Online-Kommentar Gesetz zum Schutz von Geschäftsgeheimnissen, 20. Edition. Verlag C.H. Beck, München, 2024 (zitiert: *Bearbeiter*, in: BeckOK GeschGehG, Paragraph, Randnummer).

Franzen, Martin/Gallner, Inken/Oetker, Hartmut (Hrsg.): Beck'sche Kurz-Kommentare, Kommentar zum europäischen Arbeitsrecht, 5. Auflage, Verlag C.H. Beck, München, 2024 (zitiert: *Bearbeiter*, in: Franzen/ Gallner/Oetker, Kommentar zum europäischen Arbeitsrecht, Art., Randnummer).

Franzen, Martin: Arbeitskollisionsrecht und sekundäres Gemeinschaftsrecht: Die EG-Entsende-Richtlinie, ZEuP, Verlag C.H. Beck, München, 1997, S. 1055 ff. (zitiert: *Franzen*, Arbeitskollisionsrecht und sekundäres Gemeinschaftsrecht: Die EG-Entsende-Richtlinie, ZEuP 1997, Anfangsseite).

Franzen, Martin: Die geänderte Arbeitnehmer-Entsenderichtlinie, EuZA, Verlag C.H. Beck, München, 2019, S. 3 ff. (zitiert: *Franzen*, Die geänderte Arbeitnehmer-Entsenderichtlinie, EuZA 2019, Anfangsseite).

Freckmann, Anke: Der GmbH-Geschäftsführer im Arbeits- und Sozialversicherungsrecht – Ein Überblick unter Berücksichtigung der neuesten Rechtsprechung, DStR, Verlag C.H. Beck, München, 2008, S. 52 ff. (zitiert: *Freckmann*, Der GmbH-Geschäftsführer im Arbeits- und Sozialversicherungsrecht – Ein Überblick unter Berücksichtigung der neuesten Rechtsprechung, DStR 2008, Anfangsseite).

Fritzsche, Jörg/Münker, Reiner/Stollwerck, Christoph (Hrsg.): BeckOK UWG, Beck'scher Online-Kommentar Gesetz gegen den unlauteren Wettbewerb, 25. Edition, Verlag C.H. Beck, München, 2024 (zitiert: *Bearbeiter*, in: BeckOK UWG, Paragraph, Randnummer).

Gaul, Dieter: Die Wettbewerbsbeschränkung des Geschäftsführers der GmbH innerhalb und im Anschluß an den stillschweigend verlängerten Vertrag, Otto Schmidt Verlag, Köln, 1991, S. 144 ff. (*zitiert: Gaul*, Die Wettbewerbsbeschränkung des Geschäftsführers der GmbH innerhalb und im Anschluß an den stillschweigend verlängerten Vertrag, GmbHR 1991, Anfangsseite).

Gebele, Alexander/Scholz, Steffen (Hrsg.): Beck'sches Formularbuch Bürgerliches, Handels- und Wirtschaftsrecht, 5. Auflage, Verlag C.H. Beck, München, 2022 (zitiert: *Bearbeiter*, in: Gebele/Scholz,

Beck'sches Formularbuch Bürgerliches, Handels- und Wirtschaftsrecht, Kapitel, Randnummer).

Gehlhaar, Daniel: Die Rechtsprechung zu (ruhenden) Arbeitsverhältnissen von Organen juristischer Personen, NZA-RR, Verlag C.H. Beck, München, 2009, S. 569 ff. (zitiert: *Gehlhaar*, Die Rechtsprechung zu (ruhenden) Arbeitsverhältnissen von Organen juristischer Personen, NZA-RR 2009, Anfangsseite).

Geiger, Rudolf/Khan, Daniel-Erasmus/Kotzur, Markus/Kirchmair, Lando (Hrsg.): EUV/AEUV, Vertrag über die Europäische Union, Vertrag über die Arbeitsweise der Europäischen Union, Kommentar, 7. Auflage, Verlag C.H. Beck, München, 2023 (zitiert: *Bearbeiter*, in: Geiger/Khan/Kotzur/Kirchmair, EUV/AEUV, AEUV, Art., Randnummer).

Géniaut, Benoît: Des conséquences de la violation par le salarié de sa clause de non-concurrence, Kommentar zur Rechtsprechung: Französischer Kassationsgerichtshof, Kammer für Sozialsachen, Urteil v. 24.01.2024, Nr. 22-20926 und Französischer Kassationsgerichtshof, Kammer für Sozialsachen, Urteil v. 14.02.2024, Nr. 22-17332, Revue de droit du travail, Verlag Lefebvre-Dalloz, Coubevoie/Paris, Nummer 03, März 2024, S. 179 ff. (zitiert: *Géniaut*, Des conséquences de la violation par le salarié de sa clause de non-concurrence, Revue de droit du travail 2024, Anfangsseite).

Goette, Wulf: Der Geschäftsführerdienstvertrag zwischen Gesellschafts- und Arbeitsrecht in der Rechtsprechung des Bundesgerichtshofs, in: Wank, Rolf/Hirte, Heribert/Frey, Kaspar/Fleischer, Holger/Thüsing, Gregor (Hrsg.), Festschrift für Herbert Wiedemann zum 70. Geburtstag am 7. November 2002, Verlag C.H. Beck, München, 2002, S. 873 ff. (zitiert: *Goette*, Der Geschäftsführerdienstvertrag zwischen Gesellschafts- und Arbeitsrecht in der Rechtsprechung des Bundesgerichtshofs, FS Wiedemann, 2002, Anfangsseite).

Grabitz, Eberhard (Begr.)/Hilf, Meinhard (Fortf.)/Nettesheim, Martin (Hrsg.): in: Grabitz/Hilf/Nettesheim, Das Recht der Europäischen Union, Band 1: EUV/AEUV, Werkstand: 82. Ergänzungslieferung, Verlag C.H. Beck, München, 2024 (zitiert: *Bearbeiter*, in: Grabitz/Hilf/Nettesheim, AEUV, Art., Randnummer).

Gran, Andreas: Abläufe bei Mergers & Acquisitions, NJW, Verlag C.H. Beck, München, 2008, S. 1409 ff. (zitiert: *Gran*, Abläufe bei Mergers & Acquisitions, NJW 2008, Anfangsseite).

Gravenhorst, Anna Caroline: Rechtliche Grenzen für die Vereinbarung von nachvertraglichen Wettbewerbsverboten mit GmbH-Geschäftsführern, Insbesondere zur Anwendung der §§ 74 ff. HGB,

Privatrecht, Europäische Hochschulschriften, Verlag Peter Lang, Frankfurt am Main, 1999 (zitiert: *Gravenhorst*, Rechtliche Grenzen für die Vereinbarung von nachvertraglichen Wettbewerbsverboten mit GmbH-Geschäftsführern, 1999).

Grobys, Isabella/Panzer-Heemeier, Andrea (Hrsg.): StichwortKommentar Arbeitsrecht, Individualarbeitsrecht, Kollektives Arbeitsrecht, Prozessrecht, Alphabetische Gesamtdarstellung, 4. Auflage, Nomos Verlagsgesellschaft, Baden-Baden, 2022 (zitiert: *Bearbeiter*, in: Grobys/Panzer-Heemeier, Stichwortkommentar Arbeitsrecht, Stichwort, Randnummer).

Groeben, Hans von der/Schwarze, Jürgen/Hatje, Armin: Europäisches Unionsrecht, Vertrag über die Union, Vertrag über die Arbeitsweise der Europäischen Union, Charta der Grundrechte der Europäischen Union, 8. Auflage, Nomos Verlagsgesellschaft, Baden-Baden, 2024 (zitiert: *Bearbeiter*, in: von der Groeben/Schwarze/Hatje, Europäisches Unionsrecht, Art. AEUV, Randnummer).

Growe, Sonja-Verena: Nachvertragliche Wettbewerbsbeschränkungen von Arbeitnehmern in multinationalen Konzernen, Eine rechtsvergleichende Untersuchung des deutschen und englischen Rechts, Verlag Dr. Kovac, Hamburg, 2010 (zitiert: *Growe*, Nachvertragliche Wettbewerbsbeschränkungen von Arbeitnehmern in multinationalen Konzernen, 2010).

Gsell, Beate/Krüger, Wolfgang/Lorenz, Stephan/Reymann, Christoph (Gesamt-Hrsg.)/Budzikiewic, Christine/Weller, Marc-Philippe/Wurmnest, Wolfgang (Hrsg. Rom I-VO): BeckOGK BGB, beck-online. Großkommentar BGB, Verlag C.H. Beck, München, 2023 (zitiert: *Bearbeiter*, in: BeckOGK BGB/Rom I-VO, Norm, Randnummer).

Haase, Florian F.: Einführung in die Methodik der Rechtsvergleichung, JA, Verlag C.H. Beck, München, 2005, S. 232 ff. (zitiert: *Haase*, Einführung in die Methodik der Rechtsvergleichung, JA 2005, Anfangsseite).

Hanine, Jean-Jacques: Le contrat d'agent commercial en droit français et en droit italien, Thèse, Droit, ohne Verlag, Université de droit, d'économie et de sciences sociales, Paris 2, 1977 (zitiert: *Hanine*, Le contrat d'agent commercial en droit français et en droit italien, 1977).

Hausmann, Rainer/Odersky, Felix (Hrsg.): Internationales Privatrecht in der Notar- und Gestaltungspraxis, Personenrecht und Rechtsgeschäfte, Familienrecht, Erbrecht, Schuldvertrags- und Sachrecht, Gesellschaftsrecht, 4. Auflage, Verlag C.H. Beck, München, 2021 (zitiert: *Bearbeiter*, in: Hausmann/Odersky, Internationales Privatrecht in der Notar- und Gestaltungspraxis, Paragraph, Randnummer).

Héas, Frank: Droit du travail, 2023, 10. Auflage, Verlag Lefebvre, Brüssel, 2022 (zitiert: *Héas*, Droit du travail, Randnummer).

Heermann, Peter W./Schlingloff, Jochen (Hrsg.): MüKo UWG, Münchener Kommentar zum Lauterkeitsrecht, Band 1: Grundlagen, 3. Auflage, Verlag C.H. Beck, München, 2020 (zitiert: *Bearbeiter*, in: MüKo/UWG, Paragraph, Randnummer).

Heidel, Thomas/Schall, Alexander (Hrsg.): Nomos Kommentar zum HGB, Nomos Kommentar zum HGB, 4. Auflage, Nomos Verlagsgesellschaft, Baden-Baden, 2021 (zitiert: *Bearbeiter*, in: NK-HGB, Paragraph, Randnummer).

Heinich, Julia: Droit des sociétés, Verlag LGDJ, Paris, 2023 (zitiert: *Heinich*, Droit des sociétés, Randnummer).

Hennion, Sylvie/Le Barbier, Muriel/Del Sol, Marion/Lhernhould, Jean-Philippe: Droit social européen, in: Labrusse-Riou, Catherine/Truchet, Didier/Cadiet, Loïc (Hrsg.): Thémis, Droit, Presses Universitaires de France – P.U.F, 4. Auflage, Verlag LGDJ, Paris, 2021 (zitiert: *Hennion/Le Barbier/Del Sol/Lhernhould*, Droit social européen et international, S.).

Henze, Michael: Nachvertragliche Wettbewerbsbeschränkungen von Arbeitnehmern in multinationalen Konzernen – Eine rechtsvergleichende Untersuchung des deutschen und englischen Rechts, EuZA, Verlag C.H. Beck, 2013, S. 294 ff. (zitiert: *Henze*, Nachvertragliche Wettbewerbsbeschränkungen von Arbeitnehmern in multinationalen Konzernen – Eine rechtsvergleichende Untersuchung des deutschen und englischen Rechts, EuZA 2013, Anfangsseite).

Herfs-Röttgen, Ebba: Beschäftigung von Arbeitnehmern in Ausland – Anwendbares Recht und Vertragsgestaltung, NZA, Verlag C.H. Beck, 2017, S. 873 ff. (zitiert: *Herfs-Röttgen*, Beschäftigung von Arbeitnehmern im Ausland, NZA 2017, Anfangsseite).

Héry-Favennec, Françoise/Verkindt, Pierre-Yves: Droit du travail, 7. Auflage, Verlag LGDJ, Paris, 2020 (zitiert: *Héry-Favennec/Verkindt*, Droit du travail, Randnummer).

Henssler, Martin/Willemsen, Heinz Josef/Kalb, Heinz-Jürgen: in: Henssler, Martin/Willemsen, Heinz Josef/Kalb, Heinz-Jürgen (Hrsg.), HWK Arbeitsrecht Kommentar, 11. Auflage, Otto Schmidt Verlag, Köln, 2024 (zitiert: *Bearbeiter*, in: HWK, Norm, Randnummer).

Henssler, Martin (Gesamt-Hrsg.): BeckOGK HGB, beck-online. Großkommentar HGB, Verlag C.H. Beck, München, 2024 (zitiert: *Bearbeiter*, in: BeckOGK HGB, Paragraph, Randnummer).

Hoffmann-Becking, Michael: Nachvertragliche Wettbewerbsverbote für Vorstandsmitglieder und Geschäftsführer, in: Westermann, Harm Peter/Rosener, Wolfgang (Hrsg.), Festschrift für Karlheinz Quack zum 65. Geburtstag am 3. Januar 1991, Verlag Walter de Gruyter, Berlin, 1991, S. 273 (zitiert: *Hoffmann-Becking*, Nachvertragliche Wettbewerbsverbote für Vorstandsmitglieder und Geschäftsführer, FS Quack, 1991, Anfangsseite).

Hohenstatt, Klaus-Stefan (Gesamtredaktion), Willemsen, Heinz Josef/Hohenstatt, Klaus-Stefan/Schweibert, Ulrike/Seibt, Christoph H. (Bearbeiter): Willemsen, Heinz Josef/Hohenstatt, Klaus-Stefan/Schweibert, Ulrike/Seibt, Christoph H., WHSS, Umstrukturierung und Übertragung von Unternehmen, Arbeitsrechtliches Handbuch, 6. Auflage, Verlag C.H. Beck, München, 2021 (zitiert: *Bearbeiter*, in: WHSS, Umstrukturierung, Norm, Randnummer).

Holthausen, Joachim: Aktuelle Bestandsaufnahme zu nachvertraglichen Wettbewerbsverboten – Zehn Dinge, die man wissen sollte!, NZA-RR, Verlag C.H. Beck, München, 2020, S. 505 ff. (zitiert: *Holthausen*, Aktuelle Bestandsaufnahme zu nachvertraglichen Wettbewerbsverboten – Zehn Dinge, die man wissen sollte!, NZA-RR 2020, Anfangsseite).

Holthausen, Joachim/Steinkraus, Astrid: Die janusköpfige Rechtsstellung des GmbH-Geschäftsführers im Arbeitsrecht, NZA-RR, Verlag C.H. Beck, München, 2002, S. 281 ff. (zitiert: *Holthausen/Steinkraus*, Die janusköpfige Rechtsstellung des GmbH-Geschäftsführers im Arbeitsrecht, NZA-RR 2002, Anfangsseite).

Hopt, Klaus J. (Hrsg. u. a.): Handelsgesetzbuch, Beck'sche Kurz-Kommentare, Band 9, Handelsgesetzbuch mit GmbH & Co., Handelsklauseln, Bank- und Kapitalmarktrecht, Transportrecht (ohne Seerecht), 43. Auflage, Verlag C.H. Beck, München, 2024 (zitiert: *Bearbeiter*, in: Hopt, Handelsgesetzbuch, Paragraph, Randnummer).

Hümmerich, Klaus/Reufels, Martin (Hrsg.): Gestaltung von Arbeitsverträgen und Dienstverträgen für Geschäftsführer und Vorstände, Kommentierte Klauseln und Musterverträge, 5. Auflage, Nomos Verlagsgesellschaft, Baden-Baden, 2023 (zitiert: *Hümmerich/Reufels*, Gestaltung von Arbeitsverträgen, Paragraph, Randnummer).

Hunold, Wolf: Rechtsprechung zum nachvertraglichen Wettbewerbsverbot, NJW-RR, Verlag C.H. Beck, München, 2007, S. 617 ff. (zitiert: Hunold, Rechtsprechung zum nachvertraglichen Wettbewerbsverbot, NJW-RR, 2007, Anfangsseite).

Jäger, Axel: Das nachvertragliche Wettbewerbsverbot und die Karenzentschädigung für Organmitglieder juristischer Personen, DStR, Verlag C.H. Beck, München, 1995, S. 724 ff. (zitiert: *Jäger*, Das nachvertragliche Wettbewerbsverbot und die Karenzentschädigung für Organmitglieder juristischer Personen, DStR 1995, Anfangsseite).

Jarass, Hans D./Pieroth, Bodo (Begr., Hrsg.): Grundgesetz für die Bundesrepublik Deutschland: GG, Kommentar, 18. Auflage, Verlag C.H. Beck, München, 2024 (zitiert: *Bearbeiter*, in: Jarass/Pieroth, GG, Art., Randnummer).

Jauernig Bürgerliches Gesetzbuch: in Stürmer, Rolf (Hrsg.), Jauernig Bürgerliches Gesetzbuch mit Rom I-VO, Rom II-VO, EG-UnthVO/HUntProt und EuErbVO Kommentar, Verordnung (EG) Nr. 593/2008 des Europäischen Parlaments und des Rates vom 17. Juni 2008 über das auf vertragliche Schuldverhältnisse anzuwendende Recht (Rom I), §§ 1 ff., 19. Auflage, Verlag C.H. Beck, München, 2023 (zitiert: *Bearbeiter*, in: Jauernig BGB mit Rom I-VO, Rom II-VO, Verordnung/Norm, Randnummer).

Jeansen, Emeric/Pagnerre, Yannic/Rozex, Philippe: Guide des clauses du contrat de travail, 2017, Verlag LexisNexis, Paris, 2016 (zitiert: *Bearbeiter*, in: Jeansen/Pagnerre/Rozec, Guide des clauses du contrat de travail, S.).

Junker, Abbo: Flugbegleiter aus Indien – Anwendbares Recht und Eingriffsnormen in Bordarbeitsverhältnissen in der zivilen Luftfahrt, EuZA, Verlag C.H. Beck, 2021, S. 468 ff. (zitiert: *Junker*, Flugbegleiter aus Indien – Anwendbares Recht und Eingriffsnormen in Bordarbeitsverhältnissen der zivilen Luftfahrt, EuZA 2021, Anfangsseite).

Kahl, Wolfgang/Schwind, Manuel: Europäische Grundrechte und Grundfreiheiten – Grundbausteine einer Interaktionslehre, EuR, Nomos Verlagsgesellschaft, Baden-Baden, 2014, S. 170 ff. (zitiert: *Kahl/Schwind*, Europäische Grundrechte und Grundfreiheiten – Grundbausteine einer Interaktionslehre, EuR 2014, Anfangsseite).

Kiel, Heinrich/Lunk, Stefan/Oetker, Hartmut (Hrsg.), in: Münchener Handbuch zum Arbeitsrecht, Band 1: Individualarbeitsrecht I, 6. Auflage, Verlag C.H. Beck, München, 2024 (zitiert: Bearbeiter, in: MHdB ArbR, Paragraph, Randnummer).

Kielkowski, Jacek, Zur Problematik von nachvertraglichen Wettbewerbsverboten für Geschäftsführer, NZG, Verlag C.H. Beck, München, 2015, S. 900 ff. (zitiert: *Kielkowski*, Zur Problematik von nachvertraglichen Wettbewerbsverboten für Geschäftsführer, NZG 2015, Anfangsseite).

Koenig, Christian/Steiner, Ulrike: Die Vereinbarkeit nachvertraglicher Wettbewerbsverbote mit der Arbeitnehmerfreizügigkeit des EG-Vertrags, NJW, Verlag C.H. Beck, München, 2002, S. 3583 ff. (zitiert: *Koenig/ Steiner*, Die Vereinbarkeit nachvertraglicher Wettbewerbsverbote mit der Arbeitnehmerfreizügigkeit des EG-Vertrags, NJW 2002, Anfangsseite).

Krahforst, Annette: Nachvertragliche Wettbewerbsverbote für GmbH-Geschäftsführer – Beurteilungsgrundlagen und Zulässigkeitsmaßstäbe, Verlag Duncker & Humblot, Berlin, 2012 (zitiert: *Krahforst*: Nachvertragliche Wettbewerbsverbote für GmbH-Geschäftsführer – Beurteilungsgrundlagen und Zulässigkeitsmaßstäbe, 2012).

Küttner, Jochen (Begr.)/Röller, Jürgen (Hrsg.): Personalbuch 2024, Arbeitsrecht, Lohnsteuerrecht, Sozialversicherungsrecht, 31. Auflage, Verlag C.H. Beck, München, 2024 (zitiert: *Bearbeiter*, in: Küttner, Personalbuch, Kapitel, Randnummer).

Laborde, Jean-Pierre: Droit international privé, droit international du travail, droit européen du travail, droit comparé du travail, droit générique du travail, Quelques observations en variations libres, in: Loiseau, Grégoire/Lokiec, Pascal/Neau-Leduc, Christine/Ray, Jean-Emmanuel (Hrsg.): Mélanges en l'honneur de Pierre-Yves Verkindt, Liber amicorum, Verlag LGDJ, Paris, 2022 (zitiert: *Laborde*, Droit international privé, droit international du travail, droit européen du travail, droit comparé du travail, droit générique du travail, Quelques observations en variations libres, FS Verkindt, 2022, Anfangsseite).

Lenaerts, Koen/Rüth, Alexandra: Dogmatik des europäischen Grundrechtsschutzes, RdA, Verlag C.H. Beck, München, 2022, Heft 05, S. 273 ff. (zitiert: *Lenaerts/Rüth*, Dogmatik des europäischen Grundrechtsschutzes, RdA 2022, Anfangsseite).

Laender, Marie-Hélène de: Droit des sociétés, Gestion juridique de l'entreprise sociétaire, Verlag Economica, Paris, 2018 (zitiert: *De Laender*, Droit des sociétés, S.).

Laskawy, Helge: Die Tücken des nachvertraglichen Wettbewerbsverbots im Arbeitsrecht – Stets geliebt und doch verkannt!, NZA, Verlag C.H. Beck, München, 2012, S. 1011 ff. (zitiert: *Laskawy*, Die Tücken des nachvertraglichen Wettbewerbsverbots im Arbeitsrecht, NZA 2012, Anfangsseite).

Le Cannu, Paul/Dondero, Bruno (Hrsg.): Droit des sociétés, 10. Auflage, Verlag LGDJ, Paris, 2023 (zitiert: *Le Cannu/Dondero*, Droit des sociétés, Randnummer).

Legrand, Pierre: Comparer les droits, résolument, Presses Universitaires de France – P.U.F., Verlag LGDJ, Paris, 2009 (zitiert: *Legrand*, Comparer les droits, résolument, S.).

Leible, Stefan/Unberath, Hannes (Hrsg.): Brauchen wir eine Rom 0-Verordnung? – Überlegungen zu einem Allgemeinen Teil des europäischen IPR, Studien zum Internationalen Privat- und Verfahrensrecht, Band 43, Verlag Jenaer Wissenschaftliche Verlagsgesellschaft, Jena, 2013 (zitiert: *Bearbeiter*, in: Leible/Unberath, Brauchen wir eine Rom 0-Verordnung? – Überlegungen zu einem Allgemeinen Teil des europäischen IPR, Anfangsseite).

Lembke, Mark: Nachvertragliches Wettbewerbsverbot von Organmitgliedern auf dem Prüfstand, NZA-RR, Verlag C.H. Beck, München, 2019, S. 65 ff. (zitiert: *Lembke*, Nachvertragliches Wettbewerbsverbot von Organmitgliedern auf dem Prüfstand, NZA-RR 2019, Anfangsseite).

Leuering, Dieter/Rubner, Daniel: Deutsche GmbH mit Verwaltungssitz im Ausland, NJW-Spezial, Verlag C.H. Beck, München, 2011, S. 463 ff. (zitiert: *Leuering/Rubner*, Deutsche GmbH mit Verwaltungssitz im Ausland, NJW-Spezial 2011, Anfangsseite).

Liebers, Hans-Joachim/Hoefs, Christian (Hrsg.): Formularbuch Arbeitsrecht, Teil 2, 7. Auflage, Luchterhand Literaturverlag, München, 2023 (zitiert: *Bearbeiter*, in: Liebers/Hoefs, Formularbuch Arbeitsrecht, Teil 2, Kapitel, Randnummer).

Lokiec, Pascal: Droit du travail, in: *Labrusse-Riou, Catherine/Truchet, Didier/Cadiet, Loïc* (Hrsg.): Thémis, Droit, Presses Universitaires de France – P.U.F, 6. Auflage, Verlag LGDJ, Paris, 2022 (zitiert: *Lokiec*, Droit du travail, S.).

Lorenz, Stephan: Grundwissen – Zivilrecht: Geschäftsführung ohne Auftrag (GoA), JuS, Verlag C. H. Beck, München, 2016, S. 12 ff. (zitiert: *Lorenz*, Grundwissen – Zivilrecht: Geschäftsführung ohne Auftrag (GoA), JuS 2016, Anfangsseite).

Lorz, Rainer/Pfisterer, Benedikt/Gerber, Olaf (Hrsg.): in: Beck'sches Formularbuch GmbH-Recht, 2. Auflage, Verlag C.H. Beck, München, 2024 (zitiert: *Bearbeiter*, in: Lorz/Pfisterer/Gerber, Beck'sches Formularbuch GmbH-Recht, Kapitel).

Lutter, Marcus/Hommelhoff, Peter (Hrsg.): GmbH-Gesetz, 21. Auflage, Otto Schmidt Verlag, Köln, 2023 (zitiert: *Bearbeiter*, in: Lutter/Hommelhoff, GmbHG, Paragraph, Randnummer).

Magnier, Véronique: Droit des sociétés, Le Cours Dalloz, 10. Auflage, Verlag Dalloz, Paris, 2022 (zitiert: *Magnier*, Droit des sociétés, Randnummer).

Manger, Robert: Das nachvertragliche Wettbewerbsverbot des GmbH-Geschäftsführers. GmbHR, Otto Schmidt Verlag, Köln, 2001, S. 89 ff. (zitiert: *Manger*, Das nachvertragliche Wettbewerbsverbot des GmbH-Geschäftsführers, GmbHR 2001, Anfangsseite).

Mangoldt, Hermann von (Begr.)/Klein, Friedrich/Starck, Christian (Fortf.)/*Huber, Peter M., Voßkuhle, Andreas* (Hrsg.): Grundgesetz-Kommentar, Band 1, Präambel, Art. 1-19, 8. Auflage, Verlag C.H. Beck, München, 2024 (zitiert: *Bearbeiter*, in: von Mangoldt/Klein/Starck, GG, Art., Randnummer).

Mansel, Heinz-Peter: Europäisches Gemeinschaftsrecht und IPR, IPRax, Verlag Ernst und Werner Gieseking, Bielefeld, 1990, S. 344 ff. (zitiert: *Mansel*, Europäisches Gemeinschaftsrecht und IPR, IPRax 1990, Anfangsseite).

Mansel, Heinz-Peter: Rechtsvergleichung und europäische Rechtseinheit, JZ, Verlag J.C.B. Mohr (Paul Siebeck), Tübingen, 1991, S. 529 ff. (zitiert: *Mansel*, Rechtsvergleichung und europäische Rechtseinheit, JZ 1991, Anfangsseite).

Mansel, Heinz-Peter: Privatrechtsdogmatik und Internationales Privatrecht, in: Grigoleit, Hans Christoph/Petersen, Jens (Hrsg.), Festschrift für Claus-Wilhelm Canaris zum 80. Geburtstag, Verlag Walter De Gruyter, Berlin, 2017, S. 739 ff. (zitiert: *Mansel*, Privatrechtsdogmatik und Internationales Privatrecht, FS Canaris, 2017, Anfangsseite).

Manssen, Gerrit: Staatsrecht II, Grundrechte, 20. Auflage, Verlag C.H. Beck, München, 2024 (zitiert: *Manssen*, Staatsrecht II, Art., Randnummer).

Martinon, Arnaud: Vers une harmonisation des jurisprudences sociale et commerciale? A propos des conditions de validité de la clause de non-concurrence, Le livre du bicentenaire du Code de commerce, Verlag Dalloz, Paris, 2007 (zitiert: *Martinon*, Vers une harmonisation des jurisprudences sociale et commerciale? A propos des conditions de validité de la clause de non-concurrence, Le livre du bicentenaire du Code de commerce, S.).

Menke, Johan-Michel: Gestaltung nachvertraglicher Wettbewerbsverbote mit GmbH- Geschäftsführern – Verzicht statt Karenzentschädigung, NJW, Verlag C.H. Beck, München, 2009, S. 636 ff. (zitiert: *Menke*, Gestaltung nachvertraglicher Wettbewerbsverbote mit GmbH- Geschäftsführern – Verzicht statt Karenzentschädigung, NJW 2009, Anfangsseite).

Merle, Philippe/Fauchon, Anne: Droit commercial, sociétés commerciales, 27. Auflage, Verlag Lefebvre-Dalloz, Paris, 2023/2024 (zitiert: *Merle/Fauchon*, Droit commercial, Randnummer).

Noack, Ulrich/Servatius, Wolfgang/Haas, Ulrich (Hrsg.): Beck'sche Kurz-Kommentare, Gesetz betreffend die Gesellschaften mit beschränkter Haftung: GmbHG, 23. Auflage, Verlag C.H. Beck, München, 2022 (zitiert: *Bearbeiter*, in: Noack/Servatius/Haas, GmbHG, Paragraph, Randnummer).

Oetker, Hartmut (Hrsg.), in: Handelsgesetzbuch, Kommentar, 8. Auflage, Verlag C.H. Beck, München, 2024 (zitiert: *Oetker*, Handelsgesetzbuch, Paragraph, Randnummer).

Oppenländer, Frank/Trölitzsch, Thomas (Hrsg.): Praxishandbuch der GmbH-Geschäftsführung, 3. Auflage, Verlag C.H. Beck, München, 2020 (zitiert: *Bearbeiter*, in: Oppenländer/Trölitzsch, Praxishandbuch der GmbH-Geschäftsführung, Randnummer).

Pfeiffer, Thomas: Neues Internationales Vertragsrecht – Zur Rom I-VO, EuZW, Verlag C.H. Beck, München, 2008, S. 622 ff. (zitiert: *Pfeiffer*, Neues Internationales Vertragsrecht – Zur Rom I-VO, EuZW 2008, Anfangsseite).

Philipp, Otmar: Entsende-Richtlinie besser umsetzen, EuZW, Verlag C.H. Beck, München, 2006, S. 708 ff. (zitiert: *Philipp*, Entsende-Richtlinie besser umsetzen, EuZW 2006, Anfangsseite).

Ponti, Sarah: Das horizontale Diskriminierungsverbot, Nomos Verlagsgesellschaft, Baden-Baden, 2023 (zitiert: *Ponti*, Das horizontale Diskriminierungsverbot der Grundfreiheiten, 2023).

Ray, Jean-Emmanuel: Droit du travail, droit vivant, Connaître, mais surtout comprendre le droit du travail d'aujourd'hui, 31. Auflage, Verlag Liaisons, Rueil-Malmaison/Paris, 2023 (zitiert: *Ray*, Droit du travail, droit vivant, S.).

Reichard, Michael: Nachvertragliche Wettbewerbsverbote dürfen weder Tätigkeiten ohne Bezug zum Unternehmen untersagen noch rein kapitalistische Beteiligungen, GWR, Verlag C.H. Beck, München, 2017, S. 34 (zitiert: *Reichard*, Nachvertragliche Wettbewerbsverbote dürfen weder Tätigkeiten ohne Bezug zum Unternehmen untersagen noch rein kapitalistische Beteiligungen, GWR 2017, Anfangsseite).

Reinfeld, Roland: Das nachvertragliche Wettbewerbsverbot im Arbeits- und Wirtschaftsrecht, Zugleich ein Beitrag zu Reichweite und Bedeutung der §§ 74 ff. HGB, Verlag C.F. Müller Juristischer Verlag, Heidelberg, 1992 (zitiert: *Reinfeld*, Das nachvertragliche Wettbewerbsverbot im Arbeits- und Wirtschaftsrecht, 1992).

Reufels, Martin J.: Grenzüberschreitende, nachvertragliche Wettbewerbsverbote–Vereinbarkeit mit der Arbeitnehmerfreizügigkeit?, ArbRB, Otto Schmidt Verlag, Köln, 2003, S. 313 ff. (zitiert: *Reufels*, Grenzüberschreitende, nachvertragliche Wettbewerbsverbote–Vereinbarkeit mit der Arbeitnehmerfreizügigkeit?, ArbRB 2003, Anfangsseite).

Richardi, Reinhard/Fischinger, Phillipp S./Latzel, Clemens/Rieble, Volker (Hrsg.): J. von Staudingers Kommentar zum Bürgerlichen Gesetzbuch, Staudinger BGB, Otto Schmidt Verlag/Sellier/De Gruyter, Köln, 2022 (zitiert: *Bearbeiter*, in: Staudinger, Paragraph, Randnummer).

Rochfeld, Judith: Les grandes notions du droit privé, in: Labrusse-Riou, Catherine/Truchet, Didier/Cadiet, Loïc (Hrsg.): Thémis, Droit, Presses Universitaires de France – P.U.F, 3. Auflage, Verlag LGDJ, Paris, 2022 (zitiert: *Rochfeld*, Les grandes notions du droit privé, S.).

Rolfs, Christian/Giesen, Richard/Meßling, Miriam/Udsching, Peter (Hrsg.): BeckOK Arbeitsrecht, Beck'scher Online-Kommentar Arbeitsrecht, 72. Edition, Verlag C.H. Beck, München, 2024 (zitiert: *Bearbeiter*, in: BeckOK Arbeitsrecht, Paragraph. Randnummer).

Rolfs, Christian/Giesen, Richard/Meßling, Miriam/Udsching, Peter (Hrsg.): BeckOK Sozialrecht, Beck'scher Online-Kommentar Sozialrecht, 71. *E*dition, Verlag C.H. Beck, München, 2023 (zitiert: *Bearbeiter*, in: BeckOK Sozialrecht, Paragraph. Randnummer).

Roth, Günter H. (Begr.)/Altmeppen, Holger (Hrsg.): GmbHG, Gesetz betreffend die Gesellschaften mit beschränkter Haftung, 11. Auflage, Verlag C.H. Beck, München, 2023 (zitiert: *Altmeppen*, in: GmbHG, Paragraph, Randnummer).

Saupin, Thiphaine: Les sources du droit des sociétés, Thèse. Droit, Bibliothèque de droit privé Tome 640, Verlag LGDJ, Paris, 2023 (zitiert: *Saupin*, Les sources du droit des sociétés, 2023).

Sachs, Michael (Hrsg.): Grundgesetz: GG-Kommentar, 9. Auflage, Verlag C.H. Beck, München, 2021 (zitiert: *Bearbeiter*, in: Sachs, GG, Art., Randnummer).

Säcker, Franz Jürgen (Hrsg. u. a.): Münchener Kommentar zum BGB, Münchener Kommentar zum Bürgerlichen Gesetzbuch, Band 5: BGB, 9. Auflage, 2023; Band 12: IPR I, 9. Auflage, 2024; Band 13: IPR II, 8. Auflage, 2021; Verlag C.H. Beck, München, 2023 (zitiert: *Bearbeiter*, in: MüKo/BGB, Norm, Randnummer).

Säcker, Franz Jürgen (Hrsg.)/Bien, Florian/Meier-Beck, Peter/Montag, Frank (Band-Hrsg.): Münchener Kommentar zum Wettbewerbsrecht,

Band 1, 4. Auflage, Verlag C.H. Beck, München, 2023 (zitiert: *Bearbeiter*, in: MüKo/EuWettbR, Kapitel, Randnummer).

Schaub, Günther (Begr.)/Koch, Ulrich (Hrsg.): Arbeitsrecht von A-Z, 28. Auflage, Verlag C.H. Beck, München, 2024 (zitiert: *Bearbeiter*, in: Koch/Schaub, Arbeitsrecht von A-Z, Stichwort).

Schmidt, Rolf: Grundrechte sowie Bezüge zur EU-Grundrechtecharta und zur EMRK, 27. Auflage, Verlag Dr. Rolf Schmidt, Grasberg bei Bremen, 2024 (zitiert: *Schmidt*, Grundrechte, Randnummer).

Schulze, Reiner/Janssen, André/Kadelbach, Stefan (Hrsg.): Europarecht, Handbuch für die deutsche Rechtspraxis, 4. Auflage, Nomos Verlagsgesellschaft, Baden-Baden, 2020 (zitiert: *Bearbeiter*, in: Schulze/Janssen/Kadelbach, Europarecht, AEUV, Paragraph, Randnummer).

Schröder, Christian: Das Günstigkeitsprinzip im internationalen Privatrecht, Europäische Hochschulschriften, Verlag Peter Lang, Frankfurt am Main, 1996 (zitiert: *Schröder*, Das Günstigkeitsprinzip im internationalen Privatrecht, 1996).

Schwarze, Jürgen/Becker, Ulrich/Hatje, Armin/Schoo, Johann (Hrsg.): EU-Kommentar, 4. Ausgabe, Nomos Verlagsgesellschaft, Baden-Baden, 2019 (zitiert: *Bearbeiter*, in: Schwarze/Becker/Hatje/Schoo, EU-Kommentar, AEUV, Art., Randnummer).

Sèbe, Roland: La mobilité transnationale du salarié, Thèse, Droit, ohne Verlag, Université Paris 2, 2020 (zitiert: *Sèbe*, La mobilité transnationale du salarié, 2020).

Serra, Yves: Tsunami sur la clause de non-concurrence en droit du travail, Kommentar zu den drei Urteilen der Cour de cassation, Kammer für Sozialsachen, vom 10.7.2002, Verlag Dalloz, Paris, 2002 (zitiert: *Serra*, Tsunami sur la clause de non-concurrence en droit du travail, Kommentar zu den drei Urteilen der Cour de cassation, Kammer für Sozialsachen, vom 10.07.2002, S.).

Serra, Yves: L'obligation de non-concurrence dans le droit des contrats, Thèse, Droit, ohne Verlag, Université de Montpellier, 1968 (zitiert: *Serra*, L'obligation de non-concurrence dans le droit des contrats, 1968).

Simon, Anne-Marie/Maillard-Pinon, Sandrine/Hess-Fallon, Brigitte: Droit du travail, aide-mémoire, 25. Auflage, Verlag Dalloz, Paris, 2019 (zitiert: *Simon/Maillard-Pinon/Hess-Fallon*, Droit du travail, aide-mémoire, S.).

Sinay-Cytermann, Anne: Les tendances actuelles de l'ordre public international, in: D'Avout, Louis/Bureau, Dominique/Muir Watt, Horatia (Hrsg.), Mélanges en l'honneur du Professeur Bernard Audit, Les relations privées internationales, Verlag LGDJ, Paris, 2014, S. 635 ff.

(zitiert: *Sinay-Cytermann*, Les tendances actuelles de l'ordre public international, FS Audit, 2014, Anfangsseite).

Skouris, Vassilios: Das Verhältnis der Grundfreiheiten zu den Gemeinschaftsgrundrechten, RdA-Beil., Verlag C.H. Beck, München, 2009, S. 25 ff. (zitiert: *Skouris*, Das Verhältnis der Grundfreiheiten zu den Gemeinschaftsgrundrechten, RdA-Beil. 2009, Anfangsseite).

Staub, Hermann (Begr.)/Canaris, Claus-Wilhelm/Habersack, Mathias/Schäfer, Carsten (Hrsg.): Handelsgesetzbuch, Großkommentar, Zweiter Band §§ 48–104, 6. Auflage, Verlag De Gruyter Recht, Berlin, 2021 (zitiert: *Bearbeiter*, in: Staub, Handelsgesetzbuch, Paragraph, Randnummer).

Steck, Dieter: Wettbewerbsverbot und verdeckte Gewinnausschüttung bei der GmbH unter besonderer Berücksichtigung des Einflusses des Zivilrechts auf das Steuerrecht, Medien Verlag Köhler, Tübingen, 1999 (zitiert: *Steck*, Wettbewerbsverbot und verdeckte Gewinnausschüttung bei der GmbH unter besonderer Berücksichtigung des Einflusses des Zivilrechts auf das Steuerrecht, 1999).

Stern, Klaus/Becker, Florian: Grundrechte Kommentar, 4. Auflage, Verlag Carl Heymanns, Köln, 2024 (zitiert: *Bearbeiter*, in: Stern/Becker, GR-Kommentar, Art., Randnummer).

Stocks, Isabella: Dienst- und gesellschaftsvertragliche nachvertragliche Wettbewerbsverbote für Gesellschafter-Geschäftsführer einer GmbH, Analyse der Prüfungsmaßstäbe und Zulässigkeitsgrenzen mit einem Fokus auf Karenzentschädigungen und Maximaldauer, Duncker & Humblot, Berlin, 2022 (zitiert: *Stocks*, Dienst- und gesellschaftsvertragliche nachvertragliche Wettbewerbsverbote für Gesellschafter-Geschäftsführer einer GmbH, 2022).

Stoffels, Markus: Sprachrisiko bei Abschluss von Arbeitsverträgen mit ausländischen Arbeitnehmern, in: *Benicke, Christoph/Huber, Stefan* (Hrsg.), National, International, Transnational: Harmonischer Dreiklang im Recht, Festschrift für Herbert Kronke zum 70. Geburtstag, Verlag Ernst und Werner Gieseking, Bielefeld, 2020, S. 1847 ff. (zitiert: *Stoffels*, in: Sprachrisiko bei Abschluss von Arbeitsverträgen mit ausländischen Arbeitnehmern, FS Kronke, 2020, Anfangsseite).

Streinz, Rudolf (Hrsg.)/Michl, Walther (mitarb. Hrsg.): Beck'sche Kurz-Kommentare, EUV/AEUV, Vertrag über die Europäische Union, Vertrag über die Arbeitsweise der Europäischen Union, Charta der Grundrechte der Europäischen Union, 3. Auflage, Verlag C.H. Beck, München, 2018 (zitiert: *Bearbeiter*, in: Streinz, EUV/AEUV, AEUV, Art., Randnummer).

Thüsing, Gregor: Nachorganschaftliche Wettbewerbsverbote bei Vorständen und Geschäftsführern – Ein Rundgang durch die neuere Rechtsprechung und Literatur, NZG, Verlag C.H. Beck, München, 2004, S. 9 ff. (zitiert: *Thüsing*, Nachorganschaftliche Wettbewerbsverbote bei Vorständen und Geschäftsführern – Ein Rundgang durch die neuere Rechtsprechung und Literatur, NZG 2004, Anfangsseite).

Tödter, Ulrich/Bockelmann, Eler von: BGH: Karenzentschädigung für GmbH-Geschäftsführer bei nachvertraglichem Wettbewerbsverbot, BB, Deutscher Fachverlag, Frankfurt am Main, 2024 (zitiert: *Tödter/von Bockelmann*, BGH: Karenzentschädigung für GmbH-Geschäftsführer bei nachvertraglichem Wettbewerbsverbot, BB 2024, Anfangsseite).

Tricoit, Jean-Philippe: Droit du travail, tout-en-un droit, Verlag Ellipses, Paris, 2020 (zitiert: *Tricoit*, Droit du travail, tout-en-un droit, S.).

Vesper, Christine: Indirekte nachvertragliche Wettbewerbsbeschränkungen, Rechtliche Grenzen und Gestaltungsmöglichkeiten unter Berücksichtigung des Grundsatzes der bezahlten nachvertraglichen Karenz, Studien zum deutschen und europäischen Arbeitsrecht, Nomos Verlagsgesellschaft, Baden-Baden, 2015 (zitiert: *Vesper*, Indirekte nachvertragliche Wettbewerbsbeschränkungen, 2015).

Vogel, Gaston: Les Pandectes – Droit du travail, Verlag Larcier Intersentia, Brüssel, 2018 (zitiert: *Vogel*, Les Pandectes – Droit du travail, S.).

Vogel, Louis: Droit global law, unifier le droit: le rêve impossible?, Edition Panthéon-Assas, Paris, 2001 (zitiert: *Vogel*, Droit global law, unifier le droit: le rêve impossible?, Anfangsseite).

Vogel, Louis/Vogel, Joseph: Droit des agents commerciaux, Juristrateg, 2. Auflage, Verlag Lawlex – Bruylant, Paris/Brüssel, 2020 (zitiert: *Vogel/Vogel*, Droit des agents commerciaux, S.).

Westphalen, Graf von, Friedrich/Thüsing, Gregor/Pamp, Rüdiger (Hrsg.): Vertragsrecht und AGB-Klauselwerke, Werkstand: 50. Ergänzungslieferung, Verlag C.H. Beck, München, 2024 (zitiert: *Bearbeiter*, in: Westphalen, Graf von/Thüsing/Pamp, Vertragsrecht und AGB-Klauselwerke, Geschäftsführerverträge, Randnummer).

Wiechers, Heiko: OLG Köln: Wirksame Vereinbarung des Wegfalls der Karenzentschädigung bei fristloser Kündigung durch die Gesellschaft im Anstellungsvertrag des GmbH-Geschäftsführers, FD-HGR, Verlag C.H. Beck, München, 2007, Aktenzeichen der Entscheidung in BeckRS 09369 (zitiert: *Wiechers*: OLG Köln: Wirksame Vereinbarung des Wegfalls der Karenzentschädigung bei fristloser Kündigung durch die Gesellschaft im Anstellungsvertrag des GmbH-Geschäftsführers, FD-HGR 2007, S.).

Wiedemann, Gerhard (Hrsg.): Handbuch des Kartellrechts, 4. Auflage, Verlag C.H. Beck, München, 2020 (zitiert: *Bearbeiter*, in: Wiedemann, Kartellrecht, Kapitel, Paragraph, Randnummer).